墨　人　著

本全集保留作者手批手稿

墨人博士作品全集【全60冊】

第十四冊　紅　塵 4

文史哲出版社印行

紅塵4目次

第四卷

第四十八章　美子弄璋傳喜訊

天行大哭放悲聲

天行在家中百無聊賴，困坐愁城，除了去前門的景德瓷莊和哈德門的萬寶齋古玩店看看，就是去金谷園和古美雲談談心。老太太怕他萬一被金谷園那些色藝雙全的姑娘們迷住，那就麻煩，所以她要兒子運用了他父親龍繼堯的門生故舊關係，替天行在京師大學堂謀了一個教席。但是由於南方反清聲勢一天壯大一天，屢次起義，加上一次刺殺攝政親王事件，使北京大為震動，學校實際上已陷於停頓，他也沒有多少課上了，還是在家中的時間多。但他對天放的「生意」也信心日增。由於他常去金谷園的關係，從古美雲那兒知道不少南方的消息。金谷園不但是個銷金窟，也是個消息最靈通的地方，那些王公大臣，富商巨賈，三教九流，三山五嶽的英雄好漢，都和古美雲常有來往，往往以自己的消息靈通向古美雲討好炫耀。古美雲都聽在耳裏放在心上，天行來時她才向他透露實情。所以他雖然是不出家門，卻能知天下事。另外從古美雲這兒他也知道了楊通、楊仁父子和彼得利用司徒威洋行作擋箭牌，在大做菸土生意，把菸土經過香港轉運到天津、北京來，再分銷到華北、東北、西北各地，發了大財。有一次古美雲感慨地對他說：

「我的金谷園是名副其實的銷金窩，可不打著慈善院的招牌，我是姜太公釣魚，願者上鉤，而且來金谷園的人多是賺的造孽錢，花在姑娘們身上也不算冤枉。這比楊通、彼得他們打著洋行的招牌販賣菸土害得千千萬萬的人傾家蕩產，形銷骨立可要好多了。」

「雲姑，真有這回事兒？」天行不大相信：「怎麼沒有人管？」

「錢能通神，能管的人都想撈一票，倒楣的還不是老百姓？」

「天文珍過來，他悄悄問她：

「聽說姑爹和彼得在大做菸土生意，有沒有這回事兒？」

「你聽誰說的？那會有這種事兒？」她顯得十分詫異，臉色有些發青。

他知道她蒙在鼓裏，也不願使她難堪，便淡然一笑說：

「道路傳聞，但願不實。」

「我想他們還不至於那樣沒有良心？」她自言自語。

「我也這樣想。」他笑著掩蓋過去。

隨後她從皮包裏取出一首詩交給他說：

「我和了美子小姐一首詩，請你看看。得便的話請你寄給她看看，我很想和她作個朋友。」

「那她一定非常高興。」他未看詩稿先笑著回答：「不過她那首詩不大好和。」

「我是班門弄斧，太不自量。」她也笑著說：「她前面四句的確不大好和，尤其是第一聯更難。但是我真想和她作個朋友，總得送個見面禮兒才是。」

「她對妳是早已久仰，我相信也只有妳能和。」

「那倒未必？我不過是借她的酒杯，澆自己的塊壘。」

他隨即看她的和詩，詩題是〈奉和美子小姐寄天行兄原玉〉：

心有靈犀一點緣，櫻花如海雨如絲；
佳人千里傳嘉信，雅士百般質舊疑。
江戶有人長落淚，京都無女不成詩；
傷情我亦與卿共，吟到星沈夜已遲。

他一看完就連說：「難得，難得！」

她卻謙遜地說：「這比原作遜色多了！」

「第一句一字之易，借用得很好。第二句是我和她在小金井賞櫻的寫實，那種『櫻花如海雨如絲』的情景，不知道妳是怎麼想出來的？」他說。

「這只是想當然耳。櫻花是開在春天，日本櫻花又以燦爛聞名，我們江南的春天也是細雨霏霏，草長鶯飛，我想東京大概也不會例外？」她也粲然一笑。

「我最喜歡的是『江戶有人長落淚，京都無女不成詩』。這兩句十分自然工穩。上聯非她莫屬，下聯更是一語雙關，用在妳身上也很合適。」

「上下聯都是寫她的，我可不敢掠美」

「我想她看到妳這首詩一定非常高興，只是我覺得內疚更深。」他不禁黯然欲淚。

「她是情到深時無怨尤，只要二舅和雲姨細心替她安排，你也不必過分耽心。」

「感情的事兒是很難補償的。」

她聽他這麼說，眼圈兒也不禁紅了起來，隨即自覺地強作歡笑，故意問他：

「你怎麼不和她一首？」

「當局者迷，我倒反而不知道怎麼下筆？」他無可奈何地苦笑。

喜兒突然慌慌張張地趕來，上氣不接下氣地對文珍說。

「小姐，少爺和姑爺被衙門裏抓去了，虧妳還在這兒沒事人兒似的？」

文珍一怔，連忙問喜兒：

「究竟是什麼事兒？妳也該說個明白！」

「我怎麼知道？」她拖著文珍直往外跑，邊跑邊說：「聽說這是個死罪，都會殺頭的！」

文珍臉色慘白，回頭望了天行一眼，又不由自主地被喜兒拖著跑。喜兒已經長得又粗又壯，和十七、八歲的小子一般。

蝶仙聞聲從隔壁房裏趕來，悄悄問天行是什麼事兒？天行搖搖頭說不知道，其實他心裏已明白八、九分，只是不願意講出來，而且囑咐蝶仙不要傳出去。龍家上下也沒有幾個人知道喜兒匆匆趕來把文珍拖走，更不願問楊家和彼得的事兒。倒是蝶仙心裏狐疑，她忍不住又對天行說：

「二少爺，我看事兒不妙，不然喜兒不會這麼慌慌張張？」

「喜兒就是那麼傻乎乎的，她知道什麼輕重？」他故意淡淡地回答。

她深深望了他一眼，哼了一聲說：

「二少爺，紙包不住火，我看您瞞到什麼時候？」

然後一笑而去。

蝶仙走後他又獨自沈思。他把古美雲的話和喜兒的話聯起來想，認為八成兒是他們販賣菸土東窗事發。但他想到姑爹一向神通廣大，又有司徒威作後臺，決不會像喜兒說的那麼嚴重。如果是一般小百姓，恐怕就難以保住腦袋瓜子了。

他既不幸災樂禍，也不為他們耽心，只是一看到文珍這首和詩，自然想到她和彼得的婚姻，心情又不免沈重起來。

他本來也想和美子一首，可是心情亂得很，拖了很久都沒有成篇。為了寄文珍這首詩，他又寫了一封信一道寄去。

他心裏實在悶得發慌，過了一個星期，他又到金谷園去，他想問古美雲到底怎樣安排美子？古美雲因為應酬太忙，這一陣沒有到他家來，他沒有機會問她。

古美雲正在客廳和幾位大爺打牌，她看見他來了很高興，只是一下子不能抽身，她是莊家，手氣很好，她說等下了莊再來陪他，她要小玉招待他在書房休息。

小玉替他沏茶，奉上水果點心，他看小玉已經亭亭玉立，風姿綽約，人又聰明伶俐，卻寄身金谷園，心裏不免有些惋惜。小玉看他和主人的關係深厚，人又很斯文隨和，沒有一般客人的銅臭粗俗之氣，也願意和他親近。

「這兒的生意好像愈來愈旺了？」他說。

「正是，有錢的大爺們多嘛！」她說。

「那妳很忙了？」

「我沒有二爺忙，二爺裏裏外外都得應付，我只是在園裏聽用，很少外出。」她慣稱古美雲為二爺，他聽來卻很新鮮。

「這兒的客人恐怕不大好應付吧？」

「當然，」她點點頭：「三教九流三頭六臂的都有。不過來我們這兒的客人，不管是那一種人物，我們二爺都有辦法使他們服服貼貼。」

「她有什麼法寶？」

「兵來將擋，水來土掩。二爺的法子多的很，客人都吃她那一套。」

「那妳也學了不少？」

「二少爺，我還差得遠呢！」她笑著搖搖頭：「有些是天生的，學不來。」

「雲姑吃這盌飯也真不容易！」

「也只有我們二爺才配吃這盌飯。」

「那妳很佩服她了？」

「不但我佩服她，金谷園裏的人沒有一個不佩服她，有些有頭有臉的客人還拜她做乾娘呢！」她說著說著不禁笑了起來。

「妳笑什麼？」他不明白她為什麼發笑。

「二少爺，您不知道，有些鬍子一大把的人也叫她乾娘呢！您說好笑不好笑？」

「那是他們生得賤。」他笑著說。

「二少爺，您可別見怪，我也覺得你們男人很多都是賤骨頭。」她說著又嘻嘻地笑了起來。

「他們在外面弄了些昧心錢，卻一股勁兒地往金谷園送，還怕孝敬不上呢！」

「小玉，外面打牌的那幾位是些什麼人？」他指指外面輕輕問。

「二少爺，你想想看？能和我們二爺同桌打牌的人，來頭還會小嗎？」小玉笑著反問。

「難道他們也是妳二爺的乾兒子？」

「哼，還沒有攀上呢！」小玉小嘴一撇，哼一聲說。

外面傳來倒牌的聲音和古美雲的笑聲，以及一個男人的驚叫：

「嗨！又是個滿貫！一吃三！」

「活該！誰教你們做孝子！」小玉接著輕輕笑罵。

「雲姑的莊家怎麼做了這麼久？」他奇怪地問。

「我們二爺不但牌打得好，牌品也高，這些冤大頭那是她的對手？」小玉說。「他們一次送個千兒八百大洋，只算是繳學費。」

「這個學費可貴得很哪？」他也笑著說。

「這是周瑜打黃蓋，一個願打，一個願捱！但還得看我們二爺高不高興。可是他們輸了錢還會在外面吹牛說和二爺打了一場牌呢！二少爺，您說賤不賤？」

天行被她說得笑了起來，隨後又對她說：

「小玉，妳不覺得妳太作踐他們了？」

「二少爺，我才沒有作踐他們呢，他們本來就是這副德性！儘管他們在外面一臉正經相，一副大爺派頭，可是一到金谷園來，馬上就露出狐狸尾巴了！」小玉說著又望了天行一眼，向他一笑：「二少爺，你是一盌飯長大的正人君子，你那裏見過什麼牛鬼蛇神？我可看多了。」

「小玉，妳年紀輕輕的，怎麼就賣起老來？」他看她那說話的神氣兒不禁好笑。

「二少爺，我怎麼敢在您面前賣老？」她也向他嬌笑：「我是在這種地方長大的，我看的都是原形原象，您看的可是假面具啦！」

他聽了她這兩句話不禁一怔，默默地望著她。她看著他那樣子又好笑，不禁反問他：

「二少爺，您怎麼這樣看我？」

「小玉，我真想不到，妳會說出這種話來？」他帶著幾分驚駭地說。

「二少爺，您是讀書人，書本兒上的事兒您懂的比我多；上不得臺盤，見不得人的事兒您知道的可比我少。俗話說：『不經一事，不長一智。』我看您不妨多到金谷園來，這對您準有好處。」

「小玉，妳倒教訓起我來了？」他不禁好笑。

「二少爺，我怎麼敢教訓您啦？」她笑著望望他說：「我說的是實話，要是別人我才不說呢！」

「小玉，那我要多謝妳了？」他向她拱拱手笑說。

古美雲春風滿面地笑著走了進來，抱歉地對天行說：

「天行，要你久等了！」

「牌局結束了？」他問。

「沒有，」她笑著搖搖頭：「我要金大娘給我挑土。」

「雲姑，您這個莊坐得可久了！」他笑著說。

「手氣好嘛！」她格格地笑了起來：「想下莊都下不來。」

小玉又向她奉上新茶，她喝了一口就笑問天行：

「今兒來有什麼事兒嗎？」

「雲姑，我想知道美子的事兒如何安排？」

「我和你爹是這樣安排的：美子的一切生產費用和孩子的養育費，由你家負責，到孩子長大成人為止。不論是男是女，也不論美子是否再嫁？如果日後孩子能夠認祖歸宗更好，不能認祖歸宗只要不數典忘祖也行。我和你爹早已聯名寫信給加藤和美子，而且加藤剛回了信，他說你爹這樣做很厚道，美子也高興。」

「加藤老師的信可不可以給我看看？」

「信在你爹那兒，他沒有給你看？」

「我不便問他。」

「事情就是這樣的，信看不看沒有關係，現在你可以放心了。」

天行一再謝謝她，她又悄悄問他：

「還有一件事兒你知不知道？」

「是那一方面的事兒？」

「和文珍有關。」

「我知道一點兒風聲，但不敢確定是什麼事兒？」

「彼得和楊仁犯了案，關起來了。」

「是不是販賣菸土的事兒？」

「正是。」

他把那天喜兒慌慌張張地跑到他家把文珍拖走的事說了出來，隨後又問：

「他們現在怎樣了？」

「你姑爹拿了三千大洋託你岳丈打通關節的事兒，你也不知道？」

他搖搖頭。

「少奶奶也沒有講？」

「她是米湯裏洗澡——糊裏糊塗。」

古美雲被他說得一笑，隨後又說：

「不過這只是有人看他們發了大財眼紅，想敲他們一下，並不是真想禁鴉片菸。」

「怎麼可以這樣子？」他十分奇怪。

「俗話說：『靠山吃山，靠水吃水。』管這種事兒的大爺們，如果一下子把鴉片菸禁絕了，那不是斷了自己的財路？』

「這樣說來，那三千大洋就把他們打倒了？」

「可也沒有這麼容易！」古美雲笑著搖頭：「別說那三千大洋經過七手八腳，所得無幾，就是一個人獨吞，也不在那些大爺們的眼裏。」

「那他們兩人不是出不來了？」

「你別替古人耽憂。」古美雲又向他一笑。

「您剛才說那三千大洋不在那些大爺眼裏，那他們兩人不是要坐穿牢底？」

「我說了你別替古人耽憂，」她邊說邊笑，露出一排整齊雪白的玉齒！「他們已經出來了！」

「雲姑，這我就不懂了。」

「你是不懂，」她又向他笑笑：「原先他們以為逮住了兩隻肥羊，便獅子開大口。」

「這種事兒還好意思開價錢？」

「怎麼不好意思開？」她又笑著反問：「而且一開就是兩萬大洋。」

「姑爹給了沒有？」

「你姑爹豈是冤大頭？他用錢都用在刀口上，對這種黑吃黑的事兒他自然有一套。」

「這可是公事？」

「所以他才拿了三千大洋請你岳父打個圓場。」

「我岳父的面子有那麼大？」

「你岳父的面子也不小，不過錢一過他的手又少了一半，所以打不倒人。」

「那他們兩人是怎麼出來的？」

「你姑爹使出了司徒威這枝殺手鐧，他們只好乖乖地放人了。」

「司徒威不成了太上皇？」

「現在的老爺們見了洋人就矮三尺，誰也不敢碰一下。」

「當初他們為什麼不把姑爹逮起來？」

「你怎麼這麼老實？」她笑了起來，隨後又說：「逮了你姑爹，誰給他們送錢？不過他們還留了一手。」

「他們手上還有牌？」

「錢來奇還在他們手裏。」古美雲說：「如果你姑爹不再送上一筆錢，錢來奇就會成為代罪的羔羊了。」

天行突然想起李桂花兒來，如果錢來奇砍了腦袋，李桂花兒不是又成寡婦了？不知道李桂花兒有沒有生孩子？去日本三年，他有很多事情都不明白，連他岳父為什麼會替姑爹跑腿拉縴他也不明白，因此他說：

「還有一點我不明白。」

「那一點你不明白？」

「我岳父也不是不知道我姑爹的為人，他何必替他拉縴？」

古美雲又笑著對他說：

「你岳父是峨嵋山上的老猴兒精，你以為他會替你姑爹白使力氣？他明裏暗裏自然都有好處，還落個兩面人情。」

「這還成什麼世界？」天行搖搖頭。

「這是天子腳下裏九外七的北京，是真實世界，不是夢裏乾坤。」她輕鬆地說。

過了一會，他又突然問她：

「雲姑，您又不是包打聽，您怎麼知道得這麼清楚？」

「我有千里眼、順風耳，你不知道？」她開玩笑地說：「一個筋斗還能翻十萬八千里呢！」

「雲姑，我是和您說正經話兒，您怎麼開起玩笑來了？」

「天行，在這個世界裏，我只能遊戲人生。你既然認真，那我就和你說正經話兒好了。」她隨即湊近他，用手向客廳一指，附著他的右耳輕輕地說：「他們三位當中就有一位是看準了你姑爹那隻肥羊的。」

「誰？」他連忙問。

「這你就不必再問了。」她笑著拍拍他。

「雲姑，我真服了您！」他向她一笑。

「我不過是天子腳下裏九外七的北京城裏的一個不入流的弱女子，上不了經傳，進不了文廟，有什麼好佩服的？」她似哭非哭，似笑非笑地說。

「雲姑，說真格的，您剛才這一番話，使我勝讀十年書。不但是您，連小玉也比我懂得多。」

「那小蹄子和你胡扯些什麼？」她正笑問，恰巧小玉送了一盤水果進來。

「二爺，我那兒敢和二少爺胡扯？」小玉接著說：「因為您在坐莊，我怕二少爺枯坐無聊，才和他說說話解解悶兒。」

「妳可別把二少爺教壞了？回頭乾娘會找我算帳的！」她向小玉似笑非笑地說。

「二爺，二少爺是吃了定心丸的人，那是我教得壞的？您也太小看他了！」

古美雲聽了一笑，指著小玉說：

「妳這小蹄子也長心了，改天我把妳送給二少爺陪房好不好？」

小玉頭一低，腰一扭，碎步跑了出去。古美雲笑著對天行說：

「小玉這丫頭倒真聰明伶俐，很討我的喜歡。可惜命不好，落入了煙花巷。」

「說不定您日後真可以替她選個金龜婿呢？」

「天行，我和你說實話：我在社會上打滾了這麼多年，總有一種感覺。」

「什麼感覺？」天行急問。

「我們女人太聰明漂亮總不是福，反而不如那些渾渾噩噩的糊塗蟲好。」

「您對我們男人有什麼看法？」

「男人也差不多，不過臉厚心黑的總有錢有勢。」

「雲姑，那臉不厚心不黑的男人就沒有得混了？」

「臉不厚心不黑的多半是苦哈哈。」

「雲姑，您這是不是憤世嫉俗的話？」

「一點也不，」她用力搖頭：「我雖然沒有你的學問大，這可是我的一點心得。」

天行黯然無語。古美雲的話使他的感觸更深。文珍、香君、美子，都是又聰明又漂亮的女人，周素真卻真是渾渾噩噩；父親的學問比姑爹大得多，人更風雅善良，他不如姑爹的地方就是臉不厚心不黑；他自己和楊仁、彼得也是同樣的情形，難道這就是天道？

古美雲看天行神情不好，怕他難過，又自我解嘲地說：

「大概玉皇大帝也是個醋罈兒，吃不著葡萄說葡萄酸，故意要把聰明漂亮的女人打入阿鼻地獄？」

「那姑爹和我爹，楊仁、彼得和我又是怎麼回事兒？」

「大概玉皇大帝瞎了一隻眼睛吧？」她放誕地一笑：「不然他怎麼分不出是非善惡呢？」

「雲姑，您也不怕得罪玉皇大帝？」他也展顏一笑。

「我看我上一輩子早得罪過了。」她又灑脫地笑笑：「一罪不能兩罰，也許他會饒我這一次？」

「雲姑，我早就替妳不平。」

「我也替你不平，」她笑著說：「不平又有什麼用？我們都是凡人，還能扭轉乾坤？」

小玉又走進來，笑著對古美雲說：

「二爺，他們要您上場。」

「大娘不是在陪他們打嗎？」

「他們就是要您去嘛！」

「你在這兒吃飯好不好？」她站起來向他說：「小玉陪你聊天，我再去陪他們玩一會兒，大概他們在發燒，輸得還不夠？」

「我回家，您去陪他們打好了？」他也站起身來望了小玉一眼說：「改天我再來向小玉請教。」

「二少爺，您可別折煞我了！」小玉向他低頭抿嘴一笑。

「明師出高徒，今天我算是又開了竅。」天行向她們兩人笑笑，逕自走出書房。

她們雙雙把他送到客廳外，簷下的那隻大白鸚鵡頻頻點頭翹尾說：「送客，送客！」

天行望著牠好笑，小貴兒卻迎了上來，古美雲囑咐小貴兒代她送天行，小貴兒對這位舊主子還是恭恭敬敬，不敢走在前面，總是落後兩三步，天行要和他講話，便不得不回過頭來。

「小貴兒，你在金谷園這麼久了，感覺如何？」天行問他。

「回二少爺的話，金谷園雖是個銷金窟，但二爺有情有義，有恩有威，不像老佛爺那麼絕情，專使威風。」

「現在老佛爺已經死了，再也威風不起來了。」

「二少爺，她早就該死！人是你奈何她不得的，閻王爺可不會放過她！」

「小貴兒，我看人間只有死這件事才最公平。」

「可不是？不管他是公侯將相，皇帝老子，都不能不見閻王。」

「這一輩子你是太委屈了，希望下一輩子你能投個好胎。」

「二少爺，但願託您的福。我也不知道上一輩子造了什麼孽？這一輩子我可是安分守己。」

「也許下一輩子你當老佛爺，老佛爺當小太監呢？」

「二少爺，不可能了！」

「怎麼不可能呢？」

小貴兒趨前兩步，悄悄地附著天行的耳邊說：

「馬上要改朝換代了，不會再有皇上了，也不會再有太監，更不會再有老佛爺了！」

「你聽誰說的？」天行故意問他。

「來金谷園的大爺們都暗自耳語，說滿清就要垮了，那小子的江山坐不住了，以後漢人就不會再要皇帝了！」小貴兒壓低嗓門，尖聲細氣地說：「所以以後也不會再有太監了！」

「小貴兒，這倒是一件積陰德的大好事兒。」天行向他笑道。

「可不是？二少爺，我小貴兒是第一個贊成！以後就不會再有人像我一樣斷子絕孫了！」

天行拍拍他，在「金谷園」三個大金字底下和小貴兒分手。

回到家裏，他覺得今天去金谷園真不虛此行。美子的事使他放心不少，小玉和古美雲談的話使他一下子世故了許多，這是書本上學不到的。

他很少和周素真談話，這次一回到家他卻主動問起姑爹託她父親的那檔事兒，她一臉茫然，還說：

「要是真有這檔事兒，爹應該白手幫姑爹一個忙。」

他也就不再搭腔，逕自回到書房。

蝶仙過來，他便和她說起去金谷園的事，一點也不瞞她。蝶仙聽完之後笑說：

「我早料到喜兒那天慌慌張張來把表小姐拖走，一定不是什麼好事兒，您還要故意瞞我，我說了紙包不住火吧？」

「一來當時我不敢十分確定，二來我也是投鼠忌器，怕傳出去了使文珍難堪。」

「您倒是一片好心，可是姑老爺他們卻不做好事。」

「今天我去金谷園一趟，真的一下子長大了一、二十歲，我覺得我連小玉都不如！」

「人家是在火山上打滾過來的，您是在溫室中長大的，人家流的眼淚可比您出的汗還多呢！您怎麼能和人家比？」蝶仙笑著說。

「蝶仙姐，妳教訓得是。」他點點頭。

「我的二少爺，我怎麼敢教訓您？」蝶仙忙不迭地搖手：「我說的是事實。」

「我真怕我也會變成王老師那種書獃子？」

「那怎麼會？」

「文珍比我更天真，那天我將姑爹、彼得販賣菸土的事兒告訴她，她還說他們不會那麼沒有良心，我也就不敢再說。現在不知道她作何感想？」

「表小姐是個愛面子的人，這一下她真罩不住了。」

「我們千萬不要張揚，不要給下人知道，免得她日後不好意思見人。」

「您以為我是吃草長大的？」她笑著白了他一眼：「您愛護她，我又何嘗不是？」

「這就好！以後要是她來了我們也絕口不提這件事兒。」天行說。

可是文珍自從那天喜兒慌慌張張來把她拖走之後，一直好幾個月她都沒有再來。天行很掛念她，可是又不能去找她，連口信兒都不便捎去。

但是這幾個月卻發生了不少變化，使天行又喜又悲的是美子替他生了一個兒子，真的取名川端龍子，這是加藤寫信告訴他的，信上這麼說：

「美子昨日弄璋，母子平安，子取名川端龍子。託余先行報喜，伊休養數日後，當另有喜報。」

當他把加藤這封信悄悄送給龍從雲看時，龍從雲更高興，連忙覆了加藤一封信，附上一張匯票。還和老太太商議，要不要公開這個喜訊？老太太慎重考慮之後，決定公開，其實天行和美子的事大家都知道，只有周素真不清楚。老太太把她叫到面前來，親自告訴她這件事的始末，隨後又安慰她：

「這是天行在日本的事兒，美子姑娘又遠在東京，對妳沒有半點兒影響。不過孩子是我們龍家的骨肉，不論日後能不能歸宗，但事實上他是我的曾孫子，我自然高興。日後要是妳生了一男半女，我會更高興。」

「婆婆，我一直蒙在鼓裏，難怪他對我這麼冷冷淡淡，原來他在日本另外有個女人！」周素真吞吞吐吐地說，還帶著濃厚的江西土音。

「我說了那是過去的事兒。」老太太說：「只要妳順著他一點兒，自然會好起來的。」

「我不知道要怎麼順著他？他的心事好像重得很！我也不知道怎樣才解得開那個結？」

「慢慢來，自然會解得開的。」老太太笑著說。

她不知道說什麼好？便不再作聲，氣鼓鼓地跑回自己的房間。老太太吩咐兒子、孫子在祖宗牌位前上香磕頭，她自己親自在觀音大士面前上香、念經，然後把天行叫到身邊對他說：

「我很高興有了一個曾孫，但是他能不能成為我們龍家的人？還不知道。以後你應該對素真好一點兒。」

「婆婆，牛頭不對馬嘴，怎麼好得起來？」天行說。

「你也不能這麼說，我知道她沒有文珍、美子的學問好，更沒有她們兩人的文才，連香君也比不上，和你搭不上調兒。但是娶妻娶德，只要她三從四德就好。」老太太說。

「婆婆，不論是才是德，她比香君還差的遠呢！更別說文珍、美子了。」

「孩子，我知道你的眼光兒看高了，要一下子拉下來也不容易。你就看在我這張老臉上，委屈一點吧？」老太太說著不覺流下兩行清淚。

天行一時百感交集，突然失聲大哭起來。

老太太十分悲痛驚駭。龍從雲不知如何是好？他既不能怪母親，也不能責備兒子。大家都不知所措，還是龍太太鎮定，她把蝶仙悄悄叫到一邊，輕輕對她說：

「我知道他心裏憋了好幾年，今天是火山突然爆發，一下子很難平息。他和雲姑奶奶最談得來，但是我不放心他一個人住在金谷園，麻煩妳陪他去貼身照顧三、兩天，千萬不要出什麼岔兒，等他心情好一點兒，就陪他回來，妳能不能辦到？」

「太太既然這樣吩咐，上刀山我也得去！我會寸步不離，諒也出不了什麼岔兒。」蝶仙說。

「那我就把他交給妳了！」龍太太加重語氣說。

蝶仙點點頭，龍太太又和老太太耳語一番，老太太也同意。然後她才對兒子說：

「娘知道你心裏憋得難過，你去雲姑那兒散散心好了，我要蝶仙服侍你，免得太打擾了雲姑。」

「我自己去。」天行說。

「二少爺，雲姑奶奶頂多只能陪你聊聊天，她是長輩，可不能服侍你。」蝶仙說。

「她會叫小玉侍候我。」

「不管什麼小玉、大玉，她總有她的事兒。我想金谷園的客人一定很多，您好意思讓人家停下正事兒來侍候你一個人？」

天行聽她說得有理，不好反對。只是問她：

「蝶仙姐，妳去那種地方，方便嗎？」

「二少爺，我常聽老夫人說：『清者自清，濁者自濁。』為了您上刀山我也得去，別說是金谷園？」

他看她的模樣兒神氣兒真有幾分像美子，又聽她講出這樣的話來，不禁又落下幾滴眼淚。

他們一道去金谷園。

周素真也生氣回了娘家。

第四十九章　周而福蛇鼠兩端
龍天放風雪歸來

蝶仙陪天行去金谷園住了三天，小心服侍，寸步不離。她知道天行的心思是在美子、文珍、香君身上，金谷園的美人雖多，他毫無心情拈花惹草，她也完全了解他的性格，知道他不是見一個愛一個的人。只是龍太太把他交給了她，她不敢絲毫大意。龍太太是個不苟言笑，不怒而威的主人，她們這些下人對她都十分敬畏，她更識趣，知道龍太太看得起她，才交給她這個任務。

她到金谷園後，不但古美雲一向喜歡她，連金大娘也特別賞識她的能幹、利落、善解人意。小玉把她當做大姐。她們兩人都認為她的聰明、美麗、才幹不在古美雲之下。天行對她一向以姐姐視之，她對他的小心侍候，只有香君和美子兩人可以相比。他從日本回家以後，如果不是祖母指定她接替香君，他真不知道日子怎麼能過？這次母親又要她陪他到金谷園來，可見母親對她也很重視。只是他自己很過意不去，一個黃花大閨女竟陪他到這種地方來，真是委屈她了！如果她不是丫鬟，她和文珍、美子又有什麼差別？她比周素真是高多了！

來到金谷園後，因為有古美雲、小玉不時陪他聊天，又有蝶仙侍候，他的心情的確輕鬆了許多。可是一回到家來，又十分苦惱。因為周素真去娘家還沒有回來，祖母、父親都要他去接，他無論如何都不肯去，而且賭氣說：

「不回來最好，眼不見，心不煩。」

老太太心裏很急，一再勸他說：

「你不去接，她怎麼好意思回來？你就看在我們兩三代人的面子上，去走一趟好不好？」

「婆婆，以後生氣的日子還很多，如果她一回娘家我就去接，她就更會端起來了，我可沒有那麼好的性子兒！她也不拿鏡子照照自己？」

老太太被他說得又好氣又好笑，可是沒有辦法。最後只好決定讓卜天鵬和蝶仙去接。

卜天鵬一出門就對蝶仙說：

「蝶仙姑娘，不是我不願當這一次差，我總覺得二少爺的婚事當初就走錯了一步棋。」

「卜師傅，您是不是指二少爺和表小姐的事兒？」

「可不是？如果當初老太太和老爺不那麼顧面子，讓我去把表小姐硬接過來，讓他們兩位成了親，不就沒有了以後這許多麻煩？二少爺也不會這麼傷心苦惱了！」

「當初你也有這種想法？」蝶仙望著他說。

「可不是？楊通要無賴，當初我就憋了一肚子氣！我曾經狠狠地揍了他一頓。」

「真有這回事兒？」蝶仙又驚又喜。

卜天鵬便把那天晚上怎麼跟蹤楊通？怎麼揍他的故事說了出來，蝶仙高興得笑了起來。隨後又說：

「卜師傅，你不怕他報復？」

「我人一個，命一條，我揍他時就給他撂下了狠話，我算準了他不敢吭氣。這麼久了，妳看我身上少了那根毛？」

蝶仙臉一紅，又忍不住笑了。

「對付楊通那種二毛子奸商，可不能君子作風，我們東家和老夫人就犯了這個大忌。」

蝶仙也把楊通和彼得販賣菸土發了大財的捉放故事告訴他，他氣得大罵：

「這種兔崽子，什麼事兒都幹得出來！要是有朝一日犯在我卜天鵬手裏，我非宰掉他不可！」

「卜師傅，你有勇無權，怎麼宰得了他？」蝶仙向他一笑：「他有錢能使鬼推磨，聽說岳老爺、周大人還替他跑腿拉縴呢！」

「真有這回事兒？」卜天鵬歪著脖子望著她說。

「這次我陪二少爺去金谷園住了三天，聽了不少鮮事兒，這不過是其中之一。」

「岳老爺也見錢眼開？」卜天鵬望了她一眼自言自語起來：「果真如此，那他和楊通也是一個窯裏的貨了！」

「卜師傅，我看岳老爺是八面玲瓏的人。大凡這種人，不論他是幹那一行的，都會翻雲覆雨，見利忘義。」

「蝶仙姑娘，妳的看法不錯。」卜天鵬點點頭：「岳老爺比姑老爺的墨水兒雖然喝得多，官兒也做得大，只是兩人的品性兒都差不多。我真奇怪，東家怎麼會結這兩門親戚？」

「這兩門親戚可把二少爺害慘了。」蝶仙說：「只是傷心苦惱的還不止二少爺一個人呢！」

「我知道表小姐也是眼淚往肚裏流。」

「您知不知道還有一位日本姑娘美子小姐在隔海相思呢？」

「是不是和二少爺生了兒子的那位日本小姐？」

「正是她！」蝶仙點點頭：「不過另外還有一位苦哈哈，更是啞子吃黃連，有苦說不出來。」

「誰？」

「香君哪！」

「香君姑娘是真不賴！可惜的是小姐人才丫頭命，我早就看出幾分。」

「至於我們這二少爺和少奶奶嘛，真是羊可憐，狼亦可憐。這可要苦了他們一輩子了！」

「那不是接回來了也是個冤家？」

「我看是癩痢頭好不了，縱然好些也長不起毛。」蝶仙無可奈何地一笑：「可是我們又不能不去接？」

「這樣看來，二少爺還不如我這個光桿兒打到底痛快。有時我甚至覺得他還不如小貴兒呢！」

卜天鵬說得蝶仙噗嗤一笑。卜天鵬卻一臉正經地說：

「蝶仙姑娘，您別笑。俗話說：『人怕傷心，樹怕剝皮。』二少爺一再傷心，真的傷透了！虧他忍受得了？」

「我也替他難過，可是誰也替不了他。」

「我生來笨嘴笨舌，待會兒我真不知道怎樣向他那位岳父大人開口？」卜天鵬有些為難起來。

「這您倒不必耽心，我想岳老爺是個見風使舵的人，由我開口好了。我一個女流，又是丫鬟，縱然有什麼言語不周到的地方，我想他也不好意思拉下臉來？」

「那就全仗妳了。」卜天鵬向她拱拱手。

他們來到周府，經過門房通報，才得進來。周而福在家，下人把他請了出來，他一看是龍家的人，便叫太太、女兒出來，周素真一看見蝶仙，既高興又失望。蝶仙向他們說明來意，十分婉轉得體，周而福打量了她一眼，又望望自己的女兒，覺得無論口才、器度，自己的女兒都趕不上她這個丫鬟，馬上見風使舵地對蝶仙說：

「你們兩位來得正好，我本想這兩天派人送素真回去，這樣就順便麻煩兩位，我就不再派人送了。」

「多謝岳老爺賞臉，有我們兩人足夠，不必再派人了。」卜天鵬喜出望外，連忙對他說。

「論理，姑爺應該自己來一趟才是。」周太太說，她是一個富富泰泰渾渾厚厚的女人，說話的口氣並不凌人。

「他們兩位來了也就夠了，何必一定要姑爺來？」周而福笑著說。

「爹，他心裏完全沒有我，只惦記著那個日本女人。」周素真哭喪著臉說。

「那是妳和他訂親以前的事兒，妳何必記這筆陳年爛帳？何況那隻貓兒不偷腥，男人嘛，這有什麼大驚小怪的？」

「你不替女兒說話，怎麼反而護著姑爺？」周太太望著丈夫說。

「我看他比我年輕時規矩多了，我們兩人還不是白頭偕老？」周而福向太太笑道：「我說你們女人就是小心眼兒，其實這樣反而壞事。要是打翻醋罈兒，到頭來還是妳們女人吃虧；自古以來，只有男人休妻納妾，那有女人出夫多夫的？」

周太太是個三從四德的女人，聽了丈夫的話不再作聲。她知道丈夫先後有好幾個姘頭，現在還金屋藏嬌，可是他一個也沒接進門來喧賓奪主，她心裏還暗自感激，不吵不鬧，因此一直相安無事。

周素真也知道父親的風流事兒，可是他做得兩面光，使母親沒有話講。只是她心裏暗氣天行，為什麼不能像父親一樣兩面光？這麼冷落自己？但她聽了父親的話後，也不敢再講，她有些怕父親。

周而福看她們母女兩人都沒有話說，便笑著對卜天鵬和蝶仙說：

「那就拜託兩位了。」

蝶仙連忙走近周素真身邊，輕輕對她說：

「少奶奶，我們一道回去，老夫人正念著呢！」

周素真望了父母一眼，就去房裏收拾一點東西，低著頭跟著蝶仙一道出來。

他們兩人就這樣毫不費力地把周素真接了回來。周素真見過老夫人之後就回到自己房裏。

天行只和周素真在老太太那兒打了一個照面，就回到自己的書房。蝶仙過來時他悄悄問她到周家的情形，蝶仙照實告訴他。他聽後沒有作聲，蝶仙卻對他說：

「我看岳老爺對您不錯？」

「我還不知道他葫蘆裏賣的什麼藥？至於這件事兒，那不過因為我也是男人，才叨了他這位大男人一點兒光。」

蝶仙聽了一笑，隨後又說：

「不過我看他倒還坦白，沒有擺出聖人的面孔。」

「雲姑說他是峨嵋山上的老猴兒精，這正是他圓滑世故的地方。」

「二少爺，我看您不妨向他學學？」

「這是學不來的，我不是他那種料。」天行搖搖頭，又指指隔壁說：「連他自己的女兒都相去十萬八千里，何況是我？」

「這真奇怪！表小姐一點兒也不像姑老爺，少奶奶也完全不像岳老爺，這是什麼緣故？我實在不明白?」蝶仙也搖搖頭說。

「丹朱不肖，舜之子亦不肖，這倒沒有什麼好奇怪的。」

「那為什麼我們平常總是說：龍生龍，鳳生鳳，耗子生的兒子會打洞呢?」

「天生萬物，有常有變。天地不仁，以萬物為芻狗，聖人不仁，以百姓為芻狗。大概就是這個緣故。不然到現在我們還是堯天舜日朗朗乾坤。」

「二少爺，我不明白這些典故和大道理，你既然明白，有沒有辦法改變?」

「我和妳一樣都是凡人，如果我有造化的能力，我不早照我的意思辦了?我還會這樣痛苦?」

蝶仙也無可奈何地笑笑。

過了幾天，周素真的母親又來看女兒和老太太。她並沒有向女兒問長問短，只是察言觀色。她知道女兒不快樂，但她不便責怪女婿，因為這門親是她先提起的，他們兩人並不認識。她自己年輕時往往幾年都見不到丈夫的影兒，她明知道丈夫有外室，也不敢過問，因為那是男人的權利。

她這次來是丈夫受了朋友之託，要她來做個媒人，向老太太探探口氣。原來有個叫做王子清的四品京官，上次來龍家吃喜酒時看中了梅影，他年已半百，伯道無兒，想娶梅影做個偏房，傳宗接代，她乘梅影不在老太太身邊時，便把這個意思悄悄向老太太說明。老太太因為天行、文珍、香君、美子和現在的孫媳婦兒的前車之鑑，就特別小心，便對她說：

「梅影雖是我的丫頭，但她的終身大事我也不便作主，等我找機會問過她以後，再答覆親家母好了。」

周太太還說了王子清不少好話才回去。

她走後老太太便把這件事告訴梅影，梅影卻說：

「老夫人，您老人家是不是嫌我年紀大了，手腳不靈，想要另外找個年輕的丫鬟侍候您？」

「妳這個丫頭，妳平日好好的，今日怎麼這麼多心？」老太太笑著罵她：「我幾時嫌過妳？」

「您老人家既然不嫌我，那我就侍候您一輩子好了。」

「難得妳這一片好心，不過我還不知道那天才見閻王？這豈不耽誤了妳的青春？」

「老夫人，我已經看透了，出嫁不如不嫁，何況是給人家作小？」

「只要妳願意嫁人，我會替妳留意，也會讓妳自己選擇，直到妳滿意為止。」

「老夫人，婚姻這事兒看了令人寒心，我真的不做這個夢。」

老太太知道她話中有話，搖搖頭不好再說。梅影卻自言自語：

「周太太也真是的，前車之鑑不遠，還好意思再來做媒？要我作小？」

梅影的聲音很輕，老太太也裝作沒有聽見。蝶仙看了暗自好笑。

老太太原以為娶個孫媳婦就了卻一樁心願，甚至抱個曾孫娛娛晚景，使天行高興，為整個家庭帶來生氣和喜悅，沒想到事與願違，天行的心情比離家時更委屈更無奈，整個家庭也跟著沈悶起來。

北京的天空也是陰沈沈的，口外吹來很重的風砂，紫禁城也黯然無光，紅牆綠瓦也失去了往日的顏色。

突然南方傳來興奮驚人的消息，像春雷一樣滾了過來，整個北京都震動起來，震垮愛新覺羅王朝。正應了那位小皇帝登極時吵著要從金鑾殿的寶座下來，底下人哄著他說：「快完了！快完了！」的話，這下子真的完了。

這件事兒為老太太帶來新的希望，也為翰林第帶來了歡欣，以前他們不敢公開談到天放，老太太心裏惦記著，下人們也好像忘了這位少主人。現在老太太吵著要兒子打聽大孫子的消息，兒子卻苦笑著對她說：

「娘，我心裏和您一樣急，只是大海裏撈針，我從那兒撈起？」

老太太又對天行說：

「你給我寫信到東京去拜託加藤先生和美子姑娘，探聽你哥哥的消息，或許他在日本？」

「我看八成兒不在日本，」天行說：「要是在日本，他可能有信來。」

老太太忽然想起周而福，便對天行說：

「你去你岳父那兒一趟，他的消息比較靈通，他或許知道？」

天行不肯去，老太太笑著對他說：

「你岳父是個聰明人，他一定樂於打聽。」

「婆婆，這種事兒犯不著找他。」天行不想去，故意推托。

老太太便對兒子說：

「天行心裏有個疙瘩，你去和親家公談談好了，他八面玲瓏、耳目眾多，不會打聽不出來。再說，在這個節骨眼兒上，只要你一開口，他決不會放棄這個機會。」

兒子一口答應。老太太又望望孫子，笑著對他說。

「有一個地方，我想拜託你去一下，你大概不會拒絕吧？」

「婆婆，那也要看是什麼地方？如果是姑爹那兒，您打死我我也不會去！」天行以為是要他去找楊通，因為楊通和洋人關係密切，他的消息比誰都靈通。

「你以為我真老糊塗了？」老太太拉長著臉說：「我會要你去他那兒？我還不如自打幾個耳光呢！」

天行怕祖母真的生氣，便輕言細語問她到底是什麼地方？老太太打量他一眼，一個字兒一個字地說：

「雲姑的金谷園，你去是不去？」

天行欣然一笑，老太太也笑著罵了他一句：

「沒有出息！」

「婆婆，你何必兜這麼大的圈兒？您直截了當的說了，我不就去了？」天行笑著說。

「雨天打孩子，閒著也是閒著。你好像和我有仇似的，我好不容易才看見一張笑臉！」老太太白了他一眼。

蝶仙、梅影嗤的一聲笑了出來，天行也不禁好笑。

他自從上次和蝶仙去過金谷園後就沒有再去，他正想去看看古美雲，她那兒的消息來源更多。

古美雲以為他又有什麼不如意的事兒？他說明來意之後，她便輕鬆一笑說：

「你哥哥的事兒好辦，只要不是你的事兒就行，我就怕你有了煩惱。」

「雲姑，我的煩惱是春蠶到死絲方盡，蠟炬成灰淚始乾。現在請您不要管我，得便請您打聽哥哥的消息。」

古美雲同情地看了他一眼，然後胸有成竹地說：

「現在滿清已經垮了，如果你哥哥沒有發生什麼意外，我想他會回來。」

「哥哥就是不愛寫信，讓婆婆乾著急。如果他捎個信兒回來也就好了。」

「你們兄弟兩個就是這麼不同！」古美雲望著他笑道：「你為情所苦，總脫不了身；你哥哥不但不懂憐香惜玉，連家信也懶得寫，好像是鐵石心腸？」

「多情自古空餘恨，像哥哥那樣的人或許能成大事兒？」

「那可不一定？」

「雲姑，您對哥哥沒有信心？」

「我覺得他不夠滑、不夠狠，也不夠陰。他不是真正的無情，只是不喜歡姐姐妹妹婆婆媽媽的，是慷著悲歌的英雄本色而已。像他這種人，能不能成大事兒？那就要看是什麼時代了？」

「雲姑，想不到您對哥哥看得也這麼深？」天行對她又肅然起敬。

「我看的人太多，上自帝王將相，下至三教九流販夫走卒都有，我看你們兩兄弟又是從小到大，自然更加不同。」她看了他一眼又說：「你也不是不能成大事兒，不過你是性中情人，機會好的話，是一位治世的能臣，一入亂世，你就沒有戲唱了。」

天行被她說得一笑，隨後又對她說。

「雲姑，您把我估價得太高，我生平無大志，只想有一個知己陪我讀書、遊山玩水，便於願已足。說真格的，日後我倒想回九江老家去和陶淵明一樣『採菊東籬下，悠然見南山』呢。」

「你老家九江的確是一個山明水秀的好地方，我看你一半兒是受了你祖父的遺傳，一半兒是受了陶淵明和九江山水的影響。」

雲姑，我在日本和美子遊山中湖、蘆之湖時，提到九江的山水，美子也很嚮往。但不論是文珍、香君、美子，其中要是有一個人能和我終身相處，我都情願和陶淵明一樣終老故鄉。可是，和我終身相處的卻是一根不通氣的旱菸桿兒！」說著說著他竟落下淚來。

「你是怎麼搞的？」古美雲愛憐地一笑：「你來請我探聽哥哥的消息，怎麼又扯到自己身上來了？怎麼好好的又傷心起來？」

「雲姑，我也難以自解。」他強作歡笑地說：「哥哥的事兒就拜託您了。」

「只要你哥哥沒有出什麼事兒，我斷定他會回來，你請乾娘放心好了。」古美雲說。「當然我會打聽，一有消息我會立刻通知。」

果然不出古美雲所料，天放在一個大雪天中突然悄悄回來，使全家上下都喜出望外，尤其是老太太。當他跪在老太太面前請罪時，老太太高興地流著眼淚說：

「起來，起來！我總算看到你了！」

「婆婆，孫兒不孝，害得您老人家乾著急。」

「你這孩子也真是的，不論怎麼忙，你也該捎個信兒回來！」

「婆婆，我做的是玩命兒的生意，是會誅九族的，我怕連累你們，所以我在國內不敢通信。」

「你當初幹這種事兒，就不怕連累我們？」

「婆婆，我也想到這一層，所以我用了假名。」

「我們龍家的人是行不更名，坐不改姓，你就是這麼冒冒失失。」

「婆婆，那只是一時的權宜之計，不是忘本。」

老太太仔細打量他，發現他滿面風霜，頭髮蓬亂，鬍鬚未刮，人也顯得比年紀蒼老。一身長袍也不大合身，而且相當陳舊，彷彿是舊貨攤兒上臨時買來的。寒冬臘月，看上去就有些冷颼颼的。

「你怎麼弄得這樣狼狽？」老太太又憐愛地說：「快去換件皮袍子再來。」

「婆婆，不忙！不忙！」他笑著回答：「這幾年來我打慣了爛仗，生死都不顧，還管什麼表面光？何況南方不像北京這麼冷，我覺得這樣已經很體面了。」

「你這樣連家裏的下人都不如，成何體統？」老太太搖搖頭說。

「娘，您別急，我會要他去澡堂洗個澡，理個髮，先去掉一身霉氣，我還怕他把蝨子帶了回來呢！」龍太太說。

大家都笑了起來，老太太也笑著對媳婦說：

「那我就把他交給妳了！妳要給我把他打扮得漂漂亮亮的才行，我正想替他娶個媳婦兒過年呢！他已經老大不小了。」

大家又好笑，天放漫不經心地說：

「世事亂如麻，那有心情娶個娘兒們絆住自己的腳？」

「怎麼？你還想像花腳貓兒一樣到處跑？」老太太盯著他說。

「婆婆，我這樣一個大男人老守在家裏總不是辦法？」

「你剛回來，板凳都沒有坐熱，不要和婆婆談這個問題。」龍太太對天放說。

老太太望了天放一眼，又對媳婦說：

「你交代卜師傅一下，快給我押著他去洗澡理髮，弄得乾乾淨淨再來見我，我還要陪著他在祖宗面前上香磕頭，他這副邋遢相，我怕列祖列宗怪我怎麼養出這麼個叫花子的孫子來！」

老太太的話音未落，大家便像熱鍋爆豆子般地笑了起來。天放自己也好笑：

「我真沒想到，幾年不回家，一回家婆婆就把我當叫花子看待了。」

大家又好笑，老太太吩咐他立刻去洗澡、理髮。天行和他久不見面，要陪他出去，老太太笑著對媳婦說：

「你還是要卜師傅跟著一道去，我怕他們兩兄弟串通起來搞鬼。」

大家又笑了起來。他們兩兄弟也笑著離開。老太太隨即對璧人說：

「從現在起，妳還是和過去一樣服侍大少爺，這次妳可要寸步不離。他不比二少爺，他無牽無掛，像隻泥鰍，我真怕他腳底板擦油——溜。」

蝶仙格格地笑起來。梅影掩著嘴笑。璧人嗤嗤地笑，隨後又誠惶誠恐地說：

「老夫人，我看不住大少爺，他要是上茅房溜了那怎麼辦？」

老太太也笑了起來，一面笑一面說：

「傻丫頭，妳怎麼能跟著他上茅房？妳放機伶一點兒就行，看他有什麼動靜，立刻向我通風報信。」

天放突然在臘月裏回來，老太太格外高興。在她和丫頭們的談笑中，天放已經從家裏帶著皮袍和換洗衣服來到華清池了。

華清池的老闆和卜天鵬是老朋友，特別為他們三人騰出一個房間。澡堂裏有理髮室，天放先理髮，後洗澡，等他理好髮，天行和卜師傅已經洗好了澡，躺在房間裏揑腳、修指甲。

天放洗好澡進來，覺得一身舒服、輕快、十分高興。他這才問起天行回家後的情形，天行照實告訴他。他知道美子生了一個兒子之後十分高興，還特別誇獎了美子幾句，最後又惋惜地說：

「如果你當初不顧一切和她正式成親，先斬後奏，也就不會造成現在這種尷尬局面了。」

「也許我命該如此?現在真是後悔莫及。」天行說。「我看婆婆這次也不會放過你?」

「我和你不一樣。」天放淡然一笑說：「我是請假回來，局勢還很紊亂，我在家不會待多久，婆婆總不能變戲法兒般地變出一個小娘兒來?」

「你是不是在外面有了相好的女朋友?」卜天鵬問他。

「我說了我是在外面打了幾年爛仗，那有心情和娘兒們打交道?你看：我大腿上還有一個槍疤呢。」他掀起大毛巾，右腿上露出銅錢大小的紫紅色的槍眼兒。

「這是什麼時候受傷的?」天行問。

「去年三月二十九，進攻兩廣總督衙門時受傷的。也許我命不該絕?才逃過一死，不然早就化作黃花崗的泥土了。」天放說完就往躺椅一靠，一笑：「那種地方當然沒有這兒舒服。」

「以後你還想再玩命兒?」卜天鵬問他。

「我學的是耍槍桿兒，還能躺在家裏做大少爺?」他笑著回答：「不過我受傷的事兒絕對不能走漏半點消息，萬一婆婆知道，我更走不了!還有一點，滿清雖然垮了，局勢還未穩定下來，小皇帝還未退位，我回家的事兒也不宜張揚。」

「剛才出來我們忘記交代，那我們趕快回去交代一下，免得走漏了風聲。」天行說。

三人立刻穿好衣服，準備趕回去。天放把換下的舊衣服夾在腋下，想帶回家，天行拉了下來往角落裏一丟說：

「不要把一身霉氣帶回去，家裏不少你穿的衣服。」

天放走過去撿了起來，又夾在腋下，向天行一笑：

「你還是二少爺，不知道舊衣服的好處，我出門時還用得著呢！」

「這些年來你倒學乖了。」卜天鵬也向天放笑道。

「我在外面打了幾年滾、湯裏來、火裏去，知道甜酸苦辣是什麼味兒，我已經不是龍家的大少爺了。」天放自言自語。

他們一出華清池，就被外面棉花條兒般的大雪照花了眼，地上更是一片雪白，雪積得比來時更厚，腳一踩下去，就陷下三四寸深。天放一時興起，隨口唱起〈走雪山〉來：

霎時天氣變的快，鵝毛大雪降下來；
荒郊變成雪世界，處處樓閣似銀臺。

「哥哥，你這是孔夫子面前賣文章，卜師傅不唱，你倒唱起來了！」天行笑著說。

「他唱得不賴！」卜天鵬笑著說：「我唱不出來。」

天放興猶未盡，還要冒著大雪走回去，還想看看卜天鵬的輕功，卜天鵬說：

「我那有登萍渡水、踏雪無痕的本領？我又不是神仙。」

「柳老師大概會？」天放說：

「柳老前輩虛懷若谷，深藏不露，我也沒有看見。」卜天鵬說。「不過我知道他比我高多了！」

「當年我們不懂事，沒有好好地向他學，要是我有他那種本領，現在就可以大派用場了。」天放說。

「人總是這樣，平時不燒香，臨時抱佛腳。」卜天鵬說。

「說真格的，我很懷念柳老師。要是他在北京，我可能沒有這麼多麻煩？」天行說。

「他又不能代替你，怎麼能減少你的煩惱？」天放說。

「我可以請他指點迷津。」天行說。

他們回到家裏龍從雲正在大廳等候，他看到大兒子十分高興。大家看天放一身麥穗兒羊皮袍，乾乾淨淨，面目一新，又像個大少爺，也很高興。梅影、璧人扶著老太太出來，老太太上下打量他，笑著說：

「這才像我的孫子，不是先前那個叫花子。」

隨即吩咐璧人把他腋下那包衣服交給黃嬤嬤送人，天放連忙說：

「使不得，使不得！出門時我還要用它呢！」

「你還想出門？」老太太瞪著他說。

天放委婉地向她解釋，而且要大家不要聲張，免得惹出意外的麻煩。老太太立刻吩咐兒子說：

「上香！」

龍從雲把三柱大香點燃，雙手遞給母親。老太太接過來，恭恭敬敬地插進景泰藍的大香爐裏。龍從雲、天放、天行一字排開，跪在老太太後面的紅毡上，一起向祖宗牌位磕頭、梅影、璧人一左一右地攙扶著老太太。她一面磕頭一面說：

「列祖列宗保佑天放平安回來，唐氏感恩不盡。但願他能體會長輩苦心，和『父母在不遠遊』的聖人明訓，不再遠走高飛，横衝直撞。」

天放聽了她這番話暗自叫苦，不禁望望天行，天行也只好回他一個苦笑。

牆有縫、壁有耳，天放回家的消息也不脛而走。

第二天下午周而福突然來看他，說要給他接風。老太太、龍從雲都說天放是晚輩，不必客氣。周而福卻笑著說：

「英雄出少年，長江後浪推前浪，今後恐怕還得仰仗他呢！」

「親家笑話了！」龍從雲說：「他初出茅廬，以後還請您多多提拔。」

「好了，好了！」周而福望望他們父子笑道：「我們是兩三代的關係，彼此都不必客氣。滿清垮了，現在正是逐鹿中原的時候，鹿死誰手？還未可知。我們兩家應該相互關照才是。親家，您說對不對？」

龍從雲只好笑著點頭。他只關心他的瓷莊、骨董字畫，對逐鹿中原毫無興趣。

「姻伯，我看滿清要想鹹魚翻生的確是不可能了。是誰想逐鹿中原？我還不大清楚。」天放故意問。

「賢姪，你是學軍事的，你看現在北方兵權抓在誰的手裏？」周而福笑問。

「自然是阮國璋了。」

「這就得了！」周而福拊掌一笑：「他現在正腳踏兩邊船，想兩邊統吃呢！」

「姻伯和他的關係一定不錯吧？」

「倒也不是泛泛之交。」他搖頭晃腦地說：「我想賢姪也不妨多多注意南邊的情勢，我們可以聲氣相通，兩邊下注？」

「想不到姻伯還有這個興趣？」天放笑笑。

「我是夕陽無限好，只是近黃昏，沒有什麼野心了。」周而福立刻改變口氣：「不過賢姪正如日方升，應該好好把握機會，必要時或許我可以助你一臂之力？」

「多謝姻伯關照。」天放客氣地弓弓身子說，馬上又抬出祖母作擋箭牌：「只是祖母怕我在南方打流，不想再讓我出去呢。」

周而福望著老太太說：

「老夫人，我看天放賢姪是個將才，把他留在家裏豈不可惜？」

「親家，恕我說句放肆的話。」老太太笑著對周而福說：「我們家裏並不缺少他一個人的衣食，我也不想他拜將封侯，我是怕他再搞下去會走上禍國殃民的路子，說不定還會玩掉腦袋？」

「如果老夫人不讓賢姪再去南方，就在京裏也大有可為。」

「他對骨董字畫沒有興趣，做瓷器生意也是外行，他能有什麼作為？」

「老夫人，我聽說天放賢姪當初去士校是牛存信大人推薦的是不是？」

「不錯，」老太太點點頭：「還是美雲拉的線兒。」

「現在牛大人正是阮國璋身邊的紅人，要是我向牛大人透漏一點兒口風，還愁他不借重嗎？」

「姻伯，照理我應該先去看看牛大人。」天放說：「不過現在不大方便，我還不想露面，日後我一定會好好謝他的。」

「好，我的話就說到這兒為止，希望賢姪好自為之。」周而福一笑而起：「我替你接個風，你總應該賞臉吧？」

「親家，他是晚輩，您千萬不要破費。」龍從雲說。

「親家，我是借這個機會，讓我們兩家人聚聚，談不上破費。」周而福說：「時間、地點、請您決定好不好？」

龍從雲不便峻拒，只好答應。時間地點改天再決定。

他們父子送周而福走後，天放一轉身便笑著對天行說：

「我看你這位岳父大人是想腳踏兩邊船？」

「我看他不止想腳踏兩邊船，恐怕是狡兔三窟？」天行說：「有姑爹和他們這些人攪局，以後恐怕難有太平日子？」

天放還不知道楊通、彼得販賣菸土的事兒，正要談起楊通時，龍從容和文珍母女卻一道過來看他。文珍自從父親、丈夫發生那種事兒以後，一直不好意思過來，她看見天行時還含羞帶愧。她們母女和天行談了一陣之後，文珍便和蝶仙一道過來探望周素真，周素真看她父親一走，就走回自己房間了。

文珍和周素真其實是沒有什麼話兒好談的，來看她只是一種禮貌。因為周素真既不能和她談詩詞，對於世事知道的也少，甚至文珍的父親拿錢請她父親打通關節的事兒她也不知道。所以當文珍客套地對她說：

「二表嫂，多謝令尊上次幫家父打了個圓場。」

她聽了一臉茫然，反而笑問文珍：

「我還不清楚妳說的是什麼事兒?」

文珍不免發窘，說也不好，不說也不好，蝶仙機伶，連忙接嘴：

「少奶奶，沒有什麼大不了的事兒，不過是生意上的一點兒瓜葛，早就過去了。」

「彼此親戚，不論什麼事兒自然都應該照顧。」她說。

隨後文珍便和她說些日常瑣事，她倒很有興趣。她關心地問文珍：

「小少爺長得好不好?」

文珍很不願意談這些事兒，她偏偏問到，她只好說：

「和他父親一樣。」

文珍看她身體還是和以前一樣，沒有起什麼變化，也不禁探問：

「二表嫂什麼時候請我吃紅蛋？」

「送子娘娘還沒有到我門口來。」她紅著臉回答：「大概我沒有燒頭香？」

「改天我陪少奶奶到喇嘛廟裏燒個頭香，參拜歡喜佛，明年一定可以吃紅蛋了。」蝶仙打趣地說。

文珍有些心不在焉，蝶仙心裏明白，便找個題兒陪她到天行這邊來。天行看見她來，便從袖著裏拿出一封美子寫給她的信，上面這樣說：

拜讀佳作，毋任欽遲，才人吐屬，不同凡響。同病相憐，異地皆然。尚祈不遺在遠，時賜教益，此生有幸，當圖良晤，作長夜談也。

「二表哥，美子小姐這封信來了多久？」文珍問他。

「好幾個月了。」

「你怎麼不給我？」

「一則是瓜田李下，二則我以為妳隨時會來，所以一直放在我這兒。」

「要不是聽說大表哥回來了，我實在沒有臉再來。」文珍黯然地說。「真想不到，他們居然做出販賣菸土的事來！」

「姑爹一生追求的只是一利字，他有什麼做不得的？」天行淡然一笑，又突然對文珍說：

「哦，我突然想起一個人來，不知道現在怎樣了？」

「誰？」

「錢來奇。」

「你怎麼會關心起他來？」

「還不是因為王師母李桂花兒的關係。」

「他本來和父親他們同科，現在也出來了」

「姑爹花了多少銀子？」

「您問這些鬼事兒幹什麼？」她望著他說：「我實在沒有臉再提他們。」

「清者自清，濁者自濁，這與妳何干？」

「我雖不作賊，但身在賊船，我是跳進黃河也洗不清的。」

天行不再作聲，蝶仙又借故把她拉走，到了房門口她忽然回過頭來對天行說：

「你寫信給美子小姐時，麻煩你先代我問候一聲，她這個朋友我是交定了。」

第五十章　春聯中書香洋溢
大年夜笑話連篇

天放回家之後，除了和天行一道去看過古美雲之外，很少露面，老太太卻要兒子四處託人做媒。

由於年關將近，今年的瓷器生意特別興旺，九江老家的梁師傅又押運了一批上好的瓷器來，還帶了三百斤曬乾的臘魚和兩大麻袋印兒粑，作為過年的禮物。老太太在長年茹素以前，最喜歡老家九江的臘魚，因為九江的魚是取自長江，尤其是冬天長江水淺，天寒地凍，很多自備有鉤船的農家，閒著無事，多半在午夜以前，沿著江水湍激，魚兒必經的水道，佈放兩三寸長的特製魚鉤，黎明之前去取，一定能鉤到不少幾尺長的大鯉魚、鰱魚、青鯶、鰱魚，這些大魚都是二、三十斤以上。鯉魚、青鯶魚做臘魚肉色似檀香木，曬乾之後切成小塊放進盛滿茶油的瓷罈裏浸著，久藏不壞，在飯上一蒸，色香味絕佳，人人喜歡。梁忠這次帶來了十條一般大小曬乾了的醃鯉魚，全家上下都很喜歡，尤其是天放、天行兩兄弟，在外多年，沒有嚐過這種美味。印兒粑也是他們老家獨具特色的過年食物，以糯米為主，酌量羼些粳米，磨成細粉，揉成粉團，放在刻成魚形、桃形、八卦形或壽字等吉祥如意的圖案的小木盒裏，用手按平，大小厚薄勻稱，放在甑中蒸熟，冷了以後，因為天寒地凍的關係，自然冰硬。放在清水缸裏，久藏不會發霉，也不會融化，吃時再加春不老白菜、蝦米、香菇等佐料一煮，或用糖炒，風味絕佳。也有用高粱羼粳米做的，顏色粉紅，更顯得吉祥如意。他們老家每年過年都要做好幾擔米，所以也送了兩麻袋過來，讓他們在北京也能嚐到家鄉味。

大批瓷器由景德瓷莊帳房馬福康點收，價款直接匯回九江老店老大龍從風。臘魚、印兒粑由管家高宗義收下，龍從雲賞了梁忠一個大紅包。

梁忠告訴老太太今年老家的收成和生意都很好，而且添丁進口，真是人財兩旺，在老家老太太已經有曾孫四位了。老太太聽了格外高興。她特別望望天放天行兩兄弟說：

「你們聽見了沒有？」

天行不作聲。天放只是笑笑，老太太指著他說：

「尤其是你，到現在還是個光桿兒，還要我替你操心。」

「婆婆，在老家您已經有了四位曾孫，在日本還有一位，您何必再替我操心？」天放笑著說。

「你要是不跟在我身邊長大，我就不操這個心。」老太太說：「日本的那一位能不能歸宗還不知道？你呢？八字兒還沒有一撇，我怎麼不操心？」

天放不禁好笑，他知道她在暗中托人作媒，可是他決定過了年就走，在這麼短的時間內不但不容易找到門當戶對的女人結婚，自然更談不上生兒子了。

年關一天天逼近，梁忠在二十四過小年那天趕回九江。龍從雲帶著棄兒在萬寶齋、景德瓷莊兩邊忙，好在棄兒已經長大，可以幫他不少忙。天放天行兩兄弟也跟著父母在兩邊店舖見習見習，天行對於骨董字畫瓷器倒有興趣，只是行情不熟，他便乘機向古德鄰和馬福康請教。天放毫無興趣，只是玩玩。

瓷莊的生意特別好，上等瓷器的銷路更佳，有錢有地位的人家總要買一兩套好瓷器過年應用，這兩三年來瓷莊的元氣已經逐漸恢復，今年的生意更好，龍從雲心裏十分高興，所以他給美子寄了兩次錢去。二十四過小年這天，他又拿了兩百大洋交給天行，要他寄給美子和加藤，作為過年的節禮。他心裏對這位未過門的日本兒媳和未歸宗的孫兒有一種說不出來的喜愛和歡意。

臘月二十八，天行又接到美子的信，還附了一張母子兩人的合照，美子清瘦了一些，風姿依舊，卻顯得更加成熟。孩子十分天真可愛，模樣兒很像他。他看了喜不自勝，但不敢給周素真知道，只悄悄地給蝶仙看，蝶仙一看見照片幾乎歡呼出來，她把照片壓在胸口上說：

「好可愛的小寶貝兒！」

隨後她又拿起照片仔細端詳，又望望天行說：

「小寶貝兒真像您，只是美子小姐瘦了一些。」

他再看看照片，又不禁悲喜交集，他知道哥哥很同情美子，他又把照片悄悄地給天放看，天放看了很高興，便拿給母親看。龍太太看了自然更高興，說孩子和天行小時候一模一樣。
消息傳到了老太太耳裏，老太太把天行悄悄叫過去問：
「聽說美子姑娘寄了她們母子兩人的照片來，你怎麼不拿給我看？」
「我怕傳開了有人不高興。」他一面說一面把照片遞給老太太。
「不管怎麼說，你也不應該瞞我？你以為我真老糊塗了是不是？」老太太接過照片，瞪了他一眼。可是當她一看到照片時，又立刻眉開眼笑起來，同時望望天行說：
「你能不能把她們母子兩人接回來？」
「婆婆，一根椿上能拴兩隻叫驢子嗎？」天行反問。
「能不能兩頭大？」
「婆婆，那怎麼行？」天放說：「日本女人和中國人結婚先要內務大臣批准，何況天行已經成親？那他會變成豬八戒照鏡子，兩面都不是人。」
老太太輕輕嘆了一口氣，天放連忙抓住機會說：
「婆婆，我看我的事兒您就別操心了？」
「怎麼？你在外邊也有了女人？」老太太望著他說。
「外面女人多的是，姻緣到了我自然會成親。」
「你別趁火打劫，在這個節骨眼兒上煩我！」老太太又笑又氣地說。「你給我滾出去。」
丫頭們笑了起來，天放拉著天行一道離開，邊走邊笑，隨後又回過頭來對老太太說：

「我們一起滾到日本去，娶兩個日本太太回來。」

老太太搖搖頭，又望著美子母子兩人的照片發獃。過了好半天，她才把照片交給蝶仙說：

「妳還給二少爺，這是他的心肝寶貝，我留著倒有些燙手。」

「老夫人，您這麼大年紀，我看大少爺的事兒您就別再操心了！」蝶仙說：

「人就是生得這麼賤。」老太太自嘲地說：「縱然嘴裏說不操心，心裏可放不下來，除非一口氣兒接不上來。」

這時小貴兒突然報名而進，原來是古美雲打發他送禮物過來，她送的是一盒人蔘，一件灰狐皮統子。他還特別說明：

「本來二爺要親自送來，因為她正忙著，抽不出身來，所以打發奴才過來。二爺還說，如果得空兒，她會來陪您老人家守歲；不得空兒，初五以後一定過來拜年。」

「難得她這一番孝心！」老太太高興地說：「我正悶得很，希望她來陪我守歲，那有客人在金谷園過年的？」

「二爺是個大忙人，裏裏外外的事兒多得很，老夫人交代的話兒奴才一定轉到。」

老太太隨即吩咐梅影給小貴兒一個紅包，小貴兒千恩萬謝，老太太又對他說：

「你要是不忙，也回來過年好了。」

「多謝老夫人恩典，奴才離不開金谷園。」

老太太知道他是金谷園的重要助手，在客人姑娘間他都不犯嫌，也就不勉強，他還是規規矩矩倒退而出。

古美雲的禮物是送給老太太的，所以由老太太親收，其他親戚朋友的禮物並未表明特定對象，都由管家高宗義收下。還別人的禮物也由高宗義統一採購，他每年都有一本流水賬，所有人送我送人的禮物都分別記在上面，一查對就知道該買多少東西？他駕輕就熟，很會調度。如張三送來兩隻火腿，李四送來一對閹雞、一罈好酒，他會斟酌輕重交換送出去，實際上自己買的禮物並不多，這兩天他正忙著這一年一次的大應酬，卜天鵬和他手下的那些人也忙著送禮。家裏還請了六、七個裁縫師傅在忙著替下人做衣服、長袍、短襖是三年做一次，不論男女，每人一套。夾衣兩年做一次，夏季單衣每年一換，都是一人兩套，從未拖延短缺。這是龍家的老規矩，也是高管家一手經辦。

全家所有的對聯、斗幅、橫條又落在天行的身上。房子大、房間多、滴水成冰，凍指裂膚，這可是一件苦差事，但是義不容辭。高管家早在二十四過小年那天就把紅紙買好裁好，送到天行的書房，現在也不能不開筆了。以往是他和香君兩人的事兒，香君磨墨牽紙，他寫字，這次就輪到蝶仙了。

一看到寫春聯的紅紙，他自然想起香君，香君好久未來，不知道她的情形如何！他遲遲沒有心情動筆。蝶仙看看只有一天就過年，怕他寫不完，不得不催他，她把大字筆先用開水燙軟，把硯臺放在銅腳爐上，一面磨墨一面對他說：

「二少爺，請吧！」

他要她請天放過來，因為以前大門口的春聯他每年都要自己作一副，今年他沒有作，他想請哥哥作，也許他有新的見解？

蝶仙把天放請了過來，他向天放說明自己的意思，天放笑著說：

「這件事兒我可沒有你在行，還是你自己來吧！」

「我沒有心思作，又不想抄陳腔濫調，這次就偏勞你吧？」

「那我就胡謅了？」天放笑著說：「丟人可是丟你的！」

「你怎麼說我就怎麼寫，反正是貼在龍家的大門口，又不是貼在我的臉上。」天行也笑著回答。

「那我就把一副舊對子上下聯改動四個字，雖然談不上典雅，但很切合當前的情況，不知道你贊不贊成？」

「你說說看？」

「爆竹一聲除帝制，桃符萬戶慶民權。你看如何？」

「本來是副陳腔濫調的對子，你這樣一改倒是推陳出新了，也很有意義。」天行高興地說。

「這樣說來你不嫌它俗氣了？」

「舊瓶裝新酒，縱然俗一點兒也無妨。」

「那就沒有我的事兒了？」天放笑著想走。

「大少爺，您再幫二少爺寫寫，恐怕他一個人趕不出來？」蝶仙說。

「我是耍撥火棍的，字兒可沒有他寫得好。」天放說。

「大少爺，您是文武全才，何必客氣！」

「你千萬別抬舉我，」天放輕輕地說：「如果婆婆知道我留在家裏還有一丁點兒用處，她更不會讓我走了！」

蝶仙聽了好笑，他走了幾步又回過頭來對天行說：

「連門口那副對子你也不能說是我改的，你是走不得了，可千萬別再把我陷住？」

隨後他就大搖大擺地走開，天行搖頭一笑：

「哥哥倒有脫身之計，我真是一籌莫展。」

高管家依照五進房間的門柱算好分數，年年如此。天行一看紙張大小就知道對聯、斗方、橫條的位置，大門口的紙張最大，他幾年沒有寫大字，先用大號筆在一張廢紙上試試筆，寫的是王字，蝶仙贊了一句，他才在紙上正式寫出天放改的那副對聯：

爆竹一聲除帝制

桃符萬戶慶民權

「二少爺，這帝制、民權是新詞兒，我不大懂？」

「帝制是我們幾千年來的『朕即國家』的帝王世襲制度，現在這個制度廢了，國家大事由老百姓作主，這就叫做民權。」天行說。

「大少爺在南方是不是做的這種買賣？」蝶仙笑問。

「不錯。」天行也笑著點頭。

「難怪他不敢和家裏通信！」

「他當初移孝作忠，要我代他盡孝，所以我不敢輕舉妄動，生怕傷了婆婆的心。」

「原來您們在日本已有約定？」

他又點點頭。隨即拿起一疊房門的對聯、橫幅紅紙，用何字行書，他歡喜王字、何字，行書又寫得比較快，蝶仙看看房門的對聯快寫完了，還沒有一副什麼「鸞鳳和鳴」之類的對聯和「早生貴子」的橫幅，連忙提醒他說：

「二少爺，你的新房門口可別忘了寫『早生貴子』這幾個字兒？」

「美子不是早生了嗎？」

「美子姑娘是美子姑娘，二少奶奶是二少奶奶，這是兩回事兒。」

「在我可是一回事兒。」

「二少爺，您這教我怎麼說呢？」蝶仙向他一笑：「你要是不寫，開了年我就陪二少奶奶去喇嘛廟許願哪！」

「蝶仙姐，妳還好意思陪她去參歡喜佛？」

「到了喇嘛廟，就讓二少奶奶自個兒進去，我可沒有那麼大的膽子。」蝶仙紅著臉說。

「那你就別狗拿耗子吧？」

「您可知道老夫人心裏可急著呢？」

「婆婆也真好笑，有了四個曾孫還不滿足？」

「可是他們都遠在九江，她身邊一個也沒有。」

「回老家看看不就得了？」

「老夫人現在可不比當年，這麼一大把年紀，怎麼能長途勞頓？」

「蝶仙姐，妳倒是比我還孝順。」

「二少爺，我不敢僭越，我是將心比心，老夫人疼我這麼多年，我也不能不替她想想。」

「蝶仙姐，妳可曾替我想想？」

「二少爺，您就睜一隻眼閉一隻眼嘛，人生不如意事常八九，何必認真？」

「我也知道真字折開來是直八，可是我認真慣了，一下子還改不過來。」

蝶仙搖頭一笑，把一雙凍僵了的手放在嘴邊呵呵。

天行的手也凍麻木了，寫起字來更不聽指揮，他把手放在銅爐上烤烤，毛筆立刻在筆架上凍住了，這樣寫寫停停，實在很慢。

天放走了過來，看天行寫得不多，便把筆架上的筆烘軟，幫他寫了幾副，他記得的對聯也不少，沒有重複。他寫的是趙字、顏字。

天行雙手在皮袍袖子裏溫了一陣子，再接替天放來寫。

香君帶了一個夥計送禮物過來，夥計留在外面，禮物她帶了進來，她看天行在寫對子，蝶仙牽紙磨墨，一時感慨叢生，黯然無語。天行看她來了也乘機休息，和她一道去見老太太。

天放很久未見香君，看她一身少奶奶打扮，不免多看幾眼，弄得香君很不好意思，不禁笑著問他：

「大少爺，您不認識我了？」

「女大十八變，要是在路上碰見，我還真不敢相認呢！」天放故意老氣橫秋地說。

「大少爺，幾年不見，您也變了不少。」香君說。

「歲月催人老，我是老多了。」天放笑說。

「您還有臉說老？」老太太望著天放說：「香君都出嫁了，你還是孤家寡人，你好意思？」

「婆婆，人比人，氣死人，我看香君都快要請我吃紅蛋了？」

天放後面那句無心的話，卻使香君滿臉通紅，滿腔淚水，她艾怨地望望天放說：

「大少爺，香君命苦，掉進井裏您不但不拉我一把，反而笑話……」說著，說著，眼淚不禁掉了下來。

天放不知道香君嫁給石獃子的故事，她以為香君嫁了個好人家、好丈夫，看樣子又像懷孕了，想不到她突然傷感起來？使他如墮五里霧中。他不禁拍拍自己的腦袋自言自語：

「這倒底是怎麼回事兒？難道我犯了什麼忌？真把我搞糊塗了！」

「你是愈大愈糊塗了！」老太太笑著罵他。隨後又對香君說：

「香君，別理大少爺，他懵懵懂懂，冒冒失失，唸了幾天士官學校，現在完全變成個大老粗了！」

老太太這一番話說得大家一笑，香君也破涕為笑，抹抹眼淚問天放：

「大少爺，您這幾年在那兒高陞得意？」

「香君，馬尾串豆腐，別提！」天放笑著回答：「我在外面打流，婆婆把我看成叫花子呢！」

天放也說得大家好笑。

香君把禮物交給梅影。老太太送給香君一個紅包，香君不肯收，老太太說：

「年年如此，今年也不例外。妳雖然出嫁了，但是山高遮不住太陽，還是該我給妳的。」

香君這才收下。

龍從容、文珍母女也送禮過來，送的是人蔘、燕窩、白木耳，這些珍貴的補品，由梅影收下，都是老太太的私房，高管家不入公帳，也不還禮。老太太也要梅影送個紅包給文珍，文珍說：

「外婆，我這麼大了，不能再要壓歲錢了。」

「妳雖然大了，你那小子還小，不管怎麼說，我不能怪他，我也該給他一個紅包。」

老太太的話卻說得文珍眼圈兒一紅，龍從容故意打岔說：

「娘，今年天放、天行都在家裏過年，一家大團圓，您該高興了？」

「我是該高興。」老太太說：「可是天行好像和我有仇似的，成天不見他一絲笑臉；天放是人在家裏，心在外邊。他們兩兄弟好像串通起來和我作對似的？我這麼大年紀了，怎麼鬥得過他們？妳說我高興不高興？」

老太太說得大家都笑了起來，天行、天放也好笑，老太太自己也開心起來。

文珍、香君她們臨走時又看看天行、天放寫的對聯，那些對聯分門別類的鋪滿了幾個房間。文珍看到大門口的那副對聯時笑著說：

「這倒是舊瓶新酒，很有新義。」隨後又望望天放：「這大概是大表哥的主意？」

「幸好我沒有作賊。」天放笑了起來：「一下子就被妳識破了。」

「言為心聲，」文珍說：「這幾年來大表哥在外邊做的什麼買賣，以為我們真的不知道？」

「想不到妳這位閨閣秀才也知道天下大事？」天放笑著說。

「想不到你這位馬上英雄也來舞文弄墨？」文珍也笑著回嘴。

「妳別抬舉了，我那是什麼英雄？」天放自嘲地笑道：「我一回到家來就變成狗熊了！」

「我們兩人現在真像難兄難弟。」天行說。

香君看到一副書房的對聯，隨口唸了出來：

「書裏乾坤大，心中日月長。」隨即問天行：「二少爺，這是那個書房的對子？」

「我自己的。」天行回答。

「想必是您新作的了？」香君說。

「是臨時想起，信筆寫下來的。」

文珍也走過來看，天放卻說：

「這種對聯我就想不出來。」

「二少爺是書生本色，所以完全是讀書人的口氣。」香君說。

「香君，士別三日，刮目相看，我看妳已經喝了不少墨水兒了？」天放說。

「大少爺，小船靠在大船邊，不起火也生煙。這是表小姐往日教導的功勞，我也沾了您們兩位的光。」

「婆婆說我已經變成了一個大老粗，我看我倒要向妳請教了！」天放說。

「大少爺，你別折煞我了。」香君連忙說：「飲水思源，我能認識幾個斗大的字兒，完全是託你們幾位的洪福。」

她剛說完，忽然低頭彎腰哇哇作嘔，天放關心地問：

「是不是吃壞了東西？」

蝶仙聽了嗤的一笑，他又反問蝶仙：

「妳笑什麼？」

蝶仙更好笑，望著他說：

「大少爺，我看您這個光桿兒不能再打了！」

文珍扶著香君，輕輕拍拍她，天行乾著急，不知如何是好？過了一會兒香君才抬起頭來，已經淚眼婆娑了。

「我們走吧！」文珍、蝶仙扶著她慢慢往外走，龍從容也趕了出來。大家把香君送到前面來，跟來的夥計迎著她，東洋車待在大門外，外面大雪紛飛，地上積雪很厚，完全是一片銀色世界。文珍、蝶仙把她扶上車，由那夥計陪著她回去。她從車篷裏面伸出頭來望望大家，大家看到她一臉的無奈和兩眼的淚水。

文珍母女兩人也坐自備的東洋車走了。

天行回到書房裏，往桌前的太師椅上一躺，無精打彩，他在想香君的嘔吐和那一臉的無奈，兩眼的淚水。他記得香君寫給他的信上說文珍生子的心理是「藍田種玉，恨非其人。」她現在也懷了石獃子的孩子，是恨非其人還是怕生個小獃子呢？

蝶仙看他那樣子就知道他心裏在想什麼？她向他打趣地說：

「二少爺，這樣看來，石獃子還不算怎麼獃嘛？」

「蝶仙姐，妳以為他會生孩子就不算獃？」他忽然調轉頭來問她。

「如果是真獃的話，那就什麼事兒也不知道了。」蝶仙笑著回答。

「連大豬都會生小豬，何況是人？妳能說豬不獃嗎？」

「就算再獃，也不會像豬一樣吧？」

「妳想想看，像香君這樣的可人，成天和一個獃子在一塊兒，還要過一輩子，那是什麼滋味？」

「俗話說：『巧婦常伴拙夫眠。』老天爺要這麼安排，您心裏憤憤不平，又有什麼用？我看您還是快寫對聯兒吧？再不寫就趕不出來了。」

他只好重新打起精神，捲起袖子趕著寫。直到年三十吃午飯時才全部寫完。下午就和天放帶著下人從大門口貼起，貼了百來個房間和所有的大柱子，一直貼到後花園裏的八角亭子，到處都洋溢著一片過年的喜氣。轉彎抹角的地方不是「抬頭見喜」，就是「對我生財」、「吉星高照」、「迎春接福」之類的小條幅。第一進大廳的對聯是：

忠厚處世
詩禮傳家

第二進大廳的對聯是：

海納百川有容乃大
壁立萬仞無欲則剛

龍從雲書房的對聯是：

幸有兩眼明多交益友
苦無十年暇盡讀奇書

天放房間的對聯是：

執干戈以衛社稷
說禮樂而尚詩書

天行的書房也是他自作的那一副：

書裏乾坤大
心中日月長

老太太的佛堂是：

慈悲為懷
天地皆春

這些對聯多是天行臨時想臨時寫的。其他的對聯、斗方、條幅，應有盡有，大多切合場所，福字、春字到處都是，真是滿院生輝。

天行、天放把對聯貼好了，下人也把庭院打掃得乾乾淨淨，鋪上芝麻稭兒、松木枝兒，這是北京的習俗，叫做踩歲，他們老家九江，地屬江南，就沒有這個習俗。天快黑的時候，一些半大小子都來送財神，一大枚錢一張，高管家已經接了不少，可是老太太的吩咐是：「來者不拒。」所以家裏又貼了不少財神爺像，連佛堂裏也貼了幾張。

吃年夜飯他們依照老家的習俗，飯前先祭祖先，不論男女老幼全身一新，整整齊齊，乾乾淨淨，大八仙桌上擺滿了菜，其中三牲是一條梁忠送來的兩尺多長的醃鯉魚、一隻大豬頭、一隻頭尾都留一撮毛的大閹雄雞，這三樣東西上面都貼了紅紙，放在大八仙桌正中間，祖宗牌位下上了三柱三尺長的大香，一對十斤重的大紅燭，還有一爐檀香，地上鋪了紅毯，紅毯上放了三列紅蒲團，主祭者老太太的放在最前面，龍從雲夫婦的放在中間，天放和天行夫婦的放在後面，正好是等邊三角形，其他的人像卜天鵬等等，因為不姓龍，不參加祭拜。只有蝶仙、梅影攙扶老太太。卜天鵬在前面把兩萬頭的鞭砲一點燃便霹靂啪啪響了起來，他們就向祖先牌位行三跪九叩禮。行禮完畢才開席。一共是三桌、中間一桌是龍老太太，龍從雲夫婦，天放、天行夫婦，外加梅影、蝶仙。她們兩人平時不上桌，過年是例外，老太太不讓她們站著侍候，要她們一同入席。旁邊兩桌是無家可歸的單身漢或是路遠回家不便的下人。這些人中還包括景德瓷莊和萬寶齋的夥計。另外還有兩位情況特殊的人，那就是劉嬤嬤和她的混血兒劉聯軍。黃嬤嬤的丈夫雖然死於義和團之手，但她的兒子已長大成人，還有家，所以她回家過年。劉嬤嬤的丈夫攻打東交民巷時死於彈槍之下，房屋也被聯軍燒了，公公婆婆也死了，唯一留下來的是被聯軍多次強暴留下來的一個混血兒。這孩子經過一番周折才留住小命。當他剛生下時，劉嬤嬤看他並不像她，也不大像黃皮膚的中國人，他的皮膚很白，鼻子很高，臉型狹窄，只有頭髮略帶黑色，十之七、八個像個洋人。像那一國的洋人她不知道？他的父親是誰她更不知道？當她每次被強暴時她都嚇昏過去，而且每次都不止一個洋人強暴她，她第一眼看到他就感到一陣恥辱，又羞又恨，但她也清楚一個事實，這孩子是她生的，是她的親骨肉，一種母愛又無法抑制，愛恨交織，使她傷心地哭了起來。當孩子開始吃奶時，她就只有愛沒有恨了，而且她也不知道恨誰？孩子一天天長大，她也一天比一天喜愛，小東西看來很俊，最少比她那個死鬼丈夫俊得多了。當時老太太為了安慰她，還給了她一個大紅包，特別囑咐高管家讓她休息一個月，還做了衣服送她。她抱著孩子給老太太看時，還特別請老太太替他取個名字，好沾點兒福氣。老太太討厭什麼彼得、約翰、保羅之類的洋名字，但他又有一半洋人的血統，是八國聯軍造的孽，因此她就取名聯軍，加上姓就是劉聯軍。說也奇怪，這孩子身體十分健康，很少生病，所以長得很好，愈大愈討人喜愛，現在八、九歲了，比同年齡的中國孩子要高一個頭。在外面雖然有時會受到別的孩子的歧視，尤其是吵架時總是罵他「雜種」！起先他也回來向劉嬤嬤哭訴，後來他就懶得理會了，加上自己的個兒比必別的孩子大，打起架來佔便宜，別的孩子也就不敢欺侮他了。在家裏卻沒有人歧視他，因為劉嬤嬤是個忠厚善良的女人，大家都很同情她，也就愛屋及烏了。加上龍家沒有小孩子，他甚至成了大家的寵物。卜天鵬已經開始教他練拳了，他自然成為龍家的一員。今天他也和大家上桌吃年夜飯，只是比大人更高興，因為有吃、有喝、有鞭砲放，還有壓歲錢拿。

開席時中間一桌的三牲祭品先撤走，照規矩祭品要留到初三以後才能吃，而事實上菜又多得很，雖然不像宮中那位老佛爺一頓飯要三百六十樣菜，但龍家這頓年夜飯的菜也預備了三十樣，表示是大年三十的意思。

第一輪擺上桌的有十五樣，依先後次序是：

海參燴豬筋、蘑菇煨雞、煨火腿、甲魚燉蝦球、冬筍肉片、醬肘、三鮮鴨子、肉片燜玉蘭片、炸春捲、薰魚、燕窩雞絲湯、海帶豬肚絲羹、芙蓉蛋、野鴨片湯、羊肉燉菠菜豆腐等。

他們每桌八個人，老太太、梅影、蝶仙三人平時都吃的很少，老太太年三十雖然開齋，但她只吃芙蓉蛋，喝點燕窩雞絲湯，其他的人也犯「年飽」，每一樣嚐一嚐也就撐著了，只有天放一人吃得多些。幸好天寒地凍，放十天半月菜也不會壞。

年夜飯不但菜多，盌、碟、盤、湯匙等餐具也是最好的景德鎮瓷器，無論質料、字、畫、圖案、花色各方面足與宮中用的瓷器相比，而老太太這一桌的筷子又全是象牙的，筷子的上端還刻了龍鳳花紋，十分精緻。其他兩桌都是銀筷，每雙筷子都是二兩重，不大不小，也不太沈手。

開動時全家上下全向老太太敬酒，老太太過年雖然開齋，可是仍然滴酒不沾，梅影已經替她準備好了一壺上好的廬山雲霧茶代酒，也斟在酒杯裏備用。老太太也回敬了大家，而且說了許多

「年年如意」、「步步高陞」、「歲歲平安」、「事事吉祥」、「發財發福」、「多子多孫」之類的吉祥話兒。同時告訴大家從現在起三天之內不必像平時那麼拘謹，放輕鬆一些。

這頓年夜飯是一年最豐盛也最愉快的一頓。天行想起日本人的飲食那麼節儉，忍不住說：

「今天我們這頓年夜飯的菜，加藤老師不要說沒有吃過，他這一輩子連見也沒有見過。」

「我們平時吃的菜，日本人過年也吃不到。」天放也說。

「節儉當然是好的，不過我們也不能像日本島國小民，那麼小器。」老太太說：「衣、食、住、行都和歷史文化有關，我們何必削足適履？」

「娘說得是，」龍從雲笑著接嘴，又向兩個兒子說：「只要你們知道艱難困苦，不尚奢華就行，倒也不必作小家子，更不要刻薄待人。」

「節儉歸節儉，」老太太喝了一口茶，笑著對天行說：「你不要節儉得連兒子都不肯生，把我的曾孫子也耽誤了。」

周素貞聽了臉一紅，沒有作聲。別人都笑了起來，蝶仙嗤的一笑，連忙用手絹掩住嘴，望著老太太笑說：

「老夫人，您老人家耍猴兒也不是這麼耍法？萬一我一口菜噴了出來，弄髒一桌，那不罪過？」

「誰知道妳在那兒撿到了發財票兒？這麼好笑？」老太太說。

「發財票兒我是沒有撿著，可是今兒個我一大早起來就想著您老人家會給我一個好大的紅包，讓我這一輩子都吃用不盡，丫頭也不必當了，所以一想起那個大紅包，我就好笑。」蝶仙笑著說。

「妳這丫頭！」老太太指著蝶仙笑罵：「妳真是見風長，居然敲起我的竹槓來了？」

「老夫人有的是金山銀山，賞我一個大紅包，也不過是九牛一毛，算不得是敲竹槓。」

老太太平時就喜歡蝶仙，現在看她乘機逗趣兒，就更開心，連平日不苟言笑的龍太太也很高興，其他的下人也跟著輕鬆起來。

散席之前，高管家就按老規矩，拿了一大疊上面寫好了名字的紅包，分發下人，一人一份，連劉聯軍也不例外，梅影、蝶仙也有一份，不過老太太另外還有一份要給她們，那是散席以後的事，卜天鵬和高管家，龍從雲也另外有賞。

高管家把紅包分完之後，龍從雲才對大家說：

「諸位一年辛苦，我聊表微意。初七以前，大家盡量休息輕鬆，聽戲、逛白雲觀、東嶽廟、廠甸，隨你們高興，可就是不要貪賭，喝酒也要留個三分量，免得傷了身體。祝諸位萬事如意，新春大吉。」

龍從雲一講完，大家就乘機向老太太辭歲，劉嬤嬤還特別帶著兒子劉聯軍向老太太磕了三個頭。老太太看這孩子長得特別快，皮膚雪白，很逗人喜愛，不禁摸摸他的頭，誇獎了幾句。劉嬤嬤千恩萬謝帶著孩子走後，老太太望著他們母子的背影兒說：

「這真是葫蘆藤扯上絲瓜架，結出這麼個變種瓜？想不到又長得這麼好？真是稀奇事兒！」

「就不知道這孩子將來的想法、品性兒會不會和我們中國人一樣？」龍太太說。「對劉嬤嬤是禍是福？也很難講。」

「從小看大，這孩子的品性兒還不賴。」龍從雲說。

「以後的事兒那只好看天意了，」老太太說：「我們也只能做到這一步。」

梅影、蝶仙扶著老太太到佛堂休息，佛堂燈火通明，香煙裊裊，今夜守歲，誰也不打算睡覺。

古美雲在金谷園吃過年夜飯發過紅包之後，交代了金大娘、小玉一下，就由小貴兒送她過來陪老太太守歲。因為北京的規矩是女人不過正月初五不能進別人的大門。她怕園子裏的客人多，初五以後又不能分身，便先來陪老太太守歲，初一大早一開門她再趕回金谷園，這就一舉兩便了。

外面一片銀色世界，同白天一般明亮，古美雲身上穿著赤狐大氅，頸上圍著整條白狐皮圍巾，她有自用的東洋車，小貴兒送她過來，他向老太太辭過歲便隨原車回去。

古美雲一來，大家更高興，蝶仙連忙幫她脫下外面的大氅，取下白狐皮圍巾，露出一身水紅緞面的白子羔旗袍。她先向觀世音菩薩拜個早年，磕了三個頭，隨後又身子一轉，跪在原地向老太太說：

「乾娘，我也向您拜個早年，明兒一早開門我就告辭了。」說完她也磕了三個頭。

天行他們先後聚到老太太這邊來守歲，龍從雲夫婦也過來了。梅影已經準備好雲霧茶、長生果、瓜子、賽梨、雲片糕、酥糖、冬瓜糖、桂圓、鹽生薑等等，還有紙牌、骰子。起先大家只是天南地北地隨便聊聊，天行談了日本的年俗，天放說了安南、暹邏、馬來亞、新嘉坡、爪哇、廣東的年俗，古美雲也說了蘇州上海的年俗。隨後她又說起笑話兒來了。

古美雲說的是一位新姑爺向丈母娘拜年的笑話：

從前有位姓馬的新姑爺，向姓胡的丈母娘拜年，因為這是媒妁之言的婚姻，不但男女雙方都沒有見過面，連這位丈母娘也沒有見過女婿，彼此都不認識。偏偏這位女婿又是個大迷糊，又沒有來過丈母娘家，只聽新娘子說娘家門前有棵大楊樹，母親四十多歲。他提著一大包禮物來到岳家門前，發現有兩戶人家門口都有一棵大楊樹，一打聽兩家都姓胡，他想進去了再說，湊巧一進門就碰上一位看來正好四十多歲的女人，他心中暗自高興，這下可碰對了？他連忙把那包禮物雙手奉上，隨即雙膝一跪，口中朗朗地說：

「岳母在上，小婿叩頭。」

這女人發覺他的江西口音不對，她的女婿是北京人，標準的京片子，不禁一愣，連忙問他：「請問你貴姓？」

「小姓馬。」

「不對，不對！」那女人連忙搖頭：「我的新姑爺姓龍，不姓馬。」

這位新姑爺這才知道自己弄錯了，伸手來要那包禮物，那女人連忙把身子一閃，抓緊那包禮物不放，笑著對他說：

「對對胡，馬馬胡胡。」

大家都哄笑起來，蝶仙笑得前撞後仰。古美雲自己卻不笑。老太太用手指著她想罵，卻笑得說不出話來。

「雲姑奶奶，我剛吃過年夜飯，您可把我的肚子笑痛了！」蝶仙止住笑說。

古美雲掩著嘴兒笑。她看看桌上的骰子、紙牌，便笑著對大家說：

「我不再說笑話兒了，說正經的，今兒晚上我們該挖挖乾娘的金山。」

「雲姑奶奶，別說今兒一個晚上挖不空老夫人的金山，就是連挖十年也挖不掉它一個金角落。」蝶仙說。

「妳們兩人都沒有安好心！」老太太指著古美雲和蝶仙兩人笑罵：「我可是鐵公雞，一毛不拔。」

大家聽了都好笑，龍太太笑著說：

「薑還是老的辣。」

「二嫂，」古美雲笑著對龍太太說：「只要妳肯和我聯手抬轎子，乾娘縱然是一隻鐵公雞，也要拔下她一身毛。」

蝶仙和梅影都嗤嗤地笑。蝶仙慫著老太太打紙牌，老太太故意說：

「我老糊塗了，我不會上美雲的當，說什麼我也不上場，人不下水總不會濕腳。」

古美雲好笑，要老太太「趕猴兒」：

「乾娘，不賭梭胡，那我們就趕猴兒好了。趕猴兒很簡單，三粒骰子隨便您擲，全憑手氣，玩不了巧，使不了詐，一眼就能看穿，包您吃不了虧。」

老太太是為了使大家高興，才要梅影拿出紙牌和骰子來。她是欲擒故縱，她聽古美雲要她「趕猴兒」，心裏十分高興，但嘴裏還是說：

「除非讓我做莊，不然我還是不來。」

「您是老天牌，當然讓您做莊。」古美雲說。

「妳眼明手快，我搞不過妳。」老太太笑說：「我要蝶仙、梅影當我的保鏢，就不怕妳下多少注兒。」

「使得，使得。」古美雲笑著答應。

「不成，不成，我可要下注兒。」蝶仙笑說。「我也想贏老夫人幾文。」

「妳這丫頭，妳想吃裏扒外？」老太太指著她笑罵。

「老夫人，一年只有這麼一次機會，您就讓我發一筆橫財好了？不然您就讓雲姑奶奶做莊？」

「我可要和妳約法三章。」老太太對她說：「我做莊時妳可不能下注兒，美雲做莊時你盡量下好了，我們大家聯手，把她的金谷園贏過來。」

大家聽老太太這麼說又好笑。古美雲笑著說：

「我的金谷園可是個空殼子，那些姑娘們沒有和我訂賣身契，說走就走，您一個也抓不住。」

「這倒是真的，四川猴子服河南人牽，那些姑娘們妳送給我，我也沒有法子。不過妳要是輸了我也不會便宜妳。」

「老夫人，您有什麼法子？」蝶仙笑問。

「妳給我剝她的衣服。」老太太對她說。「她那一身衣服也可以值個千兒八百。」

古美雲笑了起來，又笑又說：

「乾娘的心比我還狠！」

「年頭兒變了，」老太太笑說：「惡人當道，不狠不行。」

大家都好笑，梅影拿來一隻金邊壽字圖案的大海盌，把三粒骰子往盌裏一丟，叮叮噹噹響，大家都圍著桌子坐攏，天放忽然對老太太說：

「婆婆，我空手回來，沒有賭本，我得向您告貸？」

「你老子沒有給你壓歲錢？」老太太故意裝糊塗。

「婆婆，您想想看，我這麼大的人了，您都一文不給，爹怎麼會給？」天放故意裝蒜，其實龍從雲早已給了他一百大洋。

「那我貸給你十塊大洋好了。」老太太笑說：「不過我先說明，三分利先扣，散場還本。」

大家又笑了起來，天放也笑著說：

「婆婆，您這是放印子錢，專敲我這個窮人。」

「這是姜太公釣魚，願者上鉤。你嫌利重，我還不想借呢！」老太太白他一眼。

「人窮志短，好，我就認了！」天放笑著向她伸手，她要梅影給他七塊大洋。

天放欣喜地接了過來，老太太又說：

「我借的可是十塊，散場就還。」

「婆婆，您這不是肉包子打狗？」天放笑著說：「不論輸贏，我先賺您七塊大洋再說。」

「怎麼你在外面混了這麼多年，好的沒有學到，倒學會了倒賬要賴？」老太太望著他說。

「婆婆，這是青出於藍，現學現賣。」

「算我陰溝裏翻船，這次便宜了你，本利我都不要了。」老太太自嘲地一笑：「下不為例。」

梅影把骰子抓在手裏，老太太叫大家下注，天行卻說：

「婆婆，手掌也是肉，手背也是肉，您貸給了哥哥，可沒有貸給我呀？」

「怎麼？你也要向我貸？我可沒有開錢莊呀！」老太太望著天行說。「你在教書，自己會賺錢，還好意思向我要？」

「婆婆，我是金玉其外，敗絮其中。學堂欠我的錢一直發不出來，我那有賭本？」

老太太在梅影耳邊輕輕說了一句，梅影悄悄塞給他十塊大洋，天行把它堆在桌上，天放看看不對，馬上向老太太抗議。

「婆婆，您太偏心！怎麼多給天行三塊？」

老太太不慌不忙地說：

「他有了媳婦兒，是兩個人。你總不能讓弟媳婦看著你下注，不讓她下。要是你也娶了媳婦兒，我會給你三十塊。」

「婆婆，我要是一下子娶兩個呢？您不給我三十塊？」天放笑著說，又望望天行。

「我們家裏還沒有這個規矩，」老太太望著天放說：「你要是娶兩個，我一塊也不給。」

老太太看看大家下了注，就叫梅影擲骰子，梅影隨手一丟，就是四五六的「順」通吃，老太太笑著說：「好兆頭！好兆頭！」

「怎麼？錢趕大伴兒？骰子也欺負我這個窮人？」天放抓抓頭皮說：「我一塊大洋就這麼不聲不響的被吃掉了？」

大家都被他逗得好笑，他隨即下了兩塊大洋。天行笑著對他說：

「哥哥，婆婆的運氣好，錢又趕大伴兒，你小心三把兩把被她吃光了？」

「反正我做的是沒有本錢的買賣。」他笑著對天行悄悄地說：「我們賭來賭去，還不是婆婆的老本？」

天行也好笑，老太太望了他們兩兄弟一眼沒有作聲，又叫梅影擲骰子，梅影擲出一二三，統賠，大家都笑了起來，天放更高興地說：

「我還贏了一塊，有盤川路費了！」

「待會兒我非要你輸光不可！」老太太白了他一眼。

龍從雲夫婦看著兒子和母親鬥嘴，心裏十分高興，她們兩人完全是湊興兒，今年的生意大順，瓷器、骨董、字畫一共賺了兩萬多大洋。

以後來來往往擲了十多次，梅影又一連擲出一個「暴字」，一個「天猴」，兩次通吃，贏了不少，老太太眉開眼笑。

蝶仙在旁邊替老太太收錢，她看得心動手癢，也想下注，古美雲又一直輸，要求老太太下莊，讓她來接，老太太順手推舟，把莊家讓給她，給了梅影、蝶仙一人十塊大洋，讓她們下注，她自己只看不下。

古美雲做莊以後手氣慢慢轉了過來，直玩到出天方，吃餃子時才住手，她把贏來的十幾塊大洋都分給梅影、蝶仙。周素真自始至終很少下注，偶爾下一次也很小，贏了就笑，輸了就不敢再下，所以她沒有什麼輸贏。

古美雲吃過餃子以後，小貴兒正好過來接她，老太太要他吃過餃子以後再走。

外面鞭砲霹霹啪啪不停，大雪紛飛，整個北京變成了一個粉粧玉琢的世界。

這是一個最美麗的除夕，更是龍家十年來最歡樂愉快的一個大年夜。

可是初十那天天放突然接到南京一封電報，要他趕快回去，老太太怎樣也留不住他，一過元宵他就脫下那身又輕又軟又暖的皮袍，換上原先穿回來的舊長袍走了。

他一出門老太太就哀傷地說：

「我恐怕再也見不到他了！」

第五十一章 周而福再作說客 龍天放又不領情

天放回家不到一個月又去南京，使老太太又抑鬱不樂。她原先希望替他成親，好把他絆在家裏。有些世家不願子弟出外冒險，甚至不惜以鴉片菸做陷阱，人一吸上鴉片菸，便眼淚鼻涕直流，壯志全消，比討十個小老婆還厲害。多少英雄好漢，少年子弟都毀在鴉片菸上。老太太對鴉片菸深惡痛絕，所以她不出此下策。她只想給天放娶個媳婦兒，讓他乖乖地待在家裏，可是在年關期間，一下子那兒找得到一個門當戶對的好姑娘？周而福算是門當戶對了，可是她知道天行對周素真很不滿意，因此她希望有一個比周素真更強勁的孫媳婦兒，所以這就更難了。偏偏天放的個性和天行不同，他說走就走，怎樣也留不住他，他早在東京時就把盡孝的責任交給天行，現在天行在家，他就更無後顧之憂了。可是老太太心裏很不好受，因為她已經八十出頭，天行的婚姻又一波三折，很不合意，她希望能夠替天放撮合一個美滿的婚姻，她心裏也比較舒坦一些，而天放好像一點兒也沒有把自己的終身大事放在心上，她真想不透他怎麼會變成這樣？

天放走後不久，北京又發生兵變，放火搶劫，被害的商家有好幾千家，這次景德瓷莊雖未燒毀，但打壞了很多瓷器，搶走了三千多大洋，萬寶齋也搶走了不少骨董字畫，兩邊損失比上次義和團放火和八國聯軍搶劫也少不了多少。這使老太太更加傷心。但是為什麼會發生兵變？又為什麼要放火搶劫？她不知道，龍從雲也不知道，天行亦如墮五里霧中。

周而福知道龍家遭受了無妄之災，就過來慰問。老太太對他說：

「親家，以前義和團放火是出於無知，八國聯軍搶劫是貪圖我們的國寶，阮國璋的軍隊叛變又為什麼要放火搶劫？我們安分安已，又沒有得罪他們。我活了八十多歲，我真不明白這是那門子道理？」

「這我也不大清楚？」周而福支吾地說。

「親家，你和阮大人走得很近，應該知道一點兒蛛絲馬跡？」龍從雲說。

「親家，軍隊的事難說得很！」周而福說：「士兵才幾塊大洋一個月，他們手裏又有槍，趁火打劫也是難免的。」

「阮大人的軍隊都是新軍，武器好，糧餉也高，不應該這樣沒有紀律？」龍從雲說。

「這和土匪又有什麼兩樣？」老太太說。

「我回去打聽一下，看看究竟是怎麼一回事兒？看看能不能彌補親家一點兒損失？」周而福說。

「這次老百姓的損失也不比上次鬧義和團八國聯軍進京時少，我又受了一次無妄之災，心裏實在不平得很。」龍從雲說。

「親家，恕我說句直說，不知道老夫人願不願意聽？」周而福一面對龍從雲說，一面又望望老太太。

「親家，我們不是外人，您有話直說好了。」老太太說。

「您們手上有張王牌，不但可以保家，還可以重振家聲，光耀門庭，就看您們願不願意打出來？」

「先夫早過世了，天放、天行年紀還輕，我們有什麼王牌？」

「老夫人，天放世兄就是一張王牌，您們怎麼還不知道？」周而福向他們母子兩人一笑。

「他初出茅廬，稚氣未脫，他算什麼王牌？」老太太笑說。

「老夫人，您不知道，阮大人兵權萬里，正在網羅人才，尤其是士官出身的天放世兄這樣的人才，他更求之不得。」

「他一過元宵就到南京去了。」龍從雲說。

「上次我就對他說過現在正是逐鹿中原的時候，他沒有體會出我的意思。」周而福遺憾他說：

「依現在的情勢看，他去南京並非上策。」

「親家的高見呢？」龍從雲問。

「阮大人正如日中天，方興未艾，我看親家不如勸他回來。」

「他回來也幫不上我的忙。」龍從雲說。

「親家，您這就看左了！」

「我怎麼看左了？」

「如果天放世兄一得到阮大人的賞識，那可要幫上您的大忙啦！」周而福莫測高深地一笑，隨後又說：「就以這次的事兒來說吧，那就不會發生在府上了。」

「怎麼不會發生呢？」龍從雲說。

「親家，您想想看：要是他在阮大人左右，自然消息靈通，先派兩個武裝弟兄往門口一站，誰敢進去搶？再退一步說，縱然搶了，只要您開出一張清單，他自然會要得回來。」

「真有這麼大的用處嗎？」龍從雲不相信。

「親家，不瞞您說，現在阮大人的一句話，比過去皇上的聖旨還靈呢？」

「天放這孩子有些古怪，他好像有他的想法？」老太太說。

「古話說：『識時務者為俊傑。』我看天放世兄年紀還輕，閱歷不夠。現在他正在十字路口，親家不妨勸勸他。要是他肯回來，我倒可以向阮大人引見引見。」

「多謝親家垂愛，家母年紀大了，本不願意他一個人在外吃苦，我會寫信勸他回來，一家人團聚總是好的。」龍從雲說。

「那我就告辭了。」周而福起身說：「府上這次的損失，我會相機關說。」

「親家，這是大海撈針的事兒，被害的有好幾千家，我不存太多的指望，您也不必費太大的力氣。」龍從雲喪氣地說。

周而福又望望天行，忽然停步對他說：

「其實你也應該出仕，教書沒有出息，一則埋沒了人才，二則府上正青黃不接，你應該挺身而出，光靠你先祖的餘蔭是遮不住的。」

天行不作聲，龍從雲接著說：

「親家，他倒是個讀書人，生性比較澹泊，我不勉強他。好在他人在京裏，要是親家有意栽培，以後機會多得是。」

「古人學而優則仕，讀書就是為了做官，我看他出來做做文官也無傷大雅？」周而福望望他們父子兩人說。

「你岳父對你這一番厚愛，你還不謝謝？」龍從雲看看天行沒有什麼表情，怕周而福心中不快，連忙對天行說。

天行只好說聲：「謝謝岳父。」

「現在的九位總長，多半和我有些交情，替你弄一官半職，不是什麼難事，你自己先考慮，看看那一部門什麼職位比較合適，再和我講，我好進行。」

天行支吾過去，父子兩人把他送到大門口，車子、跟班都在外面等著。

周而福走後，他們父子兩人又回到老太太這邊來，老太太說：

「我真搞糊塗了，怎麼南京有個政府，北京又是一回事兒？這不比滿清更亂了？」

「娘，我向來不大問這些事兒，我也搞不清楚！」龍從雲說。

「你親家是個八面玲瓏的人，就不知道他葫蘆裏賣的什麼藥？」老太太說。

「他對天放、天行當然是一番好意，不過我覺得仕路風險多，尤其是在這種渾渾沌沌的時候。」龍從雲說。

「天行的意思怎樣？」老太太問孫兒。

「婆婆，我對這種翻手為雲，覆手為雨，當面說人話，背後說鬼話，只顧自己升官發財，不管百姓死活的事兒沒有興趣，更不想蹚這塘混水。」天行說。

「我看天放那孩子是剃頭擔兒一頭熱。」老太太望望兒子說：「你不妨寫封信把親家的意思告訴他，我倒不是希望他做官做府，他也未必能爬到你老子那種尚書地位？我是希望他留在我身邊，我已經風燭殘年，說不定那一天一口氣兒上不來，我就見不到他了。」

「娘，您會長命百歲的。」龍從雲看看母親有些感傷，連忙安慰她：「至於做官這件事兒，談何容易？爹是闈場連戰皆捷，一甲進士出身，皇上又親點翰林，同年都是一時之選，個個飛黃騰達，彼此有個照應。再說爹的長處可多啦，天放要爬到他那種地位，還不知道要摔多少筋斗呢？」

「說真格的，我對世情早看透了，我只希望一家骨肉團聚，免得他一個人在外面打流。」

「娘，為了骨肉團聚，我一定寫信勸他回來。」龍從雲恭敬地回答。

「那你就忙你的事兒吧，」老太太向兒子揮揮手說：「元氣剛復，又遇上這個打頭風，也夠你焦心的了！」

龍從雲又出去奔走，收拾兩邊的殘局。天行也跟著到萬寶齋和景德瓷莊看看。

萬寶齋的骨董字畫搶走了不少，幸好這些大老粗並不識貨，他們只搶那些搶眼的字畫，收藏起來的真有價值的骨董字畫他們並沒有完全搶去，尤其是那些不起眼的骨董，他們沒有什麼興趣，不像那次八國聯軍帶了行家來搶，徹底洗劫而去。

景德瓷莊的破爛瓷器還沒有整理好，這是去年底梁忠運來的一批上好瓷器，已經賣了不少，可是放在錢櫃裏的那三千多大洋統統搶走了，等於白賣，還砸爛了很多上品貨色。

「那些軍隊簡直是一批土匪，」馬回子馬福康對天行說：「一進門就不由分說，先把我綁起來再撬錢櫃，錢搶走了，瓷器不好帶，又砸個唏哩嘩啦。二少爺，這那是人生父母養的？」

「馬師傅，我看這一下子元氣又傷了不少？」天行說。

「二少爺，萬寶齋的情形我不清楚，瓷莊沒有一兩年時間恐怕恢復不過來？」馬福康說。

「別人比我們的情形更糟，連房子都燒了！」

「這樣胡鬧亂來，不知道什麼時候才能了結？」天行自言自語。

「二少爺，我看是沒完沒了？」馬福康說。

「馬師傅，何以見得？」天行奇怪地問他。

「二少爺，你想想看？小皇帝雖然垮了，可是有人還想做新皇帝。只要有人想做皇帝，不打打殺殺才怪！天下還會太平得起來？」

天行不作聲。他想不到馬回子一個生意人會有這種看法？馬回子看他不作聲，不禁問他：

「二少爺，我沒有唸多少書，是不是我講錯了話？」

「馬師傅，您也知道還有人想做皇帝？」天行笑著問他。

「二少爺，若要人不知，除非己莫為。」馬福康一笑說：「何況我們一向住在天子腳下，鼻子素來尖得很，自然聞得出氣味兒來。」

天行和馬福康談了一會獨自回家。蝶仙問他店鋪裏的損失情形，他照實告訴她。她歎口氣說：

「好不容易才恢復元氣，又捱了這攔腰一棍！這年頭兒，不論風吹草動，總是老百姓遭殃。」

「爹要你出來做個官兒，你到底打算怎樣？」周素真問他。

「我又不想渾水摸魚，何必做什麼官兒？」他說。

「爹對我說官兒是個護身符，摸不摸魚在你？」她說。

他不答話，回到自己的書房。蝶仙跟了過來，笑著對他說：

「剛才少奶奶也是一番好意，您怎麼也愛理不理？」

「蝶仙姐，我不想去吃民脂民膏，更不想造孽。」他說。

「清者自清，濁者自濁，好官兒也要人做。」

「做好官又談何容易？」他向蝶仙苦笑：「在這蛇鼠一窩裏，還能做個包青天不成？妳以為我有三頭六臂？」

「話說回來，宋朝總算有個包青天，那他是怎麼做出來的？」

「因為他有八賢王撐腰，又遇著一位不太昏的皇上，不然他小黑子十個腦袋也摘了下來。」

「岳老爺在臺子上，他自然會關照您。」

「他長袖善舞，我可舞不起來，我不想拿他做靠山，也不想變成他的包袱。」

「我的二少爺，在別人是求之不得的事兒，您倒說得這麼乾淨利落？」蝶仙向他皺眉苦笑。

「蝶仙姐，我們相處這麼多年，妳還摸不清楚我的性格？」

「我也摸著一點邊兒，沒想到長大了會這麼倔？」蝶仙望著他笑。

「蝶仙姐，這不是倔，這是我做人的原則。」

「二少爺，您要是這麼釘是釘，鉚是鉚，以後恐怕很難飛黃騰達了！」

「我從來就沒有想過要飛黃騰達。」

「您不怕岳老爺失望？」

「是他選我這個沒有出息的女婿，可不是我攀他做岳父大人，我還怕他失望不成？」

「二少爺，你說話也小聲一點兒。」蝶仙指指隔壁，輕輕地說：「您也不怕傷了她的心？」

「我生來就是這個嗓門兒。」天行坦然回答：「我可不會娘娘腔。」

蝶仙又好氣又好笑，重新打量他一眼說：

「想不到您和大少爺真是難兄難弟？」

「本來我和哥哥就是一個娘胎裏出生的，只是我們兩人的路道不同而已。」

「大少爺這次回來過年，我覺得他不但飽經風霜，好像什麼都看開了，生死都不在乎似的？」

「他在日本就下定了決心才去南方的，那種玩命的事兒本來就不是辦家家酒。」他這樣說，同時還把天放在士校和松下比武的事兒以及攻打兩廣總督衙門腿上打了一個窟窿的事兒告訴蝶仙。

蝶仙聽了天放受傷的故事不禁花容失色，天行立刻叮囑她說：

「可千萬不能給婆婆知道。」

「二少爺，老夫人那麼大年紀，我怎麼敢如此冒失？」

古美雲自天放走後就沒有空再來，金谷園的生意更好，很多新貴和身份來歷不明的人物都到她這兒來尋歡作樂，交換消息，做政治買賣。她周旋在那些人中間分不開身來。天放走時她沒有歡送，她知道老太太心裏很不舒坦，但不能來安慰她。這次古美雲聽說萬寶齋和景德瓷莊又遭了劫，她便不能不來了。

天行和蝶仙一看見她來便停止聊天，陪她到老太太這邊來，她一看見老太太就先告罪：

「乾娘，我這許久未來是實在分不開身，不是忘了您老人家，請千萬恕罪。」

「這次天放回來，我沒有留住他，妳知道我心裏有多難過？」老太太黯然地說：「我想和妳聊聊，妳又長久不來，我總不能老著臉皮往金谷園去？」

「乾娘，恕我不孝，以後不論有多少事兒，我一定三天兩頭來看看您，陪您聊聊。」古美雲陪著笑臉說。

「男人是鐵打的心腸。」老太太流著眼淚說：「天放那孩子我千方百計留他，他就是不回心轉意，不體諒我這個老太婆的苦心，一去南京又沒有一個字兒回來，真教人傷心！」

「乾娘，天放不是不孝順，他也有他的苦衷。」古美雲說。「自古道，忠孝不能兩全，他在日本就和天行說好了要天行代他盡孝的。」

「現在皇帝也沒有了，他向誰盡忠？」老太太反問。

「他向國家盡忠豈不是一樣？」

「國家又不是他一個人的，等我死了以後，他再盡忠也不算遲。」

「乾娘，天行在您身邊也是一樣。」

老太太望望天行，又流著淚說：

「要是他再一走，我就不要活了！」

「婆婆，您放心，我不會走。」天行心裏雖然時刻記掛著美子和自己的骨肉龍子，很想去日本看看他們，但在老太太面前提都不敢提一聲。

「我知道你心裏很苦，」老太太又望望他說：「但這不是你的錯，也不是我的錯，是這個鬼時代給我們的痛苦，我記得自從和洋人打交道以來，我們就變成了弱門，八國聯軍進京我們家更是身受其害，連煮熟的鴨子都飛了，所以才弄得你這麼顛顛倒倒的。」

「乾娘，這些事兒我們都清楚，您就不必再提了。」古美雲看天行眼眶兒都紅了，連忙對老太太說。

「偏偏這些吃民脂民膏的人又不爭氣，見了洋人就矮三尺，卻在老百姓面前要威風，阮國璋的新軍居然也放火搶劫了，這還成什麼世界？」

「乾娘，今天我就是為這件事兒來的，」古美雲拉著老太太的手說：「不知道這次損失了多少？」

「現在我還不清楚，我看又夠妳二哥辛苦幾年了！」

「乾娘，其實這次不是兵變。」

「不是兵變是什麼？」

「是阮國璋唆使手下要的政治把戲。」

「他為什麼要做這種昧盡天良的事兒？」老太太反問。

「因為南京方面要他去接事，北京是他的地盤，虎不離山，所以他來這一招，逼迫南京方面把政府搬到北京來。這分明是苦肉計。」

「他個人爭權奪利，可不該把北京老百姓的生命財產做犧牲！」

「乾娘，您說的對，可是阮國璋這種人心裏那有老百姓？」古美雲一笑，隨後又輕輕地說：

「另外我還聽到一個千真萬確的消息。」

「什麼消息？」大家同聲發問。

「阮國璋想當皇帝。」

「那個小皇帝垮了，他還想當什麼皇帝？」

「他要當改朝換代的皇帝。」

「妳這個消息是從那個門縫兒來的？」

「乾娘，是他的公子親口告訴我的。」

「妳怎麼認識他的公子？」

「乾娘，說來您老人家也許不大相信。」古美雲向老太太笑道：「他這位公子可是吃、喝、嫖賭、抽大菸，樣樣都來。」

「報應！真是活報應！」老太太說。

「可是他這位公子倒是個奇才！」古美雲笑著說：「他自小過目不忘，從來沒有正正經經唸過書、練個字，可是他詩、詞、歌、賦、崑曲、皮簧，樣樣能來，字也寫得很好，可就是不走正路。真是異數。」

「也不知道他是那個姨太太生的？」

「據說是朝鮮的姨太太生的。」

「現在多大年紀？」

「和天行一般大，可是已經有了五個姨太太了。」

「他年紀這麼輕，就娶了五個姨太太？」梅影驚問。

「比他老子還少了四個。」古美雲笑說：「他現在又看上了我園裏的小鳳，一定要娶她。

「是不是那位戲唱得很好，人也標緻的小鳳姑娘？」天行問。

「不錯，」古美雲點點頭：「正是她。」

「雲姑，以前聽您說牛存信想娶她作小，她沒有答應，怎麼她現在會答應姓阮的？」

「此一時也，彼一時也，」古美雲笑道：「當年她很年輕，嫌牛侍郎年紀太大，所以她不願意；現在這位阮公子年紀和她相當，又會詩、詞、歌、賦、崑曲、皮簧，人也風流瀟灑，所以她有些動心了。」

「他老子有那麼多造孽錢，那他會量珠聘去。」天行說。

「小鳳打算敲他一筆，要我討價還價。阮公子是色迷心竅，所以他連他父親想當皇帝的事都跟我講了。」

「現在不興當皇帝了，阮國璋又是怎麼想起當皇帝的？」老太太問。

「乾娘，這事兒說起來也很好笑。」古美雲笑說。

「當皇帝是大事兒，怎麼好笑？」老太太問。

古美雲便將那故事說了出來：

原來阮國璋每天都要睡個午覺，睡午覺起來又一定要喝一盌燕窩湯。有一天經常侍候他的那位心腹小子，在他快要醒來時照例端了一盌著燕窩湯進來，不知怎麼的手一滑，那隻老佛爺賞給阮國璋的最喜愛的金邊黃盌哐的一聲跌個四分五裂。阮國璋一驚而醒，翻身坐了起來，大聲喝問：「什麼事？」

那小子十分機伶，連忙跪在地上叩頭說：

「奴才剛才看見床上躺著一條五爪金龍，嚇了一跳，盌就掉下地來。奴才罪該萬死！罪該萬死！」

阮國璋轉怒為喜，不但不生氣，反而笑著叫那小子起來，賞了他十塊大洋，又囑咐他說：

「千萬不可聲張！」

那小子的謊話他信以為真，以為自己真是真命天子，該坐江山，所以更加重了他的野心。再加上他的謀士也竭力慫恿他做皇帝，便把謊言當真的耳語起來。只有他最歡喜的這位寶貝兒子從那小子口裏套出了實話，也就對她實說。

古美雲說完了阮國璋想做皇帝的這段故事，老老太太覺得並不好笑，而且說：

「歷來改朝換代時的野心家，都會製造一個真命天子的神話，愚弄百姓。阮國璋是個梟雄，自然也不例外。」

「雲姑，告訴您這個謊話的是他的第幾個兒子？叫什麼名字？」天行問。

「是老三，叫阮雪冰。」

「阮國璋一共有幾個兒子？」蝶仙問。

「二十個兒子，十五個女兒。」古美雲說。

「十個太太，二十個兒子，十五個女兒，」梅影攀著手指說：「真是有其父必有其子。」

「聽說阮國璋對他的兒子們愛娶姨太太這椿事兒不但不責備，反而袒護。」古美雲說：「阮雪冰的太太向他哭訴他的寶貝兒子一年之內娶了三個姨太太，他不但不以為怪，反而責備媳婦說：女人不該吃醋，有本事的男人是該三妻四妾的。」

「他簡直是胡說八道！」蝶仙笑罵：「他想做皇帝大概也是想三宮六院七十二嬪妃吧？」

「那還在話下？」古美雲說。

「他禍國殃民還不夠！」老太太說：「他要是真的當了皇帝，百姓就更慘了。」

「不論阿貓阿狗一得志，就想當皇帝，這真把中國害慘了！」天行說。

「我看你哥哥他們好不容易推翻了那位小皇帝，以後恐怕還得再來一次了？」古美雲望著天行說。

「雲姑，我倒想會會這位荒唐的未來太子。」天行說。

「那很容易，他每天都到金谷園來。」

「你會他幹嘛？」老太太望著天行說。

「看看他是何等人物？」天行笑說。

「他是阮國璋的敗家子，現世報，有什麼好看的？」老太太說：「像他這種人，你最好離得遠遠的。」

「乾娘，阮雪冰是阮國璋的敗家子沒錯，」古美雲說：「可是我們不能以人廢言，他送我的一副字兒倒是寫的很好。人家把阮國璋當曹操，他也以曹子建自居，我看天行會會他，倒也沒有什麼害處。」

「近朱者赤，近墨者黑，天行還是離他遠一點兒好！」

「婆婆，我只是想會會他，又不和他訂生死交，那有什麼大礙？」天行說他只是欣賞阮雪冰的才華，想看看這位濁世公子的廬山真面目。

「你自己可得先拿定主意，」老太太對他說：「你要知道：凡是大奸大惡的人，必有大志大才；凡是風流浪蕩的輕薄子弟，也必有幾分騷人墨客的歪才，你可千萬不要被他弄糊塗了！」

「乾娘，您也太小看天行了！」古美雲拍拍老太太說：「天行是大智若愚，他心裏可明白得很。」

「要是阮家那個敗家子把他帶壞了，我可唯你是問。」老太太指著古美雲說。

「乾娘，您以前不讓天行去金谷園，怕我把他帶壞了，這些年來，他是金谷園的常客，他可曾走過歪路？」古美雲反問老太太。

老太太欣慰地一笑，古美雲接著說：

「乾娘、唐僧不經過九九八十一難到不了西天，我不怕天行變壞，我就怕他變成書獃子。」

「妳真是一張鸚鵡嘴！」老太太笑著罵她，滿天的雲霧自然散了。

天行正準備跟古美雲去金谷園時，龍從容和文珍母女兩人卻迎面而來。古美雲問司徒威洋行和她們的店鋪有沒有被搶？龍從容說：

「司徒威洋行他們不敢進去，我的店鋪也有印度阿三把守，他們也是過門不入。聽說景德瓷莊和萬寶齋又損失不小，不知道是真是假？」

「這還假得了？」老太太說：「剛剛好起來，又遭一次劫，妳哥哥正四處忙著呢！」

「聽說香君的石家綢緞莊也搶了。」文珍說。

「這些傢伙是籮筐裏選柿子，撿軟的吃。」蝶仙說。

「這樣說來，我更非會會阮雪冰不可了！」天行說。

「阮雪冰是誰？」文珍問。

古美雲向文珍說明原委，文珍冷笑一聲，望望天行說：

「這倒好，他用他老子刮來的民脂民膏，風流浪蕩，你還想會他？」

「本來我只想會會他，現在我倒想問問他。」天行說。

「你可不能和他吵架？」古美雲笑著對他說。

天行還沒回話，蝶仙就急著說：

「二少爺，阮國璋現在只差一步登天了，那位阮公子您最好別抹他的倒毛？」

「蝶仙姐，去金谷園又不是赴鴻門宴，你何必緊張？」天行一笑。

他隨即跟古美雲一道來金谷園。

一進門就聽見絲竹之音，小鳳的房間裏清楚地傳出：

「芍藥開，牡丹放，花紅一片……」

唱得字正腔圓，十分甜潤，天行以為是小鳳唱的，不禁讚了一句「好」，古美雲卻悄悄地對他說：

「你猜錯了，這是阮公子唱的。」

天行一驚，他想不到阮雪冰居然有的這麼好的本錢、功力？沒有票過十年、八年是辦不到的。經過小鳳窗前時他還駐足傾聽，古美雲隨手把他一拉，輕輕地說。

「待會兒他一定會過來的，你要不動聲色。」

「他唱青衣？」天行也輕輕問。

「他青衣、小生兩門抱，」古美雲輕輕回答：「崑曲、皮簧一樣好」。

天行跟她來到客廳，古美雲指著新掛的橫條幅對他說：

「這就是阮雪冰寫的。」

他走近一看，是李後主的一首菩薩蠻：

> 花明月暗輕飛霧，今宵好向郎邊去。剗襪步香階。手提金縷鞋。畫堂南畔見，一向偎人顫。奴為出來難，教君恣意憐。

字寫得行雲流水，秀氣瀟灑。古美雲問他：

「你看如何？」

「想不到一介武夫阮國璋會生出這樣風流瀟灑的兒子來？」他說。

「你不要低估了阮國璋，他不但是個梟雄，也喝了不少墨水兒，不然怎麼生得出這樣的兒子來？」古美雲說。

「雲姑，他這幅字是寫得不錯，不過不能與歷代名家的字畫掛在一塊兒，而且不宜掛在客廳。」

古美雲笑著拍拍他說：

「我的客廳本來不是達官貴人的客廳，我這兒更不是孔廟，他的字兒雲姑自有妙用，難道你看不出來？」

「莫非是把它當做護身符？」天行笑說。

「不錯，」古美雲笑了起來：「現在是他老子的天下，阮雪冰三個字就可以辟邪。你知道我這盤飯並不好吃。」她邊說邊把他帶進書房。

過了不久，阮雪冰不請自來，他一襲青緞面的狐皮袍子，圍著白色圍巾，手拄文明棍，袖口微微捲起，皮膚白晰，但無血色。天庭高廣，地角卻不方圓，臉型上大下小，瘦高個兒，全身透著一股風流瀟灑，卻有些輕飄飄的感覺。這和他父親方面大耳，五短身軀，外表厚敦敦，精明內斂的長相不大一樣。他見了古美雲就親切地叫了一聲「二爺」。古美雲指著他向天行說：

「這位就是我跟你說過的阮公子。」

隨即又把天行拉到她身邊對阮雪冰說：

「這位是龍公子，龍尚書的嫡孫，是日本留學生。」

兩人互道「幸會」、「久仰」一番後，天行便說：

「久仰阮公子詩、詞、歌、賦、字、畫、崑曲、皮簧樣樣精通，實在是多才藝。剛才一進門就聽見阮公子唱『芍藥開、牡丹放』，字正腔圓，進了客廳又看見阮公子的墨寶，果然名不虛傳。」

「都是興到為之，不登大雅，見笑，見笑！」阮雪冰拱手一笑。

「阮公子才高八斗，可以直追子建。」天行說。

「豈敢，豈敢？」阮雪冰笑著搖頭：「不過我歡喜舞文弄墨，彈彈唱唱，走馬章臺，不敢學老杜，只學小杜。」

天行看他並不矯揉做作，倒很坦白，也笑著對他說

「阮公子的確是位雅人，只是這樣風流自賞，日後如何繼承大統？」

阮雪冰起先一怔，隨後又笑了起來：

「我對那種事兒沒有興趣，何況我手足眾多，我只想自得其樂。」

「這次兵變，放火搶劫，百姓遭殃，阮公子知不知道？」

「聽說過，可是不大清楚。」

「這件事兒聽說和令尊大人有關，老百姓卻深受其害。」

「龍公子怎麼這樣關心這件事兒？」

「因為舍下是受害人，我們有冤無處申，所以我不得不向阮公子陳情。」

「龍公子，我坦白告訴你，我是不管事兒的。」阮雪冰向他笑笑：「不過府上的事兒得便我會向家父稟明。」

古美雲便將龍家的受害情形向阮雪冰說了一遍，還誇大了一些，阮雪冰向古美雲笑說：

「二爺，這件事兒我會記在心裏，小鳳的事兒您可得高抬貴手呀？」

「阮公子，只要小鳳願意，我是樂觀其成的。」古美雲笑著說：「不過您要是量珠把她聘去，我金谷園就少了一根臺柱子了！」

「二爺，您神通廣大，還怕找不到好姑娘遞補？」

「俗話說千軍易得，一將難求，像小鳳這樣的姑娘，不是一朝一夕就可以上得臺面的。」

「我知道，我知道，」他連連點頭：「反正不會讓二爺吃虧，您仔細斟酌一下，改天我再來討個確訊好了。」

說完後他轉身就走，走到房門口又突然回頭對天行說：

「龍公子，斯文同骨肉，我們似乎有緣？您要是不見棄的話，我倒想和您做個朋友？」

「高攀，高攀。」天行向他拱拱手。

阮雪冰一笑而去。他走後古美雲問天行：

「你看阮雪冰是那一種人物？」

「他不是阮國璋一流人物。」

「那是那種人物？」

「他是一位詩酒流連、美人在抱、風流自賞的濁世公子。不過人倒是不壞，不是個偽君子。」

「你看得不錯，這是持平之論。」古美雲點點頭：「如果他真有心和你做朋友，你也不必拒人於千里之外。」

「我會順其自然。」天行說。

天行回家後蝶仙向他問長問短，他照實告訴她，蝶仙笑說：

「如果阮國璋的兒子都像阮雪冰這樣，那他就不必白費心機做什麼皇帝了。」

另一方面，天放接到他父親的信，知道家裏又遭了劫，周而福的意思他也明白，他回了父親一封很簡單的信，裏面有這麼幾句話：

「司馬昭之心，路人皆知。姻伯美意，兒謹心領。惟道不同，不相為謀，古有明訓。城門失火，殃及池魚，兒不為一家悲，為全國悲；不為一己謀，為全國人謀。成敗利鈍，在所不計也。」

第五十二章　阮雪冰風流自賞　龍天行富貴不淫

小貴兒來請天行去金谷園，天行問他什麼事？他說不知道。古美雲一向很少打發小貴兒專程來請他，他想一定是有什麼原因。

來到金谷園，他一走進客廳，小玉就笑臉相迎，嬌聲嬌氣地說：

「二爺和阮公子正在書房裏候駕呢！」

他一進書房，發現古美雲正在和阮雪冰聊天，雙方神情都很愉快，阮雪冰一看見他就起身笑說：

「龍兄，我恭候多時了。」

天行覺得他語氣十分親切，彷彿多年老友，也笑著回答：

「阮兄有何見教？」

「龍兄，我是有件事兒想當面和您談談，所以我才要小貴兒把您請了過來。」

天行微微一怔，阮雪冰卻輕鬆地一笑：

「龍兄，是這麼回事兒：上次我聽說府上受了不少損失，回去之後曾經向家父稟告，希望家父查一下補償補償，可是下面查不出來是那一部分弟兄幹的？因此也就不好要誰補償了，為了這件事兒，我要當面向龍兄道歉。」

天行本來就沒有希望得到什麼賠償，也瞭解官官相護的情形。如果真的賠償，豈不等於認錯？受害人那麼多，賠張三不賠李四，那不是自找麻煩？因此他也大方地說：

「豈敢，豈敢！這種無頭公案當然不容易查，上次我向阮兄陳情，只希望阮兄轉告令尊大人，讓他知道民間疾苦而已。」

「多謝龍兄愛人以德。」阮雪冰把手放在天行肩上說：「家父也很愛才，有意借重龍兄，不知道龍兄肯不肯屈就？」

天行一怔，他知道阮國璋是個梟雄，正密鑼緊鼓準備登極，他不願侍候人，更不願侍候阮國璋這種人，但是不便一口回絕，一下子就得罪了阮雪冰，同時更得罪了阮國璋，在這種節骨眼兒上，阮國璋更是得罪不起的。古美雲怕他冒失，正在對他以目示意，他便委婉地回答：

「令尊大人的厚愛和阮兄的雅意，在下十分感激，只是我和阮兄有些相似之處……」

阮雪冰聽他這樣說十分高興，引為知己，不等他說完便搶著說：

「我第一眼就看出來了，我第一眼就看出來了！」說完又哈哈一笑。

他笑聲剛落，天行便說：

「阮兄，我既無管樂之才，又愛做不繫之舟，如果尸位素餐，不但誤國誤民，也有負令尊，所以我還是教書的好。」

「家父費心費力想當皇帝，我是連送上門來的皇帝也不想當。」阮雪冰笑了起來。

「阮公子，世界上那有比當皇帝更好的事兒？」古美雲笑問。

「二爺，我也問您：當皇帝有什麼好？」阮雪冰笑著反問。

「好處處可多著啦！」古美雲笑道：「不但權傾天下，富可敵國，又有三宮六院，不高興的時候還可以摘下別人的腦袋瓜子，……」

阮雪冰突然笑了起來，邊笑邊說：

「二爺，您可知道！當皇帝必須五更未明時臨朝，正襟危坐，聽那些語言無味，戰戰兢兢的大臣們的啟奏，我可沒有那麼好的耐性兒，而且還得隨時提防別人端走自己的鍋子。萬一命運不濟，變成漢獻帝，李後主和崇禎皇帝，那可慘啦！而且還要禍延子孫呢！」

古美雲和天行看他把這樣的大事當笑話兒講，也不禁好笑。古美雲隨即問他：

「阮公子，您連皇帝都不想當，那麼還有什麼事兒好幹的呢？」

「二爺，在您這金谷園裏，或是一個名山勝水的地方，吟風弄月，一榻橫陳，美人在抱，不摘別人的腦袋瓜子，也不耽心別己人摘自己的腦袋瓜子，這不是比當皇帝好多了？」

「阮公子，世界上有幾人有您這種條件？又有幾人有您這種雅興？」古美雲說。

「二爺，您說的也是實話，」阮雪冰一笑：「跟在家父屁股後面團團轉的軍人、政客、幫閒文人，根不得家父立刻登上皇帝寶座，他們也好雞犬升天。我看了可真噁心！真想不到紫禁城下還有龍兄這樣視青紫如草芥的雅士高人！」

「阮兄抬舉！」天行雙手抱拳說：「其實我是個俗人，不過我還有自知之明，不做非分之想。」

「龍兄，不是我當面奉承，您比梁度、許英那兩位自命清高的無聊文人實在高多了！」阮雪冰握著天行的手說：「那兩個傢伙像狗一樣，丟根骨頭他們都搶著啃？」

阮雪冰提起梁度，許英，十分不恥的樣子，天行覺得很奇怪，這兩人他都認識，當年在東京時他們兩人是喊推翻滿清，取消帝制的最激烈的分子，怎麼現在反而迫不及待地慫恿阮國璋做皇帝呢？因此他對阮雪冰說：

「這兩位我早在東京認識，當年他們喊口號喊得最響，而且都以德先生自居，他們怎麼會慫恿令尊做皇帝呢？」

「還不是官迷心竅？想過過御前大臣的官癮？」阮雪冰鼻子裏嗤了一聲說。

「聽說令尊為了想身登大寶正在和日本談什麼密約，也是他們穿針引線的是不是？」

「聽說有這回事兒，不過我不大清楚。」

「外面傳說那個密約喪權辱國太甚，如果一旦簽訂，我們子子孫孫就永無翻身之日，比《辛丑條約》還要苛一百倍。」

「日本人真會對我們那樣苛？」

「我在日本三年，知道日本人對我們的野心很大，日本人是一個可怕的民族，您最好勸勸令尊不要上當，留個千秋萬世的罵名。」

「這都是梁度、許英那幾個無聊文人、政客搞起來的。」

「梁度、許英兩人的才學倒是不錯的，想不到他們會如此官迷心竅？不顧大體？」天行說：

「阮兄是不是時常和他們唱和？」

「他們狗嘴裏吐不出象牙！」阮雪冰說：「我情願抱抱娘兒們，才不和他們唱和。如果龍兄不見棄的話，我倒想和您結個金蘭。」

天行聽了一驚，古美雲也有些詫異，阮雪冰笑著自解：

「剛才我說這話兒或許唐突了龍兄，不過我說的是真心話。知音難得，我更交不到真朋友，我很寂寞。像梁度、許英那一流貨色，給我提尿壺我還嫌他們的手髒呢！」

天行覺得阮雪冰雖然有些狂傲任性，但不失率真，算得上是性情中人，便委婉地對他說：

「如果阮兄不棄，我們做個文字交如何？」

「這也使得。」阮雪冰笑著點點頭。

「你們兩位雅人，待會兒就在我這兒喝一杯，算做正式訂交好了。」古美雲湊興說。

「那我就打擾二爺了。」阮雪冰抱拳一笑，隨後又望著天行說：「聽說龍兄在日本還有一位紅粉知己是不是？」

天行點點頭，阮雪冰又說：

「怎麼不接回來?」

「她家世不壞，本身教養也好，我不能委屈她。」天行回答。

「那您也可以常到日本去，來個兩頭大。」

「父母在，不遠遊，何況我還有一位老祖母?」

「這樣豈不是兩地相思?」

「也只好如此。」

「我和您可不一樣，我是有些荒唐。」阮雪冰坦然一笑：「我不是什麼情聖，我是及時行樂。『有花堪折終須折，莫待無花空折枝』。人生不滿百，何必苦惱自己?李青蓮說：『千金散盡還復來。』二爺，您說是不是?」

「阮公子真是個灑脫人，看得開。」古美雲向他笑笑。

「您和小鳳姑娘的事兒到底怎樣?」天行問。

「多謝二爺已經給我說定了，」阮雪冰高興地說：「我正準備選個黃道吉日把她娶過去，到了那天我一定請您喝杯喜酒。」

「我一定專程道賀。」

客廳裏已經擺好了一桌酒菜，小玉來請他們。他們一道出來，古美雲又吩咐小玉請金大娘、小鳳一道來吃。小鳳一襲高領短夾襖，長裙及地，一身紅艷，春風擺柳、嬝嬝婷婷地走了過來。阮雪冰走過去牽著她，拉在自己身邊坐下。她雪白的瓜子臉，滿面含春地笑著向天行打了一個招呼，人顯得更加成熟老練。

五人一桌，酒菜十分精緻，餐具都是景德瓷莊供應的上品，和天行家裏用的一樣考究。天行先舉杯恭喜阮雪冰和小鳳，他們兩人同時回敬他。古美雲關照天行說：

「他們兩位都是海量，你可得小心點兒。」

「二爺，我們也不是什麼海量，」阮雪冰笑著說：「我喝酒一向盡歡盡興，所以就不大限制自己。」

「龍公子來金谷園不知道有多少次？我就沒有看他醉過。」小鳳笑說：「也沒有看過他和姑娘們來往，那像你……」

阮雪冰笑了起來，指著天行對小鳳說：

「妳不知道，他在日本可有個紅粉知己。」

「那也和你不同，」小鳳白他一眼，又笑問他：「那叫什麼來著？」

「那叫做情有獨鍾！」阮雪冰捏捏她白嫩的臉蛋，又笑了起來。

「這就是龍公子可敬的地方。」她望望天行對阮雪冰說。

「如果男人都像他，金谷園不是要關門了？」阮雪冰向小鳳和古美雲、金大娘一笑。

「龍公子是金谷園的上賓，」金大娘笑說：「要不是二爺的面子，我們請都請不到。」

「金大娘，我可是不請自來呀？」阮雪冰說。

「阮公子，您不來我們豈不要喝西北風了？」金大娘兩眼睨著他笑：「小鳳姑娘又怎麼會終身有靠呢？」

「大娘，我只怕他靠不住？」小鳳乘機說：「他這樣喜新厭舊，不知道那一天他會把我當做爛草鞋一樣扔掉！」

「那可不會，」阮雪冰搖搖頭，笑問小鳳：「我爹一共有十位太太，妳聽說過他扔掉誰？」

「阮公子，我們小鳳可是一位好姑娘，」金大娘說：「您這次把她挖了過去金屋藏嬌，我們不但少了一根臺柱子，您可千萬不能虧待她呀！」

「金大娘，我阮雪冰就是不愛江山愛美人，怎麼會虧待她呢？」阮雪冰捏捏小鳳的臉蛋，又指指天行說：「好在今天龍兄在座，可以作個見證。」

「有您這句話我才放心，」小鳳嬌媚地笑道：「不然我寧可長住金谷園，二爺是不會虧待我的。」

「來，我們喝個雙杯兒，」阮雪冰舉著杯子對小鳳說：「今天我很高興，一是妳答應嫁給我，二是和龍兄結成文字交，這比當皇上有意思多了。」

說完他一飲而盡，小鳳也陪著乾了一杯。隨後他又和天行乾了一杯。古美雲、金大娘他也一一敬過。

這頓飯吃得十分輕鬆愉快，阮雪冰有些醺醺然，他扶著小鳳到她的香閨休息，走到門口又回頭對天行說：

「龍兄，我失陪了。人生得意須盡歡，不必自苦。您也不妨詩酒流連，做個快樂神仙。」

隨即搖搖晃晃走了出去，嘴裏還吟唱著：

「花明月暗飛輕霧，今宵好向郎邊去。」

古美雲笑著把天行拉進書房，不禁感慨地說：

「阮國璋生出這麼一個兒子，真是異數。」

「雲姑，他納小鳳姑娘作小，出了多少身價銀子？」天行問。

「他給小鳳一萬五千兩，另外補償了我五千。」古美雲說。

「他出手倒真不小。」

「捨不得金彈子，打不到巧鴛鴦。不然小鳳不會跟他，我也不會放手。」

「沒有阮國璋那樣的老子，他也風流不起來。」

「他要和你結個金蘭，你怎麼不答應他？」

「哥哥最近來信，拒絕我岳父的遊說，看樣子他是要再倒阮國璋，我怎麼能和他的兒子拜把子？」天行說：「我和他做文字交，那完全是看在他沒有政治野心和他的才華上，是以文會友，和他老子沒有瓜葛。」

「看樣子阮國璋倒想拉攏你？」

「所以阮國璋才是個梟雄。」

「他這一臺戲不知道什麼時候開鑼？」

「雲姑，您金谷園是近水樓臺，您會最先知道。」

「阮雪冰是金谷國的女婿，我自然會牽住這根線。」古美雲笑說。

天行回家，蝶仙問他先前小貴兒找他有什麼事兒？他說了出來。蝶仙惋惜地說：

「二少爺，您也太君子了！您即使不跟阮國璋做事，只要跟阮雪冰結個金蘭，何愁景德瓷莊和萬寶齋的損失要不回來？」

「我不願意用這種手段。我覺得哥哥的話說得對。」

「大少爺怎麼說的？」

「不為一己謀，為全國人謀。」

「二少爺，這談何容易？」

「是不容易，不過總得有些傻瓜去做。哥哥自己不是最好的證明嗎？」

「比起阮公子阮雪冰來，大少爺是太苦也太傻了。」

過了幾天，阮雪冰真的送來了請帖，他在八國飯店宴請親友，正式納小鳳為偏房，排行老六。

天行和古美雲一道赴宴，周而福也是客人。周而福看見天行有些詫異，他不知道天行和阮雪冰是怎樣認識的？又是什麼交情？他知道阮雪冰吃、喝、嫖、賭、抽大菸……，如果天行和阮雪冰是這個道上的朋友，那就糟了！如果是和阮雪冰吟風弄月，或是利用阮雪冰做進身之階，那倒很好。他不知道他們兩人到底是什麼關係？也不便問。他找到一個機會悄悄問古美雲，古美雲也悄悄告訴他。他聽了又驚又喜，也很遺憾。他對古美雲說：

「阮公子才高八斗，眼高於頂，連梁度、許英都不在他眼裏。他給了天行這麼好的機會他反而放棄了，實在可惜。」

「人各有志，這也難怪。」古美雲說。「我看他是不願意蹚這塘混水？」

「水太清則無魚，他難道不懂這個道理？」周而福說。「要想黃河澄清，那要等到何時？」

「我想他懂這個道理，」古美雲說：「岳老爺恐怕還不大瞭解他的性格？」

「我是不大瞭解，」周而福點點頭：「不過我覺得讀書人也不能太固執。」

「岳老爺，您看他固執嗎？」

「我看他固執得很。」周而福歎口氣說：「人太固執，就是自己綑住自己的手腳，讀書人應該圓通一些，這樣才不會吃虧。」

「不過我看他不是不通人情，他是擇善固執。」

「人總應該圓通些好，太方了就滾不動。」

「那您可以勸勸他？」

「聖人說父子之間不責善，責善則離。何況我是岳父?更不便啟齒。」周而福打量古美雲一眼才說：「我看他和您倒處得很好，您不妨勸勸他？」

「岳老爺要我怎樣勸他？」

「您知道阮雪冰的父親就要身登大寶，人家搶著抬轎子都怕來不及，他現在是取青紫如拾芥，很可能一步登天，他何必放棄這麼好的機會？」

「這我知道，這是個大熱門，比燒冷灶好。」

「您到底是久經世故，人情練達，我一點您就明白。可惜您是個女流，不然早飛黃騰達了。」

「多謝岳老爺誇獎，」古美雲笑笑：「不過我比岳老爺差遠了，縱然是一個堂堂男子漢，也成不了氣候。」

「您太謙了，」周而福也向她一笑：「天行的事兒就拜託您了。」

他隨即去和幾位阮系紅人周旋。古美雲回到天行身邊，把周而福的意思轉告他。天行淡然一笑說：

「人算不如天算。」

來找古美雲搭訕的紅人很多，還有人戲稱她為「丈母娘」、「親家母」的。

阮國璋有事不能來，阮雪冰的朝鮮生母是主婚人。她真的把古美雲當親家母看待，開席時還拉著她並肩同坐一桌。古美雲在那些達官貴人之間，從容不迫，綽綽有餘。她的光芒器度反而掩蓋了那位朝鮮美人。阮雪冰今天更加高興，他的體型長相都像他的朝鮮母親，只是臉色反而不如他母親白裏透紅那麼好看，他的臉色是白裏透青，這大概是抽多了大菸的關係。

阮雪冰娶小鳳作小星不算是大婚，可是場面仍然很大，比楊通為文珍、彼得舉行婚禮和周而福為女兒周素真請回門酒的場面大得多！阮雪冰只發三百多張請帖，聞風而來的卻多出了一倍以上，而且送的都是重禮，周而福就送了兩百大洋，妙的是楊通也託周而福送了一百大洋，只為了請周而福代為簽個名，他和阮家任何人都扯不上關係，他預備放長線釣大魚。

散席後，古美雲和天行一道離開，她要來看看老太太。在路上兩人自然談起阮雪冰的婚禮場面。

「阮雪冰花兩萬大洋娶小鳳算是大手筆，可是我看他今天最少可以賺兩倍，真是錢趕大伴兒。」古美雲說。

「現在大家都在押這一寶，趕熱門兒下注。」天行說。

「只有我們兩人是例外，」古美雲說：「你是秀才人情紙一張、詩一首；我只送了小鳳一筆嫁妝，那是她的私房。」

「我送不起大禮，十塊八塊大洋又太寒傖，還不如送一張紙、一首詩脫俗一些。反正他的孝子多，現在又正在節骨眼兒上。」

「說也奇怪，先前你岳父告訴我，你姑爹也託他送了一百大洋，你姑爹和阮雪冰既不沾親，又不帶故，這算那門子禮？」

「這是拉著何仙姑叫二姨，放長線釣大魚。」天行說。

兩人一路說回家。古美雲一身珠光寶氣。老太太知道他們是去喝阮雪冰的喜酒，他娶的又是金谷園的小鳳，老太太似笑非笑地對古美雲說：

「恭喜妳做泰水了。」

古美雲先是一愣，隨即想起有人稱岳父為泰山，岳母當然是泰水了，不禁好笑。先前在八國飯店就有人戲稱她「丈母娘」，阮雪冰的母親也把她當親家母看待，現在老太太又戲稱她「泰水」，她笑著對老太太說：

「乾娘，我可沒有您老人家這麼好的福氣！女兒有濕的還有乾的，我連一個烤的都沒有，那有資格做什麼泰水？」

老太太也被她說得一笑，隨後又說：

「現在妳是皇親國戚了，想不到我也跟著妳走幾天老運，沾妳一點兒光？以後要是再發生什麼兵變，該不會搶我的了？」

古美雲看老太太這麼大年紀，頭腦這麼清楚，還會這麼幽默，不禁高興地笑了起來。也笑著打趣：

「乾娘，以後天塌下來我都會去頂，這您大可放心。」

老太太隨後又望著天行說：

「你交了這麼一個太子朋友，以後有靠山了。」

天行啼笑皆非，連忙解釋：

「婆婆，我和阮雪冰不過是文字之交。」

「我還以為你們是吃、喝、嫖、賭、抽大菸、穿一條褲子的好友呢？」老太太望著他似笑非笑。

「乾娘，您會錯了意。」古美雲說。

「古人說：『薰蕕不同器。』我怎麼會錯了意？」老太太笑問。

「本來阮國璋要送個官兒給天行做，阮雪冰也要和天行做拜把子兄弟，天行都沒有同意，只好答應和他做個文字交，您想想怎麼能再拒人千里？何況又是阮雪冰？」古美雲望著老太太說，隨後又一笑：「我要是天行，早就和他拜把子了；要是您老人家，恐怕也早收他做乾孫子了？」

「他已經是妳的金龜婿，妳就用不著再拜把子了！」老太太笑著回答：「至於我嘛，我的孫子多得是，才不要他這個龜孫子呢！」

老太太說得大家都笑了起來。古美雲對老太太說：

「乾娘，說真格的，是阮雪冰有求於我，我和天行可沒有高攀阮雪冰。倒是姑老爺和他非親非故，反而託岳老爺送了一百大洋，您說這該怎麼講？」

老太太一怔，半天說不出話來。古美雲看老太太不大好受，有些後悔，連忙告罪：

「乾娘，恕我剛才多喝了幾杯馬尿，胡言亂語，您就當做耳邊風好了。」

「妳沒有喝馬尿，我才像喝了一桶馬尿呢！」老太太氣結地說。

「乾娘，我本來是想討您高興，反而惹您生氣，我真該死！」古美雲蹲在老太太的膝前說。

「算了，算了，以後不要提他了！」老太太拍拍她。

隨後她又望著天行說：

「你哥哥離家去南京時，起先我心裏是很不痛快，不過看到他那封信後，我覺得他並不糊塗。可是他怎麼再也沒有信來？」

直到阮國璋身登大寶，大家才在報上看到他的名字，原來他也是起兵聲討者之一。這一下可使老太太和龍從雲緊張了起來！周而福更趕來問龍從雲：

「親家，那次我勸天放世兄的話，他不聽也沒有多大關係，現在他公然犯上，這豈不是惹禍上身？」

「親家，兒大爺難做，他又遠在南方，我怎麼管得了？」龍從雲說。

「那些公開作對的人，身家性命都在南方，只有你們是在京裏，他怎麼這樣糊塗？」周而福說。「萬一當今怪罪下來，如何得了？」

「親家，這該怎麼辦呢？」

「為防萬一，我看您和天行最好先回九江老家避避鋒頭才是？」

龍從雲有很久沒有回老家去，上次「兵變」之後，元氣未復，他也想回去和哥哥弟弟商量一下大計。可是他放心不下老太太，帶她回去，怕她經不起舟車勞頓。老太太看出他的顧慮，便對他說：

「你們父子兩人回去避避鋒頭也好，我一個婦道人家，又這麼大年紀了，他們能把我怎樣？」

「婆婆，我在家裏陪您好了。」天行說：「一人做事一人當，阮國璋能把我怎樣？」

「你更非走不可！」周而福說：「他好意借重您，你不給他面子，現在你哥哥又公然起兵聲討，他這筆賬要是算到你頭上來誰也擋不住。」

「那我去日本好了！」天行說。

周而福反應很快，一聽說他要去日本就想起川端美子母子兩人，便沈下臉說：

「那可不成！現在不比當年，那時你可以一走了之，現在素真身懷六甲，即將臨盆，你還想撂下她不成？」

天行心裏本來有一股悶氣，聽他這樣說不禁火起，立刻頂了上去：

「那您去向阮國璋告密，要他把我宰掉好了！」

老太大和龍從雲看他的話說得太重，大聲喝叱他：

「你怎麼可以這樣對岳父講話？岳父一番好意，你還不趕快賠禮？」

周而福氣得臉上青一陣白一陣，天行卻紋風不動，周而福手一甩，衝了出去，龍從雲連忙追了上去，一面追趕一面賠不是。

老太太連連歎氣，一再責備他說：

「你怎麼聰明一世，糊塗一時？在這個節骨眼兒上，先把你岳父得罪了，你這不是自找麻煩？」

「婆婆，是福不是禍，是禍躲不過。我的窩囊氣已經受夠了，要不是為了您，我早已鬧他個天翻地覆，我什麼都不在乎！」

老太太從來沒有看過他這麼講話，驚得目瞪口呆，不禁流下淚來。龍太太從前面趕了過來，知道剛才的情形之後，趕上去打了天行兩個耳光，又把他往老太太面前一推，厲聲說：

「你這個畜牲，一再犯上，還不快向婆婆認罪？」

天行撲通一聲，跪倒在老太太膝前，痛哭起來，老太太摟著他大哭。梅影、蝶仙也哭了起來。龍太太背轉身去暗自落淚。龍從雲送走周而福回來，看見這種情形，也目瞪口呆。龍太太向他說明經過，他也只是搖頭歎息。龍太太問他：

「親家的氣消了沒有？」

「他大人大面，受了這麼大的氣，怎麼消得了？」龍從雲說。

「看在女兒的分上，我看他不會在阮國璋面前落井下石？不過也不會講什麼好話兒。要是真的怪罪下來，他會置身事外？」龍太太說。

「那我們該怎麼辦？」龍從雲手足無措地說。

「走！預防萬一，你們父子兩人走為上策！」龍太太說。

「家裏的事兒千頭萬緒，我怎麼丟得下來？」

「平日有你在，我不願做出頭的柱子。你走後我自然會一肩承擔起來，你放心好了！」

龍從雲聽她這樣說，才下定決心回老家避避鋒頭。老太太對媳婦這樣快刀斬亂痲的做法心裏也非常欣慰，她把天行拉了起來，安慰他說：

「乖！跟你爹回九江散散心也好，免得憋出病來。」

龍太太要他們父子兩人立刻化妝動身，由卜天鵬護送上車。卜天鵬回來之後，又要他去請古美雲來。

古美雲對於這突然的轉變也很詫異，老太太把天行得罪他岳父的情形和天行對她說的那幾句話也告訴了古美雲，最後還搖頭歎氣地說：

「我真沒有想到他會那麼衝、那麼倔，我真看走眼了！」

古美雲笑了起來，老太太罵她：

「我心裏煩死了！妳倒在黃鶴樓上看翻船，妳還笑得起來？」

「乾娘，不是我在您面前誇口，您並不完全瞭解天行，真正瞭解天行的是我！」

「妳倒是說給我聽聽？」老太太說。

「他是個至情至性，外表溫文內心剛烈的人，他對您更是一片孝心，百依百順。他有所為，有所不為。說他擇善固執也好，說他倔也好，可是他比誰都講理，但他真是個刀架在脖子上也不在乎的人。」

「我一直把他當做溫文書生。」老太太說。

「乾娘，這您並沒有看錯，曾文正是書生？文天祥何嘗不是書生？諸葛亮、劉伯溫又何嘗不是書生？您以為書生都是文質彬彬、優柔寡斷的人？您還忘記了他是文武兩門抱的人是不是？」

老太太被她說得一笑。隨後又問她：

「妳看現在我們該怎麼辦？」

「家裏的事兒有二嫂挺身出來，您放一百二十個心好了。二嫂是一位有擔當的人，一般男子漢真抵不上她。至於岳老爺，我相信他不會搬石頭砸自己的腳，過一陣子也就好了。」

「阮國璋要是怪罪下來呢？」

「天塌下來我來頂。」古美雲笑著向老太太拍拍胸脯說。

「我信得過妳。」老太太欣慰地點點頭。

第五十三章　五爪金龍一場夢　三胞兄弟闔家歡

龍從雲、天行父子倉皇離京之後，周素真生下了三胞胎，都是男的，給全家上下帶來一陣驚喜。因為他們父子兩人亡命在外，天放又和阮國璋的部隊在南方作戰，老太太和媳婦鄧淑卿心裏都像壓著一塊大石頭，該高興的時候反而高興不起來。倒是周而福夫婦十分高興。

一天晚上，周而福換了便裝悄悄來看女兒。他小心謹慎，生怕惹禍上身，丟了紗帽。老太太問他新華宮裏的情形，他沈重地說：

「當今火大得很，對天放很不原諒，要把他打垮；天行也觸了他的霉頭，心裏自然不高興。幸好他逃走了，不然當今怪罪下來，我也愛莫能助。」

「天行太不懂事，還請親家多多包涵。」老太太說。

「他這樣不知天高地厚，實在使我失望。」周而福說：「好好的錦繡前程，自己一手毀掉不說，還狗咬呂洞賓，不識好人心。不知道他的書是怎麼讀的？」

「他那有親家這樣的歷練？這麼爐火純青？」老太太故意捧他：「以後還請親家多多教訓。」

周而福聽老太太這樣說，心裏舒服多了，語氣便緩和下來：

「看在我們兩三代人和三個外孫的面子上，我不會和他計較，不過以後他要好自為之。」

「吃一次虧，學一次乖，他受了這次教訓，以後應該好些。」老太太說：「親家，他們父子兩人這一出去，不知道什麼時候才能回來？」

「現在正在鋒頭上，誰也不敢捋虎鬚。」周而福說：「等鋒頭過去之後再看。」

周而福看過外孫之後又悄悄地走了。

古美雲聽說周素真生了三胞胎，也送禮過來，還帶來了文珍和香君都生了一個女兒的消息。

「現在又是一代新人了。」老太既高興又感傷地說：「只有天放還是光桿兒一根，又在與阮國璋的部隊拼命，阮國璋兵多將廣，又是新軍、糧餉足、武器精，不知道這個仗他怎麼打法？」

「乾娘，您想錯了！」古美雲說。

「怎麼我想錯了？」老太太問。

「天放他們打的是民心，他們已經佔了上風，阮國璋的部隊節節敗退了。」

「妳是怎麼知道的？」

「乾娘，您忘記了阮雪冰是我的女婿呀？」古美雲湊近老太太輕盈淺笑說。

「妳真不害臊！」老太太笑著罵她：「難道是他告訴妳的？」

「不但他會告訴我，別的孝子也會和我通消息。」

「阮國璋會不會對我們不利？」

「他現在成了過街的老鼠，人人喊打。他心慌意亂，怎麼會想到您們頭上來？」

「可是天行岳父的話卻有些令人耽心！」

「他是向著阮國璋的人，他的話不可盡信。」

「我也知道他在押阮國璋這一寶，就不知道最後的勝負如何？」

「幾千年的皇帝好不容易廢掉了，誰願意再戴這個緊箍兒？做他一家子的奴才？」

「妳剛才不是說天行的岳父是向著他的嗎？」

「乾娘，那只是狗啃骨頭的少數官僚政客，北京這麼多人，有幾個人向著阮國璋的？」

「阮國璋也真是人心不足，大總統不好？何必一定要做什麼皇帝？弄得這樣雞飛狗跳！」

「乾娘，他們男人就愛犯這個毛病兒，不但害了別人，有時候也會害了自己。還是我們女人安分守己的好。」古美雲笑說。

「妳忘記了那位老佛爺？她更是個不安分的女人！」老太太立刻回答。

「乾娘，幾千年來我們女的一共才有那麼兩位，到底比那些臭男人好多了！」古美雲仍然笑嘻嘻。

「一位老佛爺已經把我害慘了，妳還嫌不夠？」老太太望著古美雲說。

「乾娘，我可沒有這個意思，」古美雲連忙分辯。「我對那些一心想騎在別人頭上的人，不論是男的女的，都厭透了！不過女霸王沒有那麼多，造的孽也比男人少。」

「妳這倒是一句公道話。」老太太說。

「乾娘，您知道天行為什麼和我處得很好？」古美雲突然問老太太。

「是不是你們臭味兒相投？」老太太笑問。

「也可以這麼說，但不全對。」古美雲笑著搖搖頭。

「那到底是什麼原因呢？」

「一是文珍的事兒，我很同情欣賞他打落門牙和血吞的精神；二是美子、香君的事兒，我也佩服他對您的孝順。這兩件事兒對一個男人來說是最難忍受的重大犧牲。當年吳三桂要不是衝冠一怒為紅顏，滿人怎麼能入關？怎麼會坐了兩百多年的江山？」

「妳說得一點兒也不錯。」老太太點點頭。

「可是天行不然！」古美雲忽然正色地說：「這兩次大打擊使他失掉了三個紅粉知己，這都是為了孝順您、顧全大體、克制犧牲自己。乾娘，您不要以為這是他個人的小事兒，這可是了不起的德性。」

「我心裏何嘗不知道？但是我不便講。」老太太說。

「我也一直不便講，現在他不在家，我才順便談起來。」

「所以這次他說了幾句衝話兒，我也原諒他。」

「他還有更可愛的地方。」

「妳又有什麼新發現？」

「不是新發現，」古美雲搖搖頭：「是我長期觀察得來的。」

「妳說說看？」

「他從來沒有那些臭男人騎在別人頭上的想法，更不是鑽熱灶的貓兒。什麼事兒他都講理，能為別人著想。可是您別看他是文人，他才真是天不怕、地不怕。難怪文珍、香君、美子都那麼愛他。」

「可是這一位又好像與他無緣？」老太太輕輕地說。

「一方面是素真缺少那三位那分靈性兒，一方面是天行『曾經滄海難為水，除卻巫山不是雲』。所以他們兩人才像隔了一重山。」

「我希望他們生了孩子以後會好起來。」

「乾娘，感情的事兒不是那麼簡單。」古美雲世故地笑笑：「生孩子是一回事兒，兩人氣味兒是否相投？又是一回事兒。古來同床異夢的故事就多得是，也不是今天才有的。」

「我真怕他們父子兩人這一去就拖了很久不能回來，那他們小兩口兒就更生疏了。」老太太又耽心起來。

「我想不會太久，阮國璋是個梟雄，一看風頭不對，就會見風轉舵的。」

「但願如此，不然老百姓更要遭殃。」

「老百姓總是倒楣的，劉嬤嬤、黃嬤嬤不是很好的例子？景德瓷莊、萬寶齋兩次遭劫也都不是自我的。」

古美雲臨走時要看看孩子，蝶仙抱來給她看，她笑著對蝶仙說：

「一共是三個，妳怎麼只抱一個給我看？」

「雲姑奶奶，看起來都是一樣的，分別不出來。」蝶仙也笑著回答。這三個孩子現在真夠她忙了。

「那將來怎麼知道誰是老大、老二？」古美雲看看孩子笑問。

「我已經在他們手上用紅絲線做了記號，日後自然能分辨出來，我手上抱著的這一個就是老大。」

「乾娘，天行在日本生的那個兒子沒有見過面，這次生了三個兒子他又不在身邊，又沒有見到，這是怎麼回事兒？」古美雲望望孩子笑問老太太。

「天行這孩子也真值得同情，我也不知道他犯了什麼魔星？」老太太無可奈何地說。

蝶仙把孩子抱走，古美雲一道出來，蝶仙輕輕地對古美雲說：

「雲姑奶奶，二少爺的心事您是最清楚，上次他說了一句要到日本去的話兒和岳老爺弄得很不愉快，少奶奶心裏更不是味兒，前天美子小姐又來了信，我一直收著不知道如何是好？您看該怎麼辦？」

古美雲考慮了一下說：

「妳交給我好了，我用快信轉寄給二少爺。」

蝶仙匆匆走進天行的書房，從一本古書裏取出美子那封信交給古美雲，古美雲小心放進皮包，拍拍蝶仙說：

「蝶仙，真難為妳了！」

「雲姑奶奶，二少爺的事兒嘛！」蝶仙拖長著聲音說：「老夫人要我侍候他，我怎敢怠慢？再說，我和二少爺一起長大，這是金不換的，何況二少爺又是那麼可親，那麼令人同情？令人心服。」

「蝶仙，二少爺要是聽見妳這幾句話兒，他也可以聊以自慰了。」

「雲姑奶奶，我覺得老天爺對二少爺不公平，讓他受了那麼多感情折磨。」蝶仙指指懷裏的孩子說：「二少奶奶雖然一下生了三個兒子，對二少爺還是隔靴搔癢。」

「人與人之間真難說得很。」古美雲一歎。「有的人一見面，不必說一句話兒彼此就很瞭解；有的人即使同床共被一輩子，還是一對陌生人。」

「我不知道美子小姐這封信裏寫些什麼？如果二少爺看了這封信真的跑到日本去，那就完了。」

「我會寫信告訴他生了三個兒子的事兒，也許能穩住他？只要阮國璋一下臺，他們兩人就會回來了。」

「本來二少奶奶的產期他也猜得到，只是自她懷孕以來，我們都避免在二少爺面前提起這件事兒，甚至老太太也不在他面前提起，我們都知道他的心情不好，沒有做父親的喜悅。這下生了三個兒子，大概也能帶給他一點兒驚喜？就不知道阮國璋會不會下臺？」

「小皇帝都早下臺了，他還能幹多久？」

古美雲說的不錯，阮國璋像吹肥皂泡泡樣的，五爪金龍真命天子的夢很快就破滅了。他恨他手下那些大將都背叛他。而且通電逼他退位。他退位的那天夜晚，便把那位服侍他的小子叫到跟前，厲聲問他：

「那次我睡午覺，你打破了燕窩湯盌，說是看見床上有條五爪金龍的事兒，到底是真是假？」

那小子跪在地上發抖，不敢承認說謊，只好硬著頭皮說是真的。阮國璋的肥手用力在茶几上一拍說：

「既然是真的，那我的寶座怎麼坐不穩？」

那小子戰戰兢兢，牙齒咯咯作響，說不出話來。他的肥手又用力一拍，那小子差點兒跳了起來。阮國璋厲聲說：

「你如果不說實話，我就斃了你！」

「皇上！皇上！奴才說實話，奴才說實話！」那小子駭得尿都流了出來。

「混帳東西！還稱我皇上？你誠心要我好看是不是？」他穿著長統馬靴的腳一揚，朝那小子胸口踢了過去，那小子痛得在地上打滾，連說：「皇上，五爪金龍是假的！皇上，五爪金龍是假的……」

阮國璋吆喝著叫人把那小子拖出去斃了，但他嘴裏還連連咒罵：

「混帳東西，騙得我好苦！」

他這一氣竟氣病了，沒有多久就翹了辮子。

他的家屬不得不遷出新華宮。有的回河南老家，那兒早已修造了宮殿般的房屋。有的去天津租界做寓公。阮雪冰卻帶著小鳳在金谷園暫時住了下來，他還沒有決定回老家還是去天津做寓公？

龍從雲、天行父子，知道阮國璋跌下了皇帝寶座，便帶著一批瓷器回家重整旗鼓。

他們父子雙雙歸來，老太太又像古樹逢春，全家上下也格外高興。周素真、蝶仙、梅影，一人抱著一個孩子給他們父子兩人看，他們不但分不出大小，也分不出彼此。老太太笑著對他們父子兩人說：

「這三個小蘿蔔頭還沒有取名字，就等你們父子兩人回來給他們取個譜名。」

他們三人是紹字輩，龍從雲、天行兩人一商量，取天、地、人三才之意，分別取名為紹天、紹地、紹人。

龍從雲一下見到三個一般大的孫子比誰都高興。不禁笑著對老太太說：

「娘，這是託您的洪福，我這一支總算後繼有人了。」

「這是祖上有德，不但我見了曾孫，你們父子兩人又平安回來，還不趕快上香祭祖？」

龍從雲連忙上香獻果，和天行一道向祖宗牌位叩頭。

老太太問起老家的情形，龍從雲向她報告一番，說老家今年風調雨順，收租的情形很好，瓷器暢銷，紗廠經營順利，大小平安，可以說是「人財兩旺」。老太太聽了十分高興，又有些遺憾地說：

「可惜我年紀大了，不能回去看看。」

「這次我和天行倒是遊了不少地方，每天早晚到甘棠湖、南門湖邊散散步，在煙水亭釣釣魚，廬山山南山北山上山下都遊遍了，還去了一趟湖口石鐘山，到了一趟平陽，安樂富足，夜不閉戶的張家洲。」龍從雲說。

「聽說從湖口到彭澤之間新發現了一個龍宮洞，洞裏有石筍、石鐘乳、石柱、石壁、水晶宮、玉壺洞、瑪瑙、石魚、水托仙桃、定海神針、垂幔、寶庫……許多奇景。可惜沒有人帶路，不敢還自冒險去。」天行說。

「娘，這都是九江府治的地方，日後要是能像廬山一樣開發起來，真是天下無雙。」龍從雲說。

「九江老家的確是個好地方，」老太太對兒子說：「要不是你父親做京官，我們也不會落籍在京裏。」

「娘，哥哥和老三曾經和我說過，如果您打算落葉歸根，他們準備再在甘棠湖邊蓋棟兩層樓的別墅，讓您安度餘年，享盡人間清福。」

「婆婆，九江佔盡天時地利，夏天上牯嶺，其餘三季住在城內湖邊，那又比四季住在京裏更有趣味了。」

「可惜我這一身老骨頭不敢再動了。」老太太感慨地說：「等我百年之後，你們再把我運回去，送上祖墳山，長伴青山綠水，我也就心滿意足了。」

他們父子兩人不敢再談下去，恐怕再引起老太太的感傷。

周而福一知道他們父子兩人回來，連忙過來探望，他彷彿完全忘記了天行離家前頂撞他的不愉快的事兒。阮國璋雖死了，他還是不倒翁，他和北洋軍人以及幾位總長都交往密切，只是換換頭銜而已。他既沒做滿清遺老，自然更不會追隨阮國璋於地下了。他只要做他的官兒。

「親家的這次無妄之災總算過去了，以後一定會否極泰來。」他笑著對龍從雲說。

「現在時局還是一片渾沌，好也好不到我頭上來。」龍從雲說：「我只希望不要再遭池魚之殃，那就很幸運了。」

「親家，以後該不會有人再想做皇帝了吧？」老太太笑問。

「老夫人，這種事兒難說得很！」周而福搖頭晃腦地一笑：「俗話說：『小丈夫不可一日無錢，大丈夫不可一日無權。』有兵權在手的人，縱然不用皇帝這個老字號，換湯不換藥的事兒誰也不敢說沒有？依在下看來，其實任何名義都沒有關係，只在一個權字。」

「親家，您是贊成老字號還是老店新開？」老太太想起古美雲說過他向著阮國璋的話，又笑著問他。

「老夫人，其實這是一而二，二而一的事兒，」周而福又笑道。「遙想唐堯虞舜，何嘗不是皇帝？他們兩位實在比今天的新詞兒德先生還好，如果遇到一位予智自雄，唯我獨尊的德先生，一樣可以做他的秦始皇。」

「親家的意思是為政在人了？」龍從雲說。

周而福笑著點點頭。

「人固然重要，不過辦法制度更重要。」龍從雲說：「只要有了好的辦法制度，應該可以使頑夫廉，懦夫立的。」

「天放他們爭的好像就是這種事兒？」老太太說。

「不錯，哥哥他們那一批人爭的正是這種事兒，我在日本學的也是這種事兒。」天行說。

「那你是贊成德先生的了？」周而福問。

「我不但贊成德先生，我還主張有德有才的人才配負起德先生的使命，那樣才會重見堯天舜日。」天行說。

「要黃河澄清，那要等到什麼時候？」周而福吁了一口氣。

「只要以後不再有阮國璋這種人來偷天換日，總會有等到的一天。」天行說。

「你也許會等到？我是等不到了。」周而福一面說一面站起來告辭。

龍從雲、天行父子兩人陪他看了看外孫再送他出去。

他們兩人轉來時，老太太高興地說：

「親家到底是大人大量，沒有記天行的錯兒。」

「他八面玲瓏，很會見風使舵。」天行說。

老太太聽了一笑，指著天行說：

「你這孩子，事情說穿了就沒有什麼意思。我是樂得裝個老糊塗的。」

龍從雲、文珍母女湊巧和香君一道過來送禮，同時探望他們父子兩人。因為文珍、香君產後休養，一直沒有過來。天行和她們好久沒有見面，似有隔世之感。

她們三人先看看孩子，問候周素真，香君和周素真的心情都很複雜，文珍、香君是不想生孩子，但不得不生，生了孩子也沒有什麼歡欣，周素真是希望生了孩子能夠改進自己的地位，但是她覺得並沒有什麼改變，她不免失望。龍從容不完全瞭解她們的心情，以為做了母親都很高興，因此她向周素真說了許多恭喜的話兒。蝶仙旁觀者清，她心裏在想，假如這三個孩子是文珍、香君、美子三人生的，那就皆大歡喜了。可是老天爺偏偏亂點鴛鴦譜，送子娘娘也胡亂硬送。

古美雲聽說他們父子兩人回來了，也趕來看他們。她先告訴天行阮雪冰住在金谷園，天行有些奇怪，古美雲又說：

「新華宮他是住不成了，是去天津還是回河南老家？他還沒有拿定主意，所以只好在我那兒暫時落腳。他希望你有空時過去和他聊聊，我看他也有些寂寞。」

「他住在脂粉隊裏還會寂寞？」老太太說。

「乾娘，人總是要有朋友的，過去那些成天圍著他打轉兒的人，現在連影兒都不見了，您說他怎麼不寂寞？」

「他那些老婆呢？」老太太又問。

「除了大老婆跟他娘回老家去了，其他的都樹倒猢猻散。現在他身邊只有小鳳一個人。」

「這真是現世報，」老太太說：「那他現在應該安分些才是？」

「現在他成天窩在園裏。」古美雲說

「他還抽不抽大菸？」老太太又問

「乾娘，一下子他怎麼戒得了？」

「大概他老子的造孽錢夠他抽一輩子的？」

「乾娘，這倒難說。」古美雲笑答：「他用錢如用水，金山銀山也有用光的時候。」

「他老子取的是民脂民膏，他卻用來塞狗洞，真教人寒心。」老太太望望天行說：「你要記住，我們家裏可千萬不能有這種子孫。」

「娘，我們龍家是忠厚為本，詩禮傳家，照理不會出阮雪冰這種子弟。」龍從容說。

「那可不一定？」老太太說：「這要看你們怎麼教訓？」

龍從容想到自己的兒子楊仁，便不作聲，老太太卻問她。

「楊仁那小子現在怎樣了？」

「他也生了一個兒子。」龍從容回答：

「他結婚生子，妳怎麼都不給我知道？」老太太問她。

「娘，我怕惹您生氣，所以他們父子兩人的事兒我是絕口不提。」

老太太歎了一口氣，不再作聲。古美雲笑著打趣：

「乾娘，十根指頭有長短，誰能保得住家裏不出個把不肖子孫？您何必想得那麼遠？」

「人只要有一口氣兒在，就不能不關心。」老太太說。

「乾娘，只怪您老人家的福氣太好，多福多壽又多子多孫，」古美雲笑著說：「像我這樣就一了百了，我從來不為身後事兒操心。」

「妳的那些姑娘們，總該有些有良心的吧？」老太太說。

「乾娘，不能說沒有，可是我從來不指望她們。」

「雲姑，我看小玉就很不錯。」天行說。

「她是不錯，」古美雲點點頭：「所以我把她當女兒看待。」

「那您也該把我當姪兒看待才是？」天行又說。

古美雲笑了起來，望望老太太說：

「我託乾娘的福，沾了乾娘的光，撿了你這個現成的姪兒，我比誰都高興，我還怕你日後不送我上山不成？」

老太太也被她說得一笑，她又接著說：

「不過現在還早得很，我才不操這個心。」

「雲姨這樣達觀，活一百歲也沒有問題。」文珍笑著插嘴。

「我從來沒有想死，一看到你們我更想活下去。」古美雲笑容滿面地說：「來這世界一趟好不容易，我還沒有看夠，我真想賴著不走呢！」

「要是閻王爺下了請帖，妳不走也不行。」老太太笑說。

「閻王爺是長了眼睛的，我既不想當皇上，又不想當老佛爺，他會讓我在這世界多活些日子。」

「如果妳不是在聯軍進京時積了大德，救了眾生，我看閻王爺早就下請帖了。」老太太說。

「乾娘，我活到現在，連一隻雞也沒有殺過，甚至連一隻螞蟻也沒有踩死，照您這樣說，我該活千歲萬歲了？」古美雲笑著望望老太太：「那您老人家更該長生不老了？」

「若論功德，妳倒是比我大。」老太太向古美雲笑道。

「您天天吃齋念佛，又專做好事，我是葷腥不忌，又沒有念過一天佛，我怎麼比得上您老人家？」

「這倒不一定？」老太太搖搖頭說：「我看妳心地倒很善良，該有好報？」

「阿彌陀佛！」古美雲雙手合十笑道：「您老人家金口玉言，總算講了我一句好話。」

老太太也被她說的眉開眼笑。

高管家匆匆送了一封信來，當面交給龍從雲，龍從雲一看，是天放的快信，他連忙打開，急看內容：

國事蜩螗，兒寢食未安，翹首北望，一片烏雲，元憝雖死，餘孽未清，晨昏定省，承歡膝下，尚有待也。近曾因公赴日，便中探望加藤先生與美子姑娘，加藤夫婦對美子母子愛護有加，惟年事均高，健康大不如昔，幸美子已有教職，事之甚孝，晚景堪慰，姪兒龍子，聰明活潑可愛，淪落異邦，殊為可惜。現彼邦軍人跋扈，圖我日亟，加藤、美子對中日兩國關係，憂心忡忡。惟美子為撫養龍子姪兒，仍無另嫁之意，志節可嘉，兒欲攜伊母子回國，亦多困難。……

龍從雲看過團人多，怕傳到周素真耳裏，看到這兒便把信折好塞進口袋。老太太問信上寫些什麼?他支吾地說：

「天放說他本想回來孝順您老人家，只是時局不好，一時還回不來。」

「他還會想到我這個祖母?」老太太悻悻地說。

「娘，他不是不孝，實在是情非得已。」

「你生了這麼個不聽話的兒子，還替他說好話?」老太太白了兒子一眼。

「娘，兒子又何嘗不希望他在身邊?」龍從雲向老太太苦笑：「只是他早以身許國，忠孝不能兩全。好在兒子和天行已經回來，可以侍候您老人家。」

「我倒不是要你們父子侍候，我是不放心他一個人在外面船頭上跑馬。」老太太說。

「娘，他會託您的福，逢凶化吉的。」

廚房裏通知說飯菜已經備好，老太太教他們開在大廳，今天湊齊這麼多人很不容易，一方面是大家聚聚，一方面是慶祝他們父子兩人平安歸來。

蝶仙除了侍候天行夫婦兩人之外，已經成了三個孩子的保姆，其他的事兒老太太都不要她做，由梅影、璧人兩人侍候。

飯後，文珍、香君都隨天行過來，她們兩人對庚子年一同去九江上廬山的事兒記憶猶新，很想念那個地方，文珍問天行：

「大舅、三舅是不是真有意在甘棠湖邊蓋棟別墅，讓外婆去住？」

「當然是真的。」天行說。

「我情願陪外婆去住，我很想離開北京。」文珍說。

「我也情願去侍候老夫人，過以前那種日子。」香君說。

「妳是在說夢話，這怎麼可能？」蝶仙向香君一笑。「妳們都身不由己，只有我和梅影姐才有資格。」

「妳總有一天也會出嫁的？」香君說。

「我才不想走妳這條路。」蝶仙眉一揚說。

「一旦老夫人歸天之後，妳又怎麼辦？」香君問。

「我早和二少爺說過，我有我的開門計。」

「蝶仙姐，妳的開門計能不能告訴我？」文珍問。

蝶仙笑著搖搖頭。文珍自言自語地說：

「只怕由命不由人。」

「我也這樣想。」香君隨聲附和。

「我知道我是黃蓮命。」蝶仙說。

「我看妳會比我們兩人好。」文珍說。

蝶仙心裏高興，但沒有作聲。

文珍、香君一道離開。蝶仙望著她們的背影輕輕一歎。隨後又悄悄問天行：

「我曾經託雲姑奶奶轉給您一封信，您收到沒有？」

「收到了。」天行點點頭：「她說孩子會走路，會叫媽媽、爸爸，愈大愈活潑可愛，她決心把他撫養成人，至死不嫁。」

他一面說，一面從皮篋裏抽出一張新照片遞給蝶仙看。

蝶仙看看美子、龍子的照片，美子蹲在地上，把頭靠著龍子的頭，臉貼著臉，龍子站在她的面前，一臉的天真。蝶仙看看照片，又看看懷裏的紹天，不禁笑著說：

「他們兩兄弟簡直是一個模子裏倒出來的！」

「蝶仙姐，我很想念他們母子兩人。」天行把照片藏進皮篋，黯然落淚。

「三少爺，我瞭解您此刻的心情，我也瞭解剛才表小姐和香君的心情。」蝶仙說。

第五十四章　龍教授真材實學　梁博士欺世盜名

老太太和兒子將天行叫到佛堂，悄悄商議如何處理美子母子兩人的問題？但是商議了很久，都想不出一個兩全其美的辦法來。把他們母子兩人接來嗎？美子妾身未明，美子的父母未必同意讓她作小，對美子也是太大的委屈，不論美子是否同意？天行也不願意這樣做；只接龍子回來，讓他們母子生離，不但不近人情，而且也不可能；讓天行去日本正式結婚兩邊住吧？這是重婚，周而福夫妻和周素真一定不肯，且非長久之計，加上日本人想吞下中國的野心已經十分明顯，天行也不想再去日本，老太太更不贊成他去。最後只好仍用老辦法；經常匯款接濟他們，以示心意。

北京在北洋系軍人統治之下，勾結日本人，爭權奪利，出賣國家利益，北京大學生經常罷課遊行示威，天行上課也不正常。這時學校有一位從美國回來的年輕博士教授梁勉人，風度翩翩，言辭犀利，經常舉行演講會極受學生歡迎。他販賣的是屠為實驗主義學說，提倡德先生、賽先生，主張打倒孔家店，全盤西化。名聲與戲子小叫天、白玉蘭一般響亮。

在時局紊亂心情苦悶之下，天行也和幾位中國文學、哲學教授去聽過梁勉人幾次講演，覺得其中問題不小。有一次天行特別去看他，十分禮貌誠懇地和他做了一次深談。天行開門見山地對梁勉人說：

「梁博士，我聽了閣下幾次公開講演，十分成功。不過我有些問題想向您請教。」

梁勉人意氣風發，但還有西洋紳士的禮貌，他笑著回答：

「我願意和龍教授討論討論，一切學說理論都要經過實驗才能印證。」

「梁博士，我首先聲明，我不是研究屠為的，我不想和您討論屠為。」天行說。

「那您和我討論什麼呢？」梁勉人打量天行一眼說。

「我們都是中國人，我想和您談談中國文化問題，以及中國是不是應該全盤西化問題？」

「龍教授，中國文化的毛病很大很深，而且很不科學。」梁勉人十分肯定地說。「要想救中國就非打倒孔家店、全盤西化不可。」

「梁博士，我不完全否定您的看法，但是我也不完全贊同您的看法。」

梁勉人微微一怔，他回國以來，在學術上一枝獨秀，屠為主義所向披靡，還沒有人敢向他這麼說話。但他還是紳士地說：

「龍教授，我願意聽聽您的高見。」

「首先我要說明的是：您只看到中國文化的毛病，沒有看到中國文化的優點。」

「中國文化是既不科學也不民主的文化。中國之所以弄到今天這種地步，實在是冰凍三尺，非一日之寒，所以非徹底改頭換面全盤西化不可。」

「梁博士，您這話說得未免武斷了一些？」天行向他笑笑。

「我向來不武斷，我有歷史證據。」梁勉人輕鬆地回答。

「梁博士，您的證據在那兒？」天行笑問。

「龍教授，幾千年的君主還不夠嗎？而且這種帝王思想現在還陰魂不散，還在砍砍殺殺。此其一。」

「第二呢？」

「女人的小腳，到處的痰盂。」

「這兩點我都不否認。不過第一種情形也不是中國獨有，西方國家也都經過君主過程。現在還有君主存在。而且中國早有民為貴、君為輕的思想。唐堯虞舜比今天西方的君主立憲更得民心。只是後代帝王天下為私的觀念太重，所以愈弄愈糟，現在南方不是以天下為公和民權主義做號召嗎？」

「我還不大瞭解南方的情形，我提倡德先生就是這個意思。」

「至於您說的賽先生，中國不是沒有，而且還是世界上最先進的科學國家。」

「何以見得？請您拿出證據來？」梁勉人用他的口頭禪，有些咄咄逼人。

「我請教您，您看過六經之首的《易經》沒有？」天行笑問。

「那不過是古人用來卜筮的東西，現代的江湖術士用來騙人混飯吃的玩藝兒，這和科學有什麼關係？」梁勉人鼻子裏哼了一聲。

天行聽了心裏好笑，知道梁勉人不懂《易經》，不過是道聽塗說，人云亦云。但是他是美國回來的博士，現在又被捧為今日聖人。如果他演講時這麼說，或是寫文章時發表這種謬論，青年人一定會信以為真，豈不把老祖宗的智慧心血結晶白白蹧踏了？因此他說：

「這和科學的關係密切得很，《易經》是中國科學思想的起源。不但可以用來占卜吉凶禍福，裏面的學問可大得很！」

「一部卜筮用的東西，那有什麼大學問？」梁勉人輕蔑地笑笑。

天行這就更確定他完全不懂《易經》。也笑著對他說：

「梁博士，您太小看了我們老祖宗的智慧和心血結晶了。」

「這本來是中國的圖騰，我怎麼小看了它？」

天行對梁勉人的幼稚無知簡直有些生氣，但他還是極力按捺自己，繼續對他解釋：

「《易經》是六經之首，是一部以宇宙為中心，講宇宙本體論，相對相生論的全世界最早最有價值的統合科學人文的一本了不起的經典，您怎麼把它當做原始民族的圖騰？」

梁勉人從來沒有聽過這種說法，不禁一怔。但為了表示他是洋博士，無所不通，他又反問天行：

「您有什麼證據？」

「《易經》本身就是最好的證據。乾三連、坤六斷，就是瞭解宇宙和人事關係的門徑，問題是您瞭不瞭解？」

「那只是卜筮的符號，有什麼值得瞭解的？」

「是符號沒有錯，但那種符號不但可以卜筮，更可以闡釋宇宙的起源，發展層次，以及天、地、人三者之間的關係，非常值得您去瞭解。您該知道，科學多是用符號來闡釋理論體系的，不但《易經》如此。」

梁勉人沒有想到舉人出身，只在日本唸過三年書，沒有到過西洋的天行會講出這種他聞所未聞的話來，他沈默了一會之後才說：

「龍教授，我看這只是您個人的看法，沒有經過實驗，不能證明《易經》的學術價值。」

「如果您不瞭解八卦的組合演變原理，甚至連符號也不認識，那要我談實驗是徒費口舌；如果你瞭解了，你自己就可以實驗。天地萬物的結合，宇宙萬物的繁衍的大道理都在其中，豈止卜筮而已。」

「您愈說愈玄了！我不想和您討論玄學。」

「梁博士，您怎麼認為《易經》八卦是玄學？您該知道十七世紀的德國微積分發明家萊布尼茲吧？」

「Leibniz 我當然知道，他是一位大數學家。」

「你可知道萊布尼茲初認識八卦時，為八卦的陰陽互變可衍生無窮無盡而贊歎八卦的偉大嗎？」

「這我倒沒有聽說過。」梁勉人搖搖頭。

「他因此運用了二進位您知不知道？」

「二進位是數學，與八卦有什麼關係？」

「八卦不但包涵數學原理，一切科學、哲學、人文思想都在其中，怎麼說沒有關係呢？」天行向他一笑：「最近我還看到歐洲心理學家 C. G. Jung 和德國人 Richard Wihalm 美國人 Cary F. Baynes 合譯的《周易》序言中說了一段很有意義的話。」

「Jung 怎麼說呢？」

「他說：『如果人類世界有智慧可言，則中國《易經》即為唯一的智慧寶典。我們在科學上所得的定律十、九都是短命的，而《易經》經數千年之久，依然具有價值，且已駕乎因果律之上，而與原子物理頗多類似的地方。』這是西洋人對《易經》的看法，可不是我說的。我們中國古代的科學文明就是這樣產生的，張衡的渾天儀也是在這種科學思想觀念下發明的。」

「龍教授，你是怎樣知道這些西洋人的說法的？」

「因為我是中國人，我又從小研習《易經》，我當然會隨時留意外國人對中國文化的看法，所以我蒐集了不少資料，尤其是《易經》方面的東西我特別注意，因為《易經》是中國文化的源頭。可是我們自己人反而把它當做玄學迷信的東西，實在可悲得很！」

「這我倒要求證求證。」梁勉人三句不離本行。

「梁博士，您是應該求證求證。不過我可以奉告一點，就是西方人是從純科學觀點研究《易經》，所以他們發現了《易經》的科學價值，比我們近代中國人從純人文觀點研究《易經》是要高明多了。但《易經》不是純科學的東西，也不止於純科學，而是超越科學的；也不止於哲學，而是超越哲學的。這點您可要弄明白。」

「您不是說了它是科學的嗎？」梁勉人像一下抓住天行的小辮子似的笑了起來。

「梁博士，但是您要明白：《易經》是講陰陽互變生生不息的，它不但是科學，但不止於科學，它是統合科學人文的一門大學問。具有這種統合運用之妙的，六經之內的是《易經》，六經之外的是《道德經》。

「您怎麼又扯到《道德經》上來了？《道德經》是反科學的。」梁勉人鼻子裏嗤了一聲。

天行更好笑，他笑梁勉人連《道德經》也不懂，但他還是心平氣和地說：

「梁博士，您這話又說得太武斷了！我們中國人闡釋《易經》最透徹的一部書就是《道德經》，老子是真正瞭解《易經》的原理原則而又懂得運用之妙的中國人。」

「請您拿出證據來？」梁勉人又使出他的殺手鐧。

「證據都是現成的，」天行向梁勉人說：「《道德經》說：『道生一、一生二、二生三、三生萬物、萬物負陰以抱陽，沖氣以為和。』這就是說明宇宙發展的層次和作用，陰陽互變生生不息的道理的，也就是《易經》的『太極生兩儀，兩儀生四象，四象生八卦』的八卦的構成原理和生生不息的作用，是十分科學的，您怎麼說是反科學的呢？」

梁勉人不禁兩眼瞪著他，不知道怎麼說好？他實在不懂八卦，他以為八卦就是圖騰？也不懂什麼是道？他以為道是道德的道，或是方式什麼的？正如西洋人把道譯作 Way 是一樣的意思，他完全不明白道就是陰陽，就是太極。天行看他對中國固有文化的無知，就不想和他再談下去，便起身告辭，他禮貌地把天行送到門口，握握天行的手說：

「龍教授，您今天說的話我會小心求證。」

「梁博士，您慢慢求證吧！」天行抽出手來說：「不過您是個大名人，青年人把您的話當做金科玉律，我希望您不要一筆抹煞中國文化，大力鼓吹全盤西化，您應該知道有所選擇取捨，不然會有嚴重的後果，會禍延子孫的。月亮不一定是外國的圓，屠為哲學不是什麼了不起的思想，更不是解決中國問題的萬靈丹。」

梁勉人兩眼瞪著他，不再意氣風發，反而有些癡癡獃獃。

天行告別梁勉人之後，感慨很深，他便來看哲學教授黃凍梅。黃凍梅是一位腳踏實地、智慧內斂、不愛講演的學人，和天行十分相投。天行把他和梁勉人的談話經過情形告訴他，他聽了又好氣又好笑，他對天行說：

「他對中國固有文化真是無知得很！他不但不瞭解道家，對佛家也是一頭霧水，只抓住孔子一根小辮子就大發謬論，而且信口雌黃，武斷得很！」

「我倒不知道他對佛家是怎樣的武斷？」天行說。

「我聽過他一次禪學講演。」黃凍梅說。

「他也談禪？」天行笑問。

「可不是？」黃凍梅一聲冷笑。

「那他不是齊天大聖孫悟空了？」

「可惜他是個假孫悟空，所以他一口咬定佛家的六通是迷信，是不可能的事。」

「他怎麼這樣武斷？」

「他不知道的東西他就以為不存在，他不能的事兒他就以為不可能，這豈不好笑？」

「人眼就不如狗眼、貓眼，貓狗可以看見的東西人就不能看見，如果只憑人的肉眼來判斷事物的有無，那豈不誤事？」

「他以在美國學的屠為那一套來批判中國道家、儒家、佛家的思想真是隔靴搔癢、瞎子摸象。他否定佛家的六通自以為思想很新，其實是孤陋寡聞，犯了幼稚病。」黃凍梅望望天行說：「您知道我有一位方外好友摩耶法師是不是？」

天行點點頭。

「他就是一位有天眼通的和尚。」

「梁勉人開口閉口都要別人拿出證據來，摩耶法師的天眼通有沒有什麼見證？」

「本來他是深藏不露的，因為我們的交情不錯，所以我常常請教他，他偶爾也肯運用天眼替我解除疑難。」

「請您舉出一兩件事來說明一下如何？」

「你也是梁勉人？」黃凍梅一笑：「你也要我拿出證據來？」

「我倒不是這個意思。」天行搖搖頭說：「我不懷疑摩耶法師有天眼通，因為我的老師柳敬中也有天眼通。佛有五眼，豈止天眼？我是想知道你問的是什麼事兒？」

「去年我家中來信說我的老母親重病。催我快趕回家，恰巧我又有事抽不出身來，我就請摩耶法師看看我母親是什麼病？會不會好？摩耶法師沒有去過我老家，也沒有見過我母親，我只告訴他我家地名和我母親的年齡。」

「這樣他就能看到？」

「不錯。」黃凍梅點點頭：「他把我家房屋的間數、形狀、客廳的擺設等等，全都說了出來，而且說我家大門前池塘邊有一棵大楊樹，後門外有兩棵桃樹，絲毫不差。」

「令堂的病他說出來了沒有？」

「他不但說出我母親是肺氣腫，而且把她睡的床的形狀、位置、帳子的顏色和我母親花白的頭髮都說了出來，還教我不要耽心，家人正在請醫診治，十天之內一定會好。」

「十天之內好了沒有？」

「後來又接到家中的來信，說的和他看的情形完全一樣。」

「還有沒有別的證明？」

「其他的例子還多，他不願意驚世駭俗，我也不敢多講。」

「他怎麼練成天眼通的？」

「靜坐修持。」

「這和道家一樣，道家也是從靜坐修持著手。」天行說：「不瞞你說，我也練過六通，可是我沒有成功。」

「那是什麼原因？」

「因為我不能真正入定，不能達到廣成子說的窈窈冥冥、昏昏默默的狀態。加之長久以來又為情所苦，所以不能成功。」

「道家的六通和佛家的六通有什麼不同？」

「除了道家的性通和佛家的漏盡通名稱不同外，其他天眼、天耳、他心、宿命、神通等五通完全一樣。」

「道家六通的功能和佛家六通的功能有什麼不同？」黃凍梅問。

「我先說道家六通的功能，您再比較一下，看看有什麼不同？」

「好，我們兩人各就所知印證一下。」

「道家的天眼通能觀看任何地方的事物，清清楚楚，絲毫不爽；天耳通能聽聞天上、地下、人間任何大小聲音；他心通能知道別人心裏想些什麼；宿命通不但能觀看宇宙人間一切事物，也能知道過去未來。」

「道家這四通和佛家的完全一樣。」黃凍梅插嘴。

「那我再說神通、性通，你看看有什麼不同？」

黃涷梅點點頭。天行接著說：

「神通能見天上、地下、人間的玄妙，不過所見的都是有形的事物，但不能瞭解與移換。性通則能看、能持、能用、能解換，並能變化天地之奧，可以說奧妙無邊。」

「佛家的神通能遊涉往來宇宙任何空間，漏盡通能進入不生不滅，永存於宇宙各元空間。」黃涷梅說。

「這樣說來，佛、道兩家六通的功能大致相同。」天行說：「佛家修行成佛以後，便無所不知，無所不能，無所不在。道家修成金仙以後，也是無所不知，無所不能，無所不在。所以釋迦牟尼佛自稱五百世前為忍辱仙人。可見佛仙是名異而實同的。」

「這我倒沒有聽說過。」黃涷梅笑說：「佛和金仙怎麼有那麼大的神通？」。

「因為他們的磁場、能量、振動力，已經與宇宙的大磁場、能量、振動力一致，合為一體，所以有千百億化身，能應物隨形，變化無窮，和眾生溝通也不用語言、文字。」

「高見，高見！」黃涷梅雙手一拍說：「粱勉人就不知道宇宙是一個大磁場，人是一小宇宙。人若是經過修持，而且得道，就可以與宇宙一體。粱勉人不懂這種道理，所以信口雌黃，說六通是迷信，其實是他自己無知。」

「可是青年學生卻奉他為今日聖人。」

「這就是一般人認假不認真的例子。他學會了西洋人的譁眾取寵，標新立異，討好青年學生，但是騙不了我們。」

「但是青年學生是多數，您我是少數中的少數。」

「問題不在多數少數，而是一般人自己都不肯用腦筋，寧願隨波逐流，真是一犬吠日，百犬吠聲，加之好新鮮。梁勉人是新從美國回來的教授，又把那個美國屠為請來講演，壯大自己的聲勢，他是屠為的學生，所以他才能大行其道。」

「另外他還有個妙招兒。」天行說。

「什麼妙招兒？」黃涷梅問。

「他知道青年喜愛文學，他又在文學方面耍花招。」

「對了！我看過他一篇談文學的文章。」黃涷梅突然想了起來。

「他主張白話文，您知不知道？」

「聽說過。」黃涷梅點點頭：「其實我們的白話早就進入了文學，宋人平話、明人的《金瓶梅》、清人的《紅樓夢》，不都是白話？這都不是他提倡起來的。」

「可是他抓住了大家討厭八股文的心理，標新立異，我看他將來最成功的還是這一招？」

「他是撿現成的便宜，天橋的把式，光說不練，到頭來還是個空頭，除非他能像曹雪芹那樣埋頭寫作十年，寫出和《紅樓夢》一樣好的作品來？」

「他那有曹雪芹那種大學問、大才氣？他只是喊喊口號而已。」

「他也不能像曹雪芹那樣耐得住寂寞。他是個愛講演、愛出鋒頭的人，又愛周旋在權貴之間，左右逢源，文學怎麼能靠這種人？」

「可是一般人只注意喊口號搞運動的人，反而忽視埋頭創作的人。」

「這倒是真的，」黃涷梅說：「人是很奇怪的動物，往往拉著何仙姑叫二姨，認假不認真。」

「您看過他寫的白話詩沒有？」天行問。黃涷梅搖搖頭。天行便說。

「我倒看過一首，不過只記得幾句。」

「您就唸那幾句好了。」

「我大清早起，站在人家屋脊上，大聲的吱吱，人家喜歡我，說我真吉利……」

天行還沒有唸完，黃涷梅便噗嗤一聲笑了出來，天行也禁不住笑問：

「您為什麼發笑？」

「我也唸一首李易安的〈如夢令〉給您聽好不好？」黃涷梅笑著說。

李易安這首〈如夢令〉天行童年時就背得滾瓜爛熟，黃涷梅要唸，他也樂意聽，他知道黃涷梅也是詩詞高手，吟唱起詩詞來更是抑揚頓挫，節奏分明，極有韻味。黃涷梅看他點頭便吟唱起來：

誰伴明窗獨坐？我共影兒兩個。燈盡欲眠時，影也把人拋躲。無那！無那！好個淒涼的我！

黃湅梅唸完之後又笑問天行：

「你看李易安的這首〈如夢令〉和梁勉人的那首〈喜鵲〉詩如何？」

「同樣是白話，意境韻味大不相同。」天行笑著回答。「這一比較立刻分出高低。」

「從梁勉人那首大作看來，他只是一個好出鋒頭愛搞運動的人，絕不是一位詩人作家。而且他的白話詩也是西洋詩的移植。」

「何以見得？」天行故意笑問。

「他是一個很有心機的人，他缺少詩人作家那分天真、靈性。」黃湅梅忽然嚴肅起來：「我看將來中國哲學不能靠他，中國文學更不能靠他。他雖然口口聲聲賽先生，自然科學他更是摸不著邊兒。」

「他的哲學造詣不如您，文學修養、天分更不如您。可是他的名氣比您大，影響力也比您強。」

「隨他去。」黃湅梅淡然一笑。

「可是一切後果將由子孫承擔。」天行說。

「我不利用別人製造機會宣傳自己，我有我的學格、人格。」

天行知道黃湅梅和梁勉人是兩個性格完全不同的人。黃湅梅是個純粹的學人，專心於自己的學術研究、著作，沒有外務，除了上課以外，人家請他講演他都不去，更不在報紙雜誌發表與學術無關的政論文章，梁勉人恰好相反，三天兩天講演一次，一兩周發表一篇與時局有關的政論文章，像戲子趕堂會一樣，忙得團團轉。報紙上不斷有他的新聞，甚至給他作起居注。正因為這樣，連那位住在紫禁城內小朝廷裏的末廢尊號的小皇帝也注意到他了。

一天，這位十五歲的小皇帝和他的英國老師蘇格蘭人莊士敦談起梁勉人說：

「現在紫禁城外有一位搞白話文的洋博士梁勉人，比我的名氣還大，我正悶得發慌，想找他來解解悶兒，請您約他來聊聊好不好？」

他這位英國老師是牛津大學的文學碩士，來中國二十多年，當過香港總督的秘書，威海衛的行政長官，不但中國話講得好，對老莊、儒、墨、釋家都有研究，他聽了小皇帝的話後不禁問他：

「皇上，您找他來聊些什麼？」

「雨天打孩子，閒著也是閒著，和他聊聊白話詩不也很有意思嗎？」小皇帝天真地說。

「他那種『匹克尼克來江邊』的詩，不聊也罷。」

「你別小看了他，他的名氣實在很大。」

「他名氣再大也只能唬唬中國土包子，我這個牛津出身的文學碩士可沒有把他看在眼裏。」

「因為您是牛津的文學碩士，所以我才請您當老師。現在咱們中國人不論是滿人、漢人，只要在西洋喝了一口洋墨水兒，就像上了天庭見了玉皇大帝一樣，顯赫威靈，連大軍閥都要怕他三分，哈叭狗兒也要對他搖尾巴，何況他是洋博士，一定有什麼洋神通？不然他的名氣不會像吹氣泡兒一下子吹得這麼大？」

「皇上，您現在雖然不是中國皇帝，但在紫禁城裏還是個主子，您不能像一般中國人一樣那麼崇洋?您們中國實在有很多寶貝。」

「庚子那年我還沒有出生，聽說我們有很多寶貝都被八國聯軍搶走了，現在剩下來的已經很少。」

「我說的不單是那些骨董字畫，而是您們的歷史文化精神。」

「您說的那種看不見摸不著的東西，也被八國聯軍打垮了。」

「那也只怪您們中國冬烘長久以來輕視自己的科學，當權的人又只想做皇帝，只想怎麼統治別人，所以才弄到今天這種地步。」莊士敦以老師的口吻說。

「好了，好了!我不想和您談政治，」小皇帝向他擺擺手說：「我雖然四歲就當皇帝，我可不負責任，我對那玩藝兒也沒有興趣。您還是叫梁勉人來宮裏和我解解悶兒吧?您是英國人，您的面子比我大，他一定會來的。」

莊士敦有約翰牛的脾氣，他真沒有把梁勉人看在眼裏，也不贊成他這位末代皇帝學生玩世不恭的態度，他不置可否。

小皇帝急了，他覺得處處受人掣肘；他想出洋，他的王爺父親和大臣們不讓他去，他對他們愈來愈看不順眼，可是嘴裏又不敢講；他平日的一舉一動，也受太監的干涉，說什麼這也不合祖宗的規矩，那也不合祖宗的規矩，連在御花園騎洋車兒也費了一番折騰。莊士敦發現他的眼睛近視，建議請個外國眼科醫生進宮檢驗一下，配副眼鏡，在宮裏卻像打翻了黃蜂窩，說什麼：「皇上的眼珠子還能叫外國人看？皇上年紀輕輕的怎麼像個老頭子一樣戴上光子？」經他和莊士敦聯手堅持，才配了一副眼鏡。現在他為了想要約梁勉人進宮解解悶兒，又沒有人替他傳話，他就想起要在養心殿裝一具電話，可是這事兒一提出來內務府大臣臉上立刻變了色，師傅們也一齊向他勸導：

「這是祖制向來沒有的事兒，這些西洋奇技淫巧祖宗是不許用的，如果皇上一定要安上電話，不論張三、李四、王二麻子都可以和皇上說話了，豈不冒犯了天顏？成何體統？」

「外面冒犯我的事兒報紙上天天有，我也天天看見，這和用耳朵聽又有什麼分別？」小皇帝說。他心裏清楚得很，是內務府和他身邊的這些人怕他通過電話和外面有更多的接觸，便封不住他了。

他父親更反對他裝電話，只要他老老實實住在紫禁城裏，他每年就可以領到四萬二千四百八十兩歲銀，過他的安樂王生活。他自己有汽車，卻不准皇帝兒子買汽車，他自己的辮子剪得比兒子還早。他自己有了電話又不准兒子裝電話，小皇帝愈想愈氣，便頂了上去：

「王爺府不是早安了電話嗎？」

「可是，可是那跟皇帝可不一樣……」。

「皇帝怎麼不一樣？皇帝又不是犯人？」

他父親無話可說，才讓他在養心殿裝了電話，電話局還附送了一個電話簿。他心裏好高興，翻翻電話簿，先打了一個電話給曾在宮內南府戲班教戲唱戲的青衣花衫的李仲卿，他學他的假嗓子尖聲說：

「小姐可是李仲卿啊？」

對方用本嗓大聲問他：

「你這個冒失鬼！你是誰？」

他不答話，啪的一聲把電話放下，哈哈大笑起來。隨後又查到了梁勉人的電話號碼，他想聽聽這位莊士敦嘲笑的「匹克尼克來江邊」的博士新詩人是什麼調調兒？馬上撥電話與梁勉人：

「您是 Doctor 梁嗎？」

對方卻全用英文回答：

「Yes, Speaking.」

他笑著用中文說：

「好極了！您猜我是誰？」

「您是誰呀？怎麼我聽不出來？」對方猶豫地說。

「哈哈，甭猜了，我是皇上呀！」

「哦？……您是皇上？……」對方十分謙恭，誠惶誠恐。

「不錯，我是皇上，我知道你的大名，但我不知道你長得什麼樣兒？你有空到宮裏來一趟，讓我瞧瞧好嗎？」

對方連連說「是」。他又把電話拍的一聲放下，哈哈大笑起來。

他打電話給梁勉人，只是開開心，解解悶兒，並不期望他真的會來，想不到梁勉人真的來了。不過梁勉人很聰明，他先打了個電話給莊士敦求證，問有沒有這回事兒？莊士敦說有，他又向莊士敦請教進宮的規矩，莊士敦說皇上的脾氣很好，也不講究從前那些老規矩，只是還有些孩子氣，他便來了。可是小皇帝沒有把這件事兒放在心上，沒有吩咐太監關照護軍。梁勉人走到神武門費了不少口舌，還是進不來。

「是皇上親自打電話給我的，不信，請奏明皇上好了。」梁勉人最後使出殺手鐧：「如果你們誤了事兒，皇上怪罪下來，一切後果由你們承當。」

說完他轉身就走，護軍將信將疑，連忙把他留住，請奏事處派人去問明了小皇帝，這才放他進去。

他看小皇帝剪了辮子，戴了近視眼鏡，身上沒有穿龍袍，只是一身便服，完全是副新派青少年的樣子，正在向莊士敦學英文，他便輕鬆了許多。

小皇帝打量了他一眼，看他是何方神聖？發覺他和自己一樣是戴著金絲邊眼鏡的書生，薄薄的嘴唇，一臉聰明相，神采飛揚，文質彬彬。他叫梁勉人在莊士敦身邊坐下，問他提倡白話文有什麼用處？梁勉人說：

「用處可大得很，說話、作文章都好，不像八股文那麼無聊。」

「我也討厭八股。」小皇帝說。

「這是大勢所趨。」梁勉人說。

「因此你就登高一呼？」小皇帝向他一笑：「你真是聖之時者了！」

「我只是迎合潮流，所以我也主張全盤西化，中國實在太落伍了！」梁勉人振振有詞地說。

小皇帝討厭談政治問題和國家大事，他知道梁勉人是從美國回來的，心裏好奇，問他到過什麼地方？他一一說明，因為莊士敦坐在他身邊，他不敢添油加醋。

隨後他又恭維了小皇帝一番，小皇帝故意說：

「我是不在乎什麼優待不優待的，我很願意多讀些書，像報紙上說的做個有為的新青年。」

梁勉人肅然起立、拱著手說：

「皇上真是開明！皇上用功讀書，前途有望，前途有望！」

小皇帝不知道他說的「前途有望」是什麼意思？一個連做皇帝都煩了的人，還有什麼前途呢？

小皇帝滿足了好奇心也就沒有什麼話兒好談了。梁勉人只好告辭。他們一共談了不到十分鐘。

梁勉人一走，小皇帝就對莊士敦說：

「我本來是想找他解解悶兒，想不到話不投機，十分無聊。」

「皇上，我說過您找他是沒什麼好談的。」莊士敦說。

「想不到這位洋博士從美國帶回來的是滿肚子的西洋膏藥，又甩不掉本朝遺老的心理。」

「我看他是個投機分子。」莊士敦說。

「找他來聊天，還不如找金谷園的古二爺古美雲來聊聊更有意思。」小皇帝說。他在報上看到不少有關古美雲的文章。他對她的傳奇故事很有興趣。

梁勉人不知道小皇帝對他的印象如何？他還以為一定像北京的大學生對他那麼崇拜呢！所以他一回到家就寫了一封信給莊士敦，其中有一段說：

我不得不承認，我很為這次召見所感動，我當時竟能在我國最末一位皇帝——歷代最偉大的君主的最後一位代表的面前，佔一席位。

莊士敦把梁勉人的信呈給小皇帝看，小皇帝看了哈哈大笑，對莊士敦自嘲地說：

「你看我像中國歷代偉大的君主的最後一位代表嗎？」

莊士敦不知道怎樣說好？小皇帝又自嘲起來：

「我那一點偉大？我自己也不清楚。我覺得我真是一位可憐蟲呢！」

「皇上，他不單是奉承你，他是在抬高自己的身價。」莊士敦說：「如果皇上賞給他一件黃馬褂兒，他準會三呼萬歲啦！」

小皇帝又哈哈笑了起來，隨後突然似笑非地問。

「你看我要不要賞他一件黃馬褂兒？」

「這要看皇上的高興？」

「他並沒有替我解悶兒，反而說我前途有望，可見是個俗物。」小皇帝說：「我唸書只是為解悶兒，可不像他是為了弄個洋博士唬人，在官兒面前搖來擺去，現在北方這些大軍閥都得讓他三分，南方那些革命黨也要看他的顏色，我要再賞他一件黃馬褂兒，那不更是裏外通吃了？」

「那當然，」莊士敦點點頭：「日後他還可以寫在自傳或是回憶錄上，死後也可以寫在墓誌銘上呢！」

小皇帝又哈哈笑了起來。

這天小皇帝又在各報上看見梁勉人會見他的新聞。新聞中說梁勉人對小皇帝用功讀書一事十分嘉許，小皇帝稱他為一代宗師，還想拜他為師云云。小皇帝看了又哈哈大笑起來，連說：

「妙！妙！他沒有替我解悶兒，我反而被他耍了一招！」

「皇上，您們中國人本來就會縱橫術，他又喝了洋墨水兒，學會了我們西洋人的吹牛術，誰教您那麼好奇呢？」莊士敦說。

「您想想看，當年正德皇帝還去梅龍鎮調戲李鳳姐，乾隆皇帝也三下江南。我的命沒有他們好，成天躲在這個小圈圈裏面多無聊？」

「皇上，您就忍耐一點兒吧？現在外面亂糟糟，還有不少人捨不得剪掉辮子呢，或許您還能重登大寶？」

小皇帝又哈哈大笑起來，笑出了眼淚。

可是梁勉人不像他這位倒楣的末代小皇帝，他這次見報更轟動九城，更成為最高學府茶餘飯後的話題。

黃凍梅看了報笑著對天行說：

「那小皇帝成了小猴兒，梁勉人這一招可比我們閉門讀十年書，吃十年粉筆灰，埋頭寫一兩百萬字的學術論文的用處可大多了。」

第五十五章　買辦學者行鴻運
蒙古大夫挖祖墳

由於梁勉人經常公開講演，在報紙雜誌發表政論文章，一時演講、寫文章的風氣十分流行。梁勉人還因此當上了校長，真是錦上添花。

另外一位口才好，文筆犀利的教授賀元，看梁勉人的法寶很靈，他也如法炮製。但他和梁勉人講的卻不一樣。梁勉人講屠為的實驗主義，提倡德先生、賽先生、打倒孔家店、全盤西化；他卻大講什麼唯物辯證法、歷史唯物論、剩餘價值論。他和梁勉人一樣，擁有很多聽眾和讀者，但他還有信徒和組織。

天行和黃凍梅也聽過他不少次講演，看過他寫的不少小冊子。他們兩人不禁暗自心驚。有一天他們兩人談起賀元十分生氣，黃凍梅說：

「梁勉人主張全盤西化，賀元又主張階級鬥爭，現在已經有人把線裝書丟進茅坑，有人在煽動仇恨，這比滿人入關、軍閥內戰可怕多了。」

「這不但是挖祖墳，還會禍延子孫。」天行說。

「我們去找梁勉人，認真和他談談這個問題好不好？」黃凍梅說。

「他那個洋腦袋，未必會聽我們的？」天行說

「他現在是校長，又是當代聖人，我們不和他講，難道還去和那些大字認不了一籮筐的軍閥講不成？」

「恐怕會弄得面紅耳赤，不歡而散？」

「我都不在乎，難道您還在乎？」

「我是不在乎這個教書匠。」天行向他笑說：「但是我覺得我們應該考量我們有沒有說服梁勉人的力量？」

「論名氣、論地位，我們當然不如梁勉人。」黃凍梅坦白地說：「論學問，我們可不在乎他。」

「可是您要知道曲高和寡？」天行說：「而且我以為這不是我們和梁勉人、賀元之間的學問問題，問題是我們要維護固有的優良文化，便不得不承擔劉歆以來兩千多年文化偏差的包袱。」

「這我知道！」黃凍梅點點頭。

「而梁勉人，賀元兩人不但不肯承擔文化偏差的包袱，反而緊緊地抓住這種錯誤，迎合青年人求新求變的心理，不分青紅皂白，掃除固有文化。這好比我們的兩條腿，殘了一條，跛了很多年，我們不但要保護那條好腿，還想醫好那條殘腿，這當然是十分費時費力的事兒。」

「不錯。」黃凍梅又點點頭。

「他們卻要把兩條腿一起鋸掉，同時換上假腿，這當然簡單痛快。血氣方剛性子急的青年人自然歡迎他們了。」

「可是那兩條假腿不是我們的血肉之軀呀！」黃凍梅叫了起來。

「非但如此，我看這後果比假腿要嚴重得多。」

「所以我們應該和梁勉人談談。」

「我和他談過，他並不瞭解我們的固有文化，他是斷章取義，以偏概全，把病態當作常態，正如賀元把病理當作生理一樣。」

「梁勉人是個買辦學者，賀元是個蒙古大夫，他們都不懂中國文化。」

「可是八國聯軍把我們打垮以後，洋人放的屁都是香的。因此，梁勉人、賀元之流，跟著行大運。這種形勢我們要先認清楚。才能承受失敗的打擊。不然你會發瘋。」

「我也知道這是一道狂瀾，它會把我們衝垮，我是知其不可為而為之的。」

「好！」天行拍拍黃凍梅的肩說：「您既然有這種心理準備，我們就先去看看梁勉人，再去和賀元談談。」

「賀元那傢伙等而下之，和他談什麼？」黃凍梅鼻子裏嗤了一聲。

「我和您的看法不同。」天行說。

「您以為賀元在梁勉人之上？」

「他們兩人都是搖著博浪鼓兒販賣洋貨的，不過我認為梁勉人把我們的祖宗牌位扔進茅坑，會使我們的子孫拉著何仙姑叫二姨；賀元卻在挖我們的祖墳，硬使我們改頭換面，他要我們的子孫摟著何仙姑叫親娘。」

黃凍梅聽了天行的話不免一怔，拉著天行說：

「走！我們馬上去會會他們！」

天行笑著跟黃凍梅來找梁勉人。他們兩人和梁勉人已經很熟，梁勉人知道他們兩人資格比他老，學問又比他貨真價實，他還常常和他們兩人套套交情。

梁勉人西裝革履，神彩飛揚，見了他們倒很客氣。黃凍梅開門見山地說：

「請問您聽過賀元的講演，看過賀元寫的小冊子沒有？」黃凍梅問。

梁勉人點點頭。黃凍梅便說：

「閣下的高見如何？」

「凍梅兄，我一向主張學術自由，隨便他怎麼講？我都不會干涉。」梁勉人說。

「他講的可不是學術，他是在掛羊頭賣狗肉。」

「唯物辯證法，歷史唯物論、剩餘價值論，都是為了階級鬥爭。他是披著哲學、史學、經濟學的外衣，建立無產階級革命理論。賀元的講演小冊子，都在強調這一點。」天行說。

梁勉人沒有作聲，黃凍梅接著說：

「即使是從純學術觀點來看，賀元販賣那個猶太人的那套理論都是站不住腳的。」

「可是我們不能不承認他在歐洲的影響力量。」梁勉人說。

「我們不能因為他在歐洲的影響力量，就讓他們在我們的學府泛濫起來。那會造成人類浩劫的。」

「凍梅兄言重了！」梁勉人淡然一笑。

「不是我危言聳聽，天行兄和我也有同樣的看法。」

「那個猶太人根本不知道宇宙間的任何變，不是單純的物質的變，而是陰陽互變，也就是質能互變，而不是對立、鬥爭，是彼此協調、相互依賴、相輔相成。因為陰中有陽，陽中有陰。」

梁勉人打斷天行的話，正色地問他：

「天行兄，您這套理論是從那兒來的？」

「這是從我們老祖宗太極生兩儀、兩儀生四象、四象生八卦，陰陽互變、質能互變，生生不息而來的。」天行說。

梁勉人摸摸後腦殼，向天行笑說：

「天行兄，我們老祖宗的東西太玄了！」

「您認為它太玄，科學家證明它一點兒不玄。」天行說：「那個猶太人的一切錯誤就在於太唯物。賀元之流也不懂宇宙自然法則，所以才重對立、重矛盾、重階級鬥爭，以為這才是進化的動力，其實那是自我摧殘、自我毀滅。」

「我同意天行兄的看法。」黃凍梅說。

「任何事情都要經過實驗，沒有實驗，我們不能證明它是錯是對？」梁勉人說：「何況屠為說過，階級鬥爭說也含有部份真理？」

「就是因為屠為說過這種話，所以賀元才以子之矛，攻子之盾，所以我們才來找您。」黃湅梅說。

「講演、寫文章都是賀元的自由，我可不能禁止他，」梁勉人說。

「我們不是要您禁止他。」黃湅梅說：「我們是希望您以學術界泰斗的身分去說服他，開導他。」

梁勉人面有難色，因為他對賀元那套理論沒有什麼研究，他也知道賀元不但口才好，文筆也很犀利，他有自知之明，他不敢樹立這樣一位敵人，破壞自己的學術地位。但他也不敢得罪黃湅梅和天行，他只好強調他的「學術自由」，他寧可坐山觀虎鬥，收漁人之利。最後他笑著對他們兩人說：

「兩位的意思我完全明白，不過橋歸橋、路歸路，我一向主張學術自由，兩位也可以講演、寫文章，表達你們的意見。」

「我一向不製造新聞出鋒頭。如果我和他打筆墨官司，那正好替他宣傳。您是校長，我希望您防微杜漸。」黃湅梅說。

「其實賀元講的那一套，不但違反人性、物性，對您提倡的德先生和學術自由，也剛好相反。」天行對梁勉人說。

「沒有經過實驗，我還看不出那麼嚴重？」梁勉人托托金絲眼鏡笑道。

「星星之火，可以燎原。如果賀元販賣的那套理論在這兒實驗，準會造成浩劫。」天行說。

「天行兄，您不要杞人憂天！」梁勉人笑著拍拍天行：「只有學術自由，才能政治民主。」

「您把賀元那種理論看成學術，那就錯了！」天行突然正色地說：「賀元也正在利用您的屠為思想。」

梁勉人一怔，半天沒有作聲，過後又自圓其說：

「天行兄，我們都是學人，我們只談學術，不談政治，學術需要自由，這是我的一貫主張。」

天行聽他一再強調學術自由，把它當做王麻子的剪刀，十分反感，心裏又瞧不起他的淺薄幼稚，因此更義正辭嚴地對他說：

「我不是和您談政治。老實說，我對政治毫無興趣，我比您更反對一言堂。但是您已經否定了劉徹以前天、地、人三合一的固有文化，打垮了劉徹以後的一言堂，我們現在是處於文化思想真空狀態，而你的屠為思想又不是賀元他們的對手，反而成了他們的護身符，這會將我們的子孫推進萬丈深淵……」

「好了，好了！」梁勉人臉上掛不住，勃然變色，揮揮手說：「我不想和您談學術以外的問題。」

「什麼是學術？」天行一聲冷笑：「學術需要真知，學術更需要良心！這比空言學術自由重要多了！」

天行說完轉身就走，像一陣風一樣飄然而去。梁勉人看他行動那麼迅速，不像一個文弱書生，不免一驚。黃凍梅對梁勉人說：

「天行兄本來是不想和您談這些問題的，是我把他拖來，我希望您有學人的雅量。」

梁勉人知道天行不是冬烘，自己這一套唬不住他，聽見黃凍梅這樣說馬上滿臉堆笑：

「恕我剛才有些失態，我和天行兄是不打不相識，我很敬重他這位朋友，改天我做個小東，邀賀元一起談談，凍梅兄您看如何？」

「我坦白告訴您，他是瞧不起賀元的。」黃凍梅說：「他願不願意和賀元再談這些問題？我不敢說。」

「不管怎麼說，學術上的爭論總是難免的。」梁勉人托托眼鏡笑笑：「今天我們三人的談話，絕不影響我們的情感，請您代我向天行兄表示歉意。」

黃凍梅本來對他也不滿，看他的風度還不錯，便和他握握手告辭。

天行已經去了很遠，黃凍梅連忙追趕上去。把梁勉人的話告訴他。天行冷峻地說：

「我看他不但中了屠為的毒，他還是一位披著學人外衣的高級政客。他在這種認假不認真的社會，還會大行其道。我們只有一副面孔，我看我們兩人都不是他的對手。」

「剛才你不是把他說得惱羞成怒，怎麼現在反而洩氣了？」黃凍梅笑著拍拍他。

「在學術上我們不會輸給他這個屠為販子，可是在現實社會裏，我們都不是他的對手。」

「我也承認這一點。」黃溁梅說。

「他口口聲聲只講學術，不談政治，可是他卻一面大寫政論文章，發表對時局談話，又悄悄地去朝見那個小皇帝，從這兩件事兒看來，將來在學術和政治之間搖來擺去，水漲船高的就是他，不是別人。」

「他不但以高唱學術自由和白話文學譁眾邀寵，贏得今日聖人尊號；他還以愛情專一博得男女老少新派舊派一致尊敬。其實他另有一位情婦住在杭州虎跑泉煙霞洞，這個祕密很少人知道。」黃溁梅說。

「那你怎麼知道？」天行反問。

「我有一位好同學王澄在杭州教書，他是梁勉人的同鄉好友，那位自比梅花的女人又是他太太的小姑母，所以他知道這個祕密。這是他親口告訴我的。但我一直守住這個祕祕密。因為你剛才談到梁的為人，我更覺得他是個偽君子，所以我才向你透露這件事。」

「歷來欺世盜名的偽君子、假道學，大都如此。正如我的老師王仁儒說《紅樓夢》是淫書，不准我看，他自己都偷看《金瓶梅詞話》、娶小老婆一樣。不過梁勉人比我的王老師是高多了！」天行說。「他畢竟是喝過洋水的。」

「他說要邀賀元和我們談談，我們還要不要去？」黃溁梅問。

「算了，我不想再去。」天行搖搖頭。

「您原先不是說要和賀元談談嗎？怎麼現在變卦了？」

「剛才和梁勉人談過之後，我倒了胃口。我發覺這不是單純的學術問題，和賀元更談不出結果來。」

「要是梁勉人邀我們去，您也不去？」

「我不想去和稀泥。」天行搖搖頭：「我一去最後必然針鋒相對，一定有人下不了臺。」

可是第二天賀元卻自己找上門來，還帶了一位青年人來看他們兩人。

賀元身體瘦小，一身藍布大褂，彷彿一身道袍。那位青年人高高大大，儀表不凡，卻蓬頭散髮，不修邊幅，放蕩不羈。黃凍梅和天行對於他們的突然來訪，不免有幾分詫異，尤其是那位青年人，他們都知道他是在圖書館工作的佘震天，他怎麼也同賀元一道來？他們一時猜不透。

賀元和佘震天的反應都快，看他們兩人有些詫異，便主動說明來意。賀元說：

「梁博士告訴我，兩位對我不大諒解，我特地來向兩位解釋一下。」

天行和黃凍梅沒有作聲，佘震天接著說：

「久仰兩位老師，恨不能恭列門牆，所以特地跟賀老師一道來拜望請教。」

「你不是在圖書館登記借書的佘震天嗎？」黃凍梅望望他說。

「正是，」佘震天點點頭：「平時我見了兩位老師都不敢打擾，難得賀老師引薦，我才斗膽來。說起來龍老師還是我的表叔呢！我就一直不敢高攀。」

天行問他怎麼稱自己表叔？他便說出根由，原來是位遠房姻親，不大來往。賀元又特別介紹佘震天：

「他是一位很上進很有為的青年，他不但思想前進，還會作詩填詞，我們的《三國演義》、《水滸傳》、《紅樓夢》他也讀得滾瓜爛熟，雖然他只是個中學生，但他的程度絕不在一般大學生之下。」

黃凍梅和天行聽了都有些驚奇，天行看他儀表堂堂，口才很好，人又聰明，便笑著對他說：

「我不想和你談什麼學術思想和政治糾纏在一起的問題，你還未必能夠瞭解？我和您談談你讀得滾瓜爛熟的三本中國小說如何？」

「請表叔指教。」佘震天親熱而謙虛地說。

「你對賈寶玉這個人物的看法如何？」天行笑問。

「這是一個沒有出息的男人。」佘震天不屑地說。

「何以見得？」黃凍梅問。

「他成天在脂粉隊裏鬼混，嘴裏不是姐姐就是妹妹，全身沒有一點男子氣。黃老師，您說這樣的男人有什麼用處？」佘震天批評了賈寶玉又反問黃凍梅一句。

「可是賈寶玉是個性情中人，他對林黛玉真是任憑弱水三千，只取一瓢而飲。對人也是有情有義，一片赤子之心，不肯傷害任何人。」天行說。

佘震天放肆地笑了起來，天行問他為何發笑？他說：

「表叔，凡是性情中人，都是自己綑住自己的手腳，不能解決任何問題。十二金釵裏的小姐丫頭很多，何必獨愛一個癆病鬼林黛玉？」

「這就是情有獨鍾。」天行說。

「表叔，情不是一成不變的東西。俗說說：『女人心，海底針。』難摸得很。男子漢大丈夫，犯不著在娘兒們身上耗那麼多精神。』

天行暗自吃驚，不禁打量他一眼，反問：

「你說在女人身上犯不著耗那麼多精神，那該耗在什麼地方呢？」

「娘兒們不過是我們男人的消遣之物，不必認真。我們男人的天地寬闊得很，耗費精神的地方也很多，賈寶玉實在不是個聰明人，他不肯傷害任何人也是婦人之仁。」

「奇怪，你對賈寶玉的評價怎麼這麼低？」天行望著他說：

「表叔，」佘震天向天行放誕地笑笑：「賈寶玉不但是婦人之仁，更是優柔寡斷，他那麼愛林黛玉，卻使不出半點手段，反而任人擺佈，白白地送掉了林黛玉一條性命，我說他簡直是窩囊廢，真算不得是個男人。他遠不如他妹妹探春，更不如王熙鳳。」

天行不禁一怔，再度打量他，看他滿臉不在乎，目空一切的神氣，絕不止於一個圖書館的小職員，更非安分守己的人物，將來魚龍變化，實在難料得很。

黃湅梅看天行沒有作聲，便問佘震天：

「你既瞧不起賈寶玉，《紅樓夢》裏的男人你到底喜歡那一個呢？」

「榮、寧二府的賈家男人都是飯桶、寄生蟲！我一個也不喜歡！」佘震天大聲地說：「尤其是賈政那個膿包，平日正襟危坐，一臉的正人君子相，其實是個大廢物！連榮國府的事兒他也管不著，外放了一個學差，又被下人李十兒弄得身敗名裂。這樣的男人如果不是託祖上的餘蔭，站在飯甑旁邊也會餓死。」

黃涷梅、天行被他說得面面相覷，賀元手一拍說：

「震天的看法不錯，我也瞧不起賈政這種沒有半點能耐的書獃子。」

天行忽然想起他的老師王仁儒，如果佘震天認識他，更會把他貶得一文不值。

「你說賈寶玉沒有一點兒男子氣，賈政又是個大廢物，薛蟠可和他們父子兩人完全不一樣，你又怎麼說呢？」黃涷梅像問學生口試一樣問佘震天。

「薛蟠只是個太保、草包，更不值得一談。」佘震天蹺起二郎腿，拍拍長袍上的灰塵說。

「柳湘蓮倒很有俠義精神，總算得上是個男子漢吧？」黃涷梅又說。

「這種人也成不了事兒。」佘震天搖搖頭。

「他在蘆葦塘邊痛打薛蟠是很有心機的，你怎麼說他也成不了事兒？」黃涷梅又問。

「他不該那麼輕鬆地放過薛蟠那個渾球，後來在路上更不該搭救他。」佘震天說。

「如果你是柳湘蓮，那你怎麼辦？」天行問他。

「如果我是柳湘蓮，薛蟠那個渾球絕對不敢動我的歪腦筋。」佘震天搖搖二郎腿說：「他要是吃了熊心豹子膽，我會把他弄進糞坑裏活活淹死，要他死得臭不可聞，永遠翻不了身。」

黃涷梅望了天行一眼，天行笑問佘震天：

「你對《紅樓夢》裏的男人沒有好感，對十二金釵總該另眼相看吧？」

「表叔，我對十二金釵的看法又和別人不同！」佘震天突然放下二郎腿說。

「有什麼不同？」黃凍梅問。

「我不歡喜癆病鬼林黛玉。」

佘震天搖搖頭，蓬亂的頭髮飛揚起來。

「林黛玉那樣才高八斗，情深似海的姑娘，你還不歡喜？」天行睜大兩隻眼睛望著佘震天說。

「表叔，」佘震天欠欠身子一笑：「林黛玉固然聰明伶俐，可是她嘴不饒人，又沒有薛寶釵那麼深的城府，本來賈寶玉非她莫屬，但她不該得罪一些下人，更不該得罪王熙鳳、史湘雲，徒然結些空心冤家，把朋友變成敵人，使自己孤立起來。她就不懂得運用矛盾，拉攏中立分子，孤立薛寶釵。所以她不但輸掉了婚姻，也送掉了性命。」

賀元頻頻點頭，黃凍梅、天行面面相覷。隨後又問他到底喜歡誰？他脫口而出：

「王熙鳳、薛寶釵。」

「你怎麼喜歡她們兩人？」天行白了他一眼說。

「表叔，您別見怪。」佘震天陪著笑臉說：「榮國府要不是有王熙鳳這個能幹角色，那不知道會亂成什麼樣子？」

「可是搞垮榮國府的也正是她。」天行說：「他還一手害死兩條人命，手段陰毒得很！你怎麼喜歡這樣的女人？」

「表叔，俗話說：『無毒不丈夫。』女人也是一樣。女人要都是像林黛玉那樣，只會哭哭啼啼，那大觀園一天也撐不下去，早就樹倒糊猻散了。」

「可是探春不但知書識禮，也比王熙鳳賞罰嚴明，公正能幹，你怎麼不喜歡她？」

「表叔，您對探春的看法是一點兒也不錯。可是她心不狠、手不辣。也成不了事兒。」

「可是在當時那種社會環境下，她一個姑娘家還能造反不成？」黃湅梅說。

「黃老師，不管是男人女人，都要有打破一切框框的勇氣和手段，否則都成不了事兒。」佘震天說。

「那你又為什麼喜歡薛寶釵呢？」黃湅梅問。

佘震天望著黃湅梅，突作驚人之語：

「她才是真正的高手！」

「何以見得？」黃湅梅又問。

「她從劣勢轉為優勢，把林黛玉的好友史湘雲拉了過去，把賈寶玉的貼身丫鬟襲人收為心腹，其他上上下下的人她都討好，使人人心服，甚至林黛玉也落進她的圈套而不自知，所以在這場婚姻鬥爭中她得到勝利，這就是懂得運用矛盾，會鬥爭敵人的高手，十二金釵無出其右。」

「對！」賀元隨聲附和，又指指佘震天向他們兩人說：「所以我很欣賞他。」

黃湅梅和天行互相看了一眼，又看看佘震天，黃湅梅接著問：

「賀教授說你對《水滸》、《三國演義》也讀得滾瓜爛熟，那我問你：梁山伯上的三十六天罡、七十二地煞，你到底佩服誰？」

「自然是坐第一把交椅的天魁星呼保義宋公明。」佘震天回答。

「宋江這個押司，手無縛雞之力，怎麼能和大刀關勝，豹子頭林沖、小李廣花榮、花和尚魯智深、行者武松、青面獸楊志那些人相比？」天行故意試探他。

「表叔，您說的這些人，都是匹夫之勇，不善謀略，不會籠絡人心，都不能擔當大任，只有及時雨宋公明才是當領袖的料，所以他坐上第一把交椅。」佘震天冷靜地回答。

天行聽了佘震天的話，心中肅然，又打量了他一眼，覺得他現在是一臉嚴肅，神定氣閒，頭不晃、腿不搖，一副凜然不可侵犯的樣子，黃凍梅又把話題轉到《三國演義》上來，笑著問他：

「你對《三國》的大將看法如何？」

「那也不過是五十步與百步。」佘震天輕輕搖了一下二郎腿：「以蜀國的五虎將來說，關雲長剛愎自用，有勇無謀；張翼德雖粗中有細，仍然是個大老粗；所以他們兩人都不知道自己是怎麼死的！只不過因為他們和劉玄德拜了把子，處處佔盡便宜，連諸葛亮都調度不靈，別人自然怕他們三分，其實他們都不如常山趙子龍。」

黃凍梅和天行都默然無語，賀元卻笑著說：

「談《三國》人物，還沒有人敢說這種話，因為誰也不敢冒大不韙，這位老弟能言人之所未言，言人之所不敢言，實在可敬可畏。可是話又說回來，他在我們學校卻連個旁聽生的資格都沒有。」

「我只想利用圖書館多讀些書。」佘震天毫不在乎地說：「可不想弄張文憑唬人，混飯吃。」

「您倒很有志氣。」黃涑梅讚他一句。

「本來嘛，只有一些傻瓜才會被一個個框框限死，滿清就是用八股文困死無數書獃子。我可是活學活用，不鑽牛角尖和死衚子。」

「你讀《三國演義》也是為了活學活用？」黃涑梅問。

「不錯，」佘震天點點頭：「我讀書全是為了活學活用。長輩告訴我：老不讀《三國》，少不讀《紅樓》。我就不信邪，我偏偏要讀。但我讀《紅樓》可不會一把眼淚一把鼻涕，我更不會做賈寶玉，天下的娘兒們多得是，我可不會給自己戴上緊箍咒。」

「《三國》可不是大觀園，那是個勾心鬥角的男人世界，《水滸》亦復如此。」天行說。

「表叔，我在《紅樓》、《三國》、《水滸》裏都學到不少東西。」佘震天面有得色地說。

「你學了些什麼？」黃涑梅問。

「黃老師，那三本大書，各有巧妙，別人當小說看，我可是當兵書讀，我學到的東西也就不是三言兩語可以說完的。」佘震天自得地說。

「看了《水滸傳》就學會造反是不是？」天行望著他說。

「表叔，您不要這麼說。」佘震天向天行笑道。「現在是民國，不是家天下。八仙過海，各顯神通，誰有本領，誰就當家作主，這不是很公平的事嗎？」

「《三國》的領袖人物，你最崇拜那一位？」黃凍梅問他。

「談不上崇拜。」佘震天搖頭笑笑：「對那幾位人物，我的看法又和別人不同。」

「你年紀輕輕，怎麼口出狂言？」天行想挫挫他的銳氣。

「表叔，我知道您的學問大，可是你太君子。」佘震天向他笑道：「我雖然初出茅廬，我可不會妄自菲薄。」

「那你比較看得起誰？」黃凍梅問。

「曹孟德和劉玄德煮酒論英雄，說天下英雄惟使君與操耳！劉玄德聽了發抖，他固然會裝蒜，其實他也真不是曹孟德的對手。」佘震天回答。

「那你把諸葛亮置於何地？」天行問他。

「諸葛亮雖然足智多謀，但他根本沒有君臨天下的野心。他是受劉玄德三顧茅廬的盛情之累才出山的，才為他鞠躬盡瘁而死。劉阿斗那麼無能，他不取而代之，這正是他的弱點。」

「這正是諸葛亮高風節的可敬之處，你怎麼說是他的弱點？」黃凍梅板著臉說。

「黃老師，您別見怪，我是就事論事。」佘震天欠欠身子說：「歷來有志於天下者都不拘小節，諸葛亮費盡九牛二虎之力，為劉玄德爭來三分天下，又為窩囊廢的劉阿斗累死五丈原，實在太不值得！」

他這一番話說得黃凍梅、龍天行都不好怎麼說？賀元卻開心地笑了起來，笑得陰陰惻惻，又指著佘震天向他們補上兩句：

「他不是學校裏那些讀死書的書獃子，他懂得活學活用。」

佘震天毫不掩飾地點點頭。

「你要是活學活用古今中外那些鬥爭的方法和手段，那人人都要遭殃了。」黃凍梅警告他說。

「黃老師，梁校長說過：『沒有經過實驗，一切都是假設。』您這就是假設。」佘震天言語咄咄逼人，臉上仍然不失笑意。

賀元又笑了起來，還調侃黃凍梅說：

「黃教授，這可是您自己惹火上身的？我可沒有班門弄斧？」

「想不到您倒調教出來了這樣一位高徒？」黃凍梅冷笑地說：「我看您才是在玩火？」

「黃教授，您這話兒又說得太早了！」賀元向黃凍梅陰陰一笑：「我也要借用 Doctor 梁那兩句名言：『沒有經過實驗，一切都是假設。』不然您就拿證據來？」

「您們兩位都是在利用梁勉人作擋箭牌。」天行向賀元、佘震天兩人說。

「他的名氣比我們大，他掛羊頭，我們賣狗肉，這不是兩全其美？」賀元說著又哈哈笑了起來。但他的笑聲很快就被佘震天的笑聲掩蓋下去。

黃凍梅沈不住氣，立刻下逐客令，兩人便揚長而去。

「今天真是陰溝裏翻船！」他們走後黃凍梅生氣地說。

「這完全不是學術問題，」天行說：「他們看準了梁勉人標新立異、好出鋒頭的毛病，用屠為做障眼法、護身符，真是後患無窮，方興未艾，今天的事兒不過是一點風信，真不知道以後會有多少人頭落地？」

「您怎麼會有佘震天這小子這樣的親戚？」黃凍梅埋怨天行說：「這真是半路殺出程咬金來！」

「我也弄不清楚？」天行無可奈何地一笑：「我家的親戚多，牽藤絆葛的更不知道有多少？我也不知道這小子是怎麼蹦出來的？」

「我看佘震天這小子比賀元更可怕，他會是個禍根？」黃凍梅臉色凝重地說。

「我看他是曹孟德、宋江加王熙鳳、薛寶釵，再加那個猶太人的數位一體。」天行說：「梁勉人被他賣掉都不知道。」

「我看屠為加梁勉人和他的徒子徒孫，絕不是賀元和佘震天他們的對手。」黃凍梅說。

「騎驢子看唱本，咱們走著瞧吧！」天行說：「我們應該可以看到後果？那時再看梁勉人敢不敢要我們拿出證據來？」

第五十六章　梁勉人賣半瓶醋
阮雪冰開大香堂

賀元、佘震天在學校一明一暗地，發生了很大的影響，簡直可以與梁勉人分庭抗禮，梁勉人都覺得自己的泰斗地位受到威脅。他曾經隱隱約約和天行提到他們兩人，但天行再也不和他談這種事情。天行和黃涑梅都不把他當做學者看待，認為他是學術界的政客，把他看作兩棲動物。

賀元、佘震天隨後悄悄地離開了北京，但賀元的信徒並未減少，而且生了根。

佘震天離開北京前曾向天行辭行，說要到南方去，問他去什麼地方？做什麼事情？他都支吾其辭，天行也懶得多問。談起梁勉人時，他卻滔滔不絕，一開頭他就說個不停：

「賀老師說，梁校長是少年得志，沾了喝洋墨水的光，在欺世盜名。他做學問不能專心，也沒有下真功夫，他想哲學、文學兩門抱，可是一樣也沒有抱著；搞政治嘛也想撿現成的，不能腳踏實地，像漂湯油，也會是一場空。最後只會落個虛名，沒有一樣東西可以留下來的。」

天行沒有想到賀元對梁勉人的觀察這樣入木三分？難怪他講唯物論、辯證法、剩餘價值論，總落實到階級鬥爭。也難怪他吸收了佘震天這樣一位信徒。隨後天行又問佘震天自己對梁勉人的看法如何？佘震天向天行一笑說：

「表叔，他是洋博士，我是中學生，希望您不要再怪我口出狂言？」

「這兒只有我們兩個人，你放膽說好了。」天行鼓勵他。

「我看他是打著學術的幌子做政治買賣，同時利用政治權力抬高他的學術地位。不過我敢斷言：政治沒有他的分，學術也只可以唬唬外行。現在雖然是渾水摸魚的時代，但他自己不下水，是什麼也摸不著的。虛名只可以哄哄自己，騙騙外行。表叔，您說是不是？」

「你的看法不錯，我也覺得他不是一個腳踏實地的人，不過是漂湯油。」天行說。

「他會在軍閥政客之間耍得團團轉，但是在賀老師的面前他就沒有戲唱了！」佘震天笑著說：「不過現在我們倒很需要他這種人。」

「你說他在你們面前沒有戲唱，怎麼又很需要他呢？」

「他可以搞渾水，我們很需要他砸孔家店，也需要他高喊全盤西化。」

天行聽了佘震天的話既高興又心驚，他自己的看法沒有錯。梁勉人在賀元、佘震天他們眼中果然是這種角色。

佘震天看天行沈默不語，臉色凝重，又向他一笑：

「表叔，我在真人面前不說假話，我看梁博士是個半吊子。在現在這個渾水階段，半吊子愈多，對我們愈有好處。」

天行望望他，看他那麼自信，不可一世的樣子，心情愈來愈沈重。他看天行不作聲，便起身告辭，天行這才對他說：

「中國的苦難已經太多太深，只能吃補藥，不能吃瀉藥。你很年輕，很聰明，也很有志氣，我希望你是為大家造福，不是作孽。」

佘震天也望望天行，望了半天，突然轉身，大搖大擺地走開，蓬亂的頭髮迎風飛揚起來。

原來他和賀元是去廣州，經過天津時佘震天還特別拜見了阮雪冰，因為阮雪冰在他父親去世後帶著小鳳去上海住了一陣子，花了大錢當上了青幫「大」字輩的「老頭子」，隨後又帶著小鳳到天津定居，這時「大」字輩的師兄已經去世，他就開起香堂收徒弟了。青幫「通」字輩、「悟」字輩、「學」字輩就是他的徒子徒孫了。當上「老頭子」開起香堂來他的一切吃、喝、玩樂自然有人供養了。

入青幫有個好處，只要學會幫規、手勢、暗語、走遍各地水陸碼頭不管你遇到多大的麻煩，都會迎刃而解。入了幫連家屬也會受到關照。

佘震天知道幫規很嚴，但他另有目的，那些幫規對他也不會有多大的限制，他是不受任何限制的人。過了這一村，他就會投入那家店了。他認為一切框框都是限制老實人和傻瓜的，他可不在乎。他也知道阮雪冰是個詩酒風流的公子哥兒，和一般江湖人物不同。他曾經透過介紹人和了阮雪冰兩首詩，使阮雪冰大為賞識，所以兩人一見面就很投機，阮雪冰特別在午夜抽完鴉片之後為他大開香堂。

香案上供了潘、錢兩位祖師的牌位，屋外擺了一個茶几，供著一位姓張的祖師牌位。本來阮雪冰每次開香堂時參加的人都很多，這次為佘震天開香堂參加的人卻特別少，因為這是佘震天事先的要求，可是入幫的規矩仍然照舊。

先由阮雪冰上香，向潘、錢兩位祖師磕頭。隨後由佘震天向祖師磕一百二十個頭，磕一個，站起來再磕，要磕好半天，磕完之後就向祖師發誓：

一、不許奸盜邪淫。

二、不許欺師滅祖。

三、不許倒採荷花。

四、不許洩露祕密。

最後還說：「如有違犯，五雷轟頂，仰面還家。」

發完了誓，他又向阮雪冰和兩位師兄行了三跪九叩禮。行禮完畢，他就算是「通」字輩的人物了。

阮雪冰是個夜貓子，佘震天也是卜夜作晝的，這又臭味兒相投。佘震天知道阮雪冰是天行的故交，便說天行是他的表叔，阮雪冰聽了更高興。便說：

「我不知道他還是你的表叔？我好久沒有見到他了！」

「我離開北京時向他辭過行，我不敢說要到天津來拜您為師，因為他是個正正派派的讀書人。」佘震天說。

「他雖然也是個公子哥兒，可是他不像我這樣風流放蕩，他也不知道我在上海入了幫。這件事兒還是不讓他知道的好。」阮雪冰笑說。

「我也正是這個意思。」佘震天說。

「他在北京怎樣？」

「他規規矩矩教書。」佘震天說：「不過他也很關心時局，他和洋博士梁勉人並不相投，他不贊成梁勉人的全盤西化。」

「我也不贊成梁勉人的外國月亮，他那種狗屁詩簡直笑掉人的大牙？」阮雪冰笑著說，隨後又問佘震天：「你喜不喜歡他那種調調？」

「老實說，我的思想比他更新、更徹底，可是我就看不起他那種淡出鳥來的白話詩，不過我不想在這方面和他一較短長，打那無聊的筆墨官司。」

「我也懶得理他，我的朋友只把他那種歪詩當作笑話。你表叔也算是新派人物，他怎麼反對全盤西化？」

「我表叔的中國墨水喝得比梁勉人的多，他還捨不得把那個聚寶盆和痰盂一起丟掉。」

「我是連痰盂、尿壺都不想丟掉！」阮雪冰說著笑了起來。「無事時寫寫字兒、畫畫畫兒、作作詩兒、唱唱崑曲、皮簧、摟摟娘兒們，那多有意思？」

佘震天也笑了起來，他也很想過阮雪冰這種生活，可是他沒有阮雪冰的條件；要是他也和梁勉人那樣喝了洋墨水兒，他也許走的是另一條路了。

「你表叔不是個投機倒把的人，他的聚寶盆能不能保得住？會不會被梁勉人一起丟掉？」阮雪冰又問。

「現在是西風令，識貨的人又少，他正站在下風，很多人都把聚寶盆當作尿壺，他要保住那個聚寶盆恐怕不容易？這是大勢所趨。」

「那我的痰盂、尿壺就更保不住了？」阮雪冰又笑了起來。

「這就更難說了。」佘震天也陪著他笑。

「管他的，秀才造反，三年不成。」阮雪冰又自慰地一笑：「憑他梁勉人，要想丟掉我的痰盂、尿壺，還不是那麼容易。」

隨後他吩咐大徒弟拿出一個手抄本的小冊子交給佘震天，那上面有青幫的暗語手勢。他對佘震天說：

「你記熟了就把它燒掉，以後隨便到那一個水陸碼頭，會方便不少。」

隨後他又吩咐大徒弟帶佘震天到「班子」裏去住夜，還送了他一捲大洋作路費。佘震天向他磕了一個頭就隨著大師兄來到一個「天外樓」的班子，這個「天外樓」雖然比不上古美雲的「金谷園」，可是佘震天卻從來沒有到過這樣豪華的班子。鴇兒看那個大師兄親自送佘震天過來，便像捧鳳凰蛋似的把佘震天接到一位最漂亮最紅的姑娘紅丹牡的房裏，大師兄向鴇兒交代了幾句就走了。

紅牡丹也從來沒有接過佘震天這樣蓬頭散髮一身土氣的客人，但她有一個七孔玲瓏心，知道他的來頭不小，自然小心侍候。佘震天雖然和童養媳圓過房，可是從來沒有親近過紅牡丹這樣細皮白肉風情萬種的姑娘，她像一腳踩進棉花簍裏，人就飄了起來。

本來他預計第二天上午就離開天津的，可是他捨不得「天外樓」的酒肉飯菜和紅牡丹，住了三天才揚長而去。

佘震天拜阮雪冰為師加入青幫的事兒是小鳳寫信告訴古美雲，古美雲再告訴天行的。

古美雲知道阮雪冰當了青幫的「老頭子」，但她不知道佘震天是何許人也？她不免有些奇怪。天行便原原本本告訴她。古美雲笑說：

「我看他是醉翁之意不在酒？」

「雲姑，您看得不錯。佘震天不是池中物，他怎麼會甘心做阮雪冰的徒弟？我看他比梁勉人、賀元都厲害。狡兔三窟，他一過了這個村，就會住進那家店了。」天行說。

「現在世界是愈來愈難料了！我真弄不清楚梁勉人、賀元這些新派人物耍的是什麼花招？」古美雲說。

「雲姑，我看是禍不是福？也許您看不到？」

「但願我看不到，我真不想再遇到八國聯軍那種事兒了！」古美雲心有餘悸地說。

「現在南方兵火未息，日本人又在北方趁火打劫，真是屋漏偏逢連夜雨，破船又遇打頭風，看不到一點兒好兆頭。」

「你哥哥那邊的情形到底怎樣?」

「他上次來信說，俄國大毛子在那邊插了一腳，很麻煩。」

「日本人惹不起，俄國大毛子是心懷鬼胎，也惹不得。」

「這一狼一虎，都是自己竄進來的。」

「蒼蠅不叮沒有縫的蛋，也只怪我們自己人不爭氣。」古美雲說：「現在日本浪人公開販賣紅丸、白麵，日本軍人又雞蛋裏挑骨頭，北京的大官兒們卻裝聾作啞，我看了都生氣。」

古美雲的話是有感而發，最近北京發生紅丸、海洛英的大販毒案，警察局起先以為是中國人幹的，抓了幾個人，本來是人贓俱獲，結果連人帶贓都悄悄放了，還闢謠說那是誤會。其實老百姓心裏是雪亮的，一些升斗小民的癮君子都到日本人開的鴉片館去過癮，雖然貴，卻十分安全。即使鴉片煙的香味飄進鼻子裏，警察望都不敢向裏面望一眼。其實這種情形不止北京一地如此，天津、上海、長江各大都市，抽大菸的人愈來愈多，天行老家九江也是一樣。他有個堂兄天祿已經成了老槍。他和阮雪冰一樣票戲、玩女人，詩、詞、字、畫也行，可惜是個敗子。他大伯父龍從風一直瞞著老太太，所以北京龍家沒有人知道。因為除了楊通、楊仁父子和彼得利用司徒威洋行暗中販毒外，日本浪人更是明目張膽地做這種買賣，鴉片菸、紅丸、海洛英一多，吸的人也自然多了。人一吸上了癮，不但會家破人亡，人也變成廢物，那就不必再用八國聯軍了。古美雲深知其中利害，深惡痛絕，不但自己不沾邊兒，也嚴禁姑娘們染上毒癖。當年阮雪冰想在小鳳房裏抽大菸，她都不准，別的客人就更不用談了。

天行聽了古美雲的話半天都沒有作聲，他也知道這些情形，更知道鴉片菸、紅丸、海洛英後面的背景，當年林則徐就是燒了英國人的鴉片菸，英國才攻佔虎門、寧波、乍浦、寶山、上海，又沿江而上，佔鎮江、攻江寧、掀起鴉片戰爭。現在日本人正兜著豆兒找鍋炒，中國再也經不起第二次鴉片戰爭了。

古美雲看天行不作聲，不禁問他：

「天行，這種氣人的事兒難道你也不生氣？」

「雲姑，我怎麼會不氣？」天行向他苦笑：「只是我們再也經不起鴉片戰爭了。」

「難道鴉片戰爭也像八國聯軍一樣可怕？」

「鴉片戰爭是八國聯軍的先頭部隊，因為道光年間林則徐燒了英國商人兩百多萬斤鴉片，英國就派兵攻佔虎門等沿海城鎮，又沿長江而上，直逼江寧，清廷無奈，只好訂下《南京條約》，開了喪權辱國的大門。」

「那次的損失有沒有八國聯軍進攻北京大？」

「南京條約一共有十三條，我只記得賠了英國軍費兩千一百萬兩，菸價六百萬兩，還把香港割讓英國，開廣州、福州、廈門、寧波、上海五口通商，協定關稅，開了不平等條約的先例，所以後來美國、法國又如法炮製，因此一直壓得我們喘不過氣，抬不起頭來。」

「這樣說來，日本人販賣紅丸、海洛英、鴉片，也是學英國人的了？你姑爹和彼得靠司徒威洋行做鴉片菸買賣也不是什麼鮮事兒了?」

「可不是?」天行望著古美雲說:「日本人現在兜著豆兒找鍋炒，比英國人的花樣還多，雲姑，我們現在這種四分五裂的樣子，您說怎麼再經得起第二次鴉片戰爭?」

「希望天放他們能起死回生?」

「哥哥在外面奔走這麼多年，連婚都沒有結，一年難得寫兩封信回家，他的情形也可想而知。」

這時劉聯軍突然送了一封信過來，這孩子已經長得和天行一般高了。天行一看，正是天放寫來的快信，他連忙拆開，看了一眼突然自言自語起來:

「怎麼?賀元、佘震天到了廣州?」

古美雲湊近去看，一眼就看到這樣的話:

> 賀元、佘震天輩來穗後，與俄人裏應外合，吾人更感棘手。國事蜩螗，憂心如焚。余向不知有佘震天此一表親，汝可告余否?……

「糟了!」天行輕輕歎了一口氣，把信交給古美雲說:「不要讓婆婆知道，免得她煩惱。」

「賀元、佘震天到底是何方神聖?有這麼大的神通?」古美雲問。

「雲姑，一言難盡，這是比八國聯軍更嚴重的事情。」

「怎麼我們連一點影兒也看不出來？」

「雲姑，要是您們也看得出來就不那麼嚴重了！」天行向她無可奈何地說：「連梁勉人都懵懵懂懂，何況一般人？」

「你倒是說說看？」古美雲望著他說。

「雲姑，這教我從何說起？」天行向她苦笑：「我和梁勉人談了兩次，都是鴨兒背上澆水，他總是說這是學術自由。我只能向您說：賀元、佘震天他們推銷的是糖衣毒藥，後患無窮，比鴉片菸還厲害百倍，恐怕哥哥他們也應付不了？」

「我也不相信有這麼厲害的東西？」古美雲搖頭一笑。

「雲姑，您這樣聰明的人都不相信，那還有什麼辦法？」天行望著她搖頭苦笑：「但願我們都看不到，不然會呼天不應，叫地不靈；求生不得，求死不能。」

「你別嚇唬人了！那豈不是下了十八層地獄？」古美雲笑著白他一眼。

「雲姑，說真的，如果連您都不相信我的話，我真希望日後和您一道早些離開這個世界，逃過一場浩劫。」

「你比我年輕多了，你來日方長，怎麼說這種喪氣話？」

「雲姑，我受的折磨已經夠多了，大家都渾渾噩噩，自私自利，我又不是神仙，我使不上力，也許這是劫數？不經過一場浩劫，人心是很難覺悟的。」

「也許你是劉伯溫？所以別人都跟不上你？」

「我也不是什麼劉伯溫，不過我不標新立異，不昧著良心說話。只怪我們的教育太落後，大家都變成文盲色盲，知識由少數販賣西洋博浪鼓兒的投機倒把分子壟斷、操縱，一犬吠日，百犬吠聲，誰叫的聲音大，大家就跟誰跑，盲人瞎馬，十分可怕。」天行慨歎地說。

「好了，我們不談這些了，」古美雲笑著改變話題：「剛才我看到劉聯軍這小子，像支衝天炮似的，怎麼衝的這麼高了？」

「他有一半歐洲洋人的血統，他大概是像他父親？」天行說。

「他父親是那一國人他都不知道，可憐亦復可笑。」

「當時劉嬤嬤嚇暈了，她又沒有什麼知識，怎麼分辨得出來？」

「要不是乾娘和你娘一念之仁，劉嬤嬤不早把他打掉了？」

「可是現在他們母子倒相依為命。」

「女人就是這樣，只要是從自己身上落下來的一塊肉，不管善惡美醜，沒有不愛的。」

「這小子讀書倒還不錯，就不知道將來給他幹什麼好？」

「這也要看他個人的造化。」

「雲姑，我倒奇怪，阮雪冰怎麼當起青幫的老頭子來了？」天行忽然想起阮雪冰來。

「聽說是花錢買的？」古美雲說。

「他幹這一行有什麼意思？」

「這你就想不到了！」古美雲向他一笑：「幫會有幫會的規矩，他們重的是一個義字，阮雪冰一當上青幫的老頭子，就不愁沒有徒子徒孫孝敬他，而且青幫的勢力很大，到處都吃得開。」

「他是一個詩酒風流的公子哥兒，幫會中人多是販夫走卒，那怎麼合得來？」

「阮雪冰和你不一樣，他是個九流三教都能來往的人，他詩酒風流有詩酒風流的朋友，吃喝嫖賭有吃喝嫖賭的朋友，他只圖自己享受，天塌下來他可不管。」

「他這樣一個才子就這麼浪費蹧踏了，實在可惜。」天行說。

「一樣的五穀雜糧吃出百樣的人來，即使他父親能萬世一系，他也不是當皇帝的料子。」

天行覺得古美雲的話不錯，阮雪冰要是真的當上了皇帝，也不過是第二個李後主。他當上青幫的老頭子，真是異數，也算有點兒貴氣。他雖然荒唐，但不俗氣。天行倒覺得他比梁勉人可愛，也比梁勉人的才氣高多了。

「那天有機會我倒想去天津看看他。」天行說。

「怎麼?你也想加入青幫?」古美雲故意笑著問他。

「我不是那塊料，只是我心裏煩得很，想出去散散心。」

「我好久沒有去天津，小鳳也有好久沒見面，我陪你去好了。」古美雲高興地說。

第二天，他們兩人悄悄來到天津，小鳳看見他們十分驚喜，他打扮得像位貴夫人，顯得更加成熟、優美。阮雪冰不在家，小鳳說他在租界內的貴賓大飯店開了一個長期房間，很少回家。

「他怎麼不住在家裏？」古美雲明知故問。

「他還不是那個風流浪蕩的老毛病？」小鳳說：「不是住在貴賓飯店叫了女人去胡鬧，就是住在班子裏。」

「這個家他還住不得？」天行看看這房子裏裏外外的氣派，和他的家比較起來，除了房間少些，各種擺設都很豪華，是一般京官比不上的。

「二少爺，他那像你？」小鳳苦笑：「他是今朝有酒今朝醉，不管明天的。」

「他當了老頭子還是這樣？」古美雲問。

「當了老頭子有徒子徒孫孝敬，更是吃喝嫖賭，自個兒逍遙。」小鳳說。

「那金山銀山也會被他弄垮的。」古美雲說。

「他有時也會窮得一個子兒都沒有。」

「那怎麼辦？」古美雲問。

「賣字賣畫。」小鳳回答。

「那也遠水救不了近火。」

「說也奇怪，」小鳳一笑：「只要他開價，自然有人要。」

「他在天津收了多少徒弟？」

「我也並不清楚。」小鳳搖搖頭：「他開香堂不准女人去看，反正三教九流，上、中、下三等人都有。」

「他收了佘震天妳怎麼知道？」天行問她。

「因為佘震天是您的表姪，後來他才告訴我的。」小鳳向他說：「看樣子他們兩人倒臭味兒相投？」

「大概是佘震天投其所好，因為他也能填詞作詩。」天行說：「不過佘震天不像他是個公子哥兒，佘震天可是和尚打傘，無『髮』無天。」

「她那管這些？他只要臭味兒相投。」小鳳一面說一面搖電話：「我打個電話找他回來，不能怠慢了兩位貴客、稀客。」

電話打通之後，正好在貴賓飯店找到了他，他一聽說古美雲和天行突然來訪，十分高興，分別和他們兩人講了話，說馬上回來。

隨後小鳳和古美雲閒話家常，她還是口口聲稱古美雲為二爺，十分親切。小鳳和阮雪冰生了一個兒子，已經五、六歲，十分聰明，一直由奶媽帶養。

阮雪冰坐著自用的包車回來，一身奶黃色的紡綢長衫、手握摺扇，一副仙風道骨、飄飄欲仙的樣子。他身邊還帶了一位如花似玉的姑娘，穿著高領、窄袖、細腰、長裙的流行女裝，和古美雲、小鳳穿的一樣，只是顏色不同。

天行看了不禁暗自一驚。他怎麼公然把外面的野草閒花帶進家來？他覷了小鳳一眼，小鳳卻若無其事。

他熱情地和天行古美雲打招呼，又介紹身邊那位叫做白薇的姑娘和他們認識。他們兩人一聽這名字就知道是個青衣花衫紅角兒。

「白老闆轟動天津好幾個月，票房一直不衰，您們兩位來得正好，今兒晚上她唱全本《玉堂春》，自嫖院起至會審探監止，我在園子裏有個長期包廂，今兒晚上二爺和天行兄一定要賞光。」

「久仰二爺和二少爺的大名，今兒晚上一定要請兩位指教。」白薇也熱情誠懇地說。

阮雪冰打了一個電話到致美齋，訂了桌酒席，便把天行請到他的書房聊天，讓白薇和古美雲、小鳳三人談心。

阮雪冰的書房很大，壁上掛滿了名人字畫，有古人的，也有他自己的，還掛了一把好胡琴。桌上的文房四寶都是上品，都很考究。他一時興起，先寫了一副「海內存知己，天涯若比鄰」的對聯送給天行。他的字的確寫得龍飛鳳舞，很有才氣。隨後就和天行談起別後的情形，他一點也不掩飾，和外面的傳說差不多。

「阮兄，您這樣詩酒風流，倒是自得其樂，難道您一點兒也不關心您身邊的世界？」天行問他。

「天行兄，我是及時行樂，我才不操那個閒心。天塌下來了也與我無關。」阮雪冰笑說。

「要是您一旦不能過這種詩酒風流的生活那怎麼辦？」

「我只想到今天，不想明天。」他向天行笑笑：「當初家父用了那麼多心機，也曾稱孤道寡，最後還不是南柯一夢？」

「那您又為什麼要當青幫的老頭子？」

「這也和我的詩酒風流生活有關。」阮雪冰坦率地說：「我的開銷太大了，不當老頭子應付不了，也吃不開。」

他自己的話證實了古美雲的看法，天行便不作聲。阮雪冰卻說：

「聽說您和梁勉人並不投機，有沒有這回事兒？」

「我們兩人對中西文化的看法不同。」天行說。

「我看他是個投機倒把的半吊子。」阮雪冰說。

「您說的不錯，他分不出聚寶盆和痰盂，卻以行家自居，現在又是西風令，他大唱西風歌，這就變成香餑餑了。」

「八國聯軍雖然打垮了我們中國人的自信心，可打不垮我阮雪冰。」阮雪冰自負地說：「我可沒有把梁勉人那種學自洋人的狗屁詩看在眼裏，他除了洋文外，沒有一樣玩藝兒能和我比。中國東西他不懂的太多，我家隨便拿出一塊瓦片兒，他就不認識，他有什麼資格要全盤西化？」

天行沒有想到他有這種豪氣？隨即惋惜地說：

「如果您不詩酒風流，正正當當把您的玩藝兒拿出來，也許可以轉移一些風氣？」

「不詩酒風流就不是阮雪冰，」他向天行一笑：「再說，詩酒風流也是中國文人的本色，要是不會詩、詞、歌、賦、琴、棋、書、畫、崑曲、皮簧，還風流不起來，他梁勉人能辦得到嗎？他的洋祖師屠為能辦得到嗎？」

天行也被他說得一笑，他也暗自奇怪他對梁勉人知道得並不少。

「我以為您只是詩酒風流，想不到你對梁勉人知道得還不少？」天行說。

「我的朋友常和我談起他，只是彼此都當作笑話兒來講，誰也不在乎他。」

天行知道他的文人朋友都是名士派，有學問、有才氣，可都是孤芳自賞、詩酒流連，誰也不過問世事，誰也不想影響別人，和梁勉人完全不一樣。

「中國名士派的文人，恐怕也就到您們為止了？」天行說。

「所以我更要留個樣兒給後代子孫看看。」阮雪冰說：「以後完全洋化了，恐怕都是些西方的功利之徒，沒有半點中國文人氣息。」

小鳳突然出現在門口，說館子裏打電話來說酒菜已經準備好了，請他們過去。

「你過足了菸癮，可別讓二少爺和二爺餓著了，您的心肝寶貝兒白老闆，吃了飯還要趕到園子裏上戲呢！」小鳳又笑盈盈地說。

阮雪冰一笑而起，拉著天行走出書房，又打電話到貴賓飯店訂了兩個上好的房間，招待古美雲和天行。

他們五人一道來到致美齋，老闆親自把他們接到一個古色古香的房間，對阮雪冰左一聲師父右一聲師父，原來這個老闆也是他的徒弟。他對大家也一般恭敬，親自侍候他們。菜不必說了，都是他的招牌菜，阮雪冰和白薇為了保護嗓子，都用西洋蔘水當酒，老闆知道他們的習慣，一直給他們準備好的。他們三人也不喝酒。

「下次我要親自登臺票兩齣戲，希望兩位能來賞光。」阮雪冰對古美雲和天行說。

「您準備唱那兩齣戲？」天行問：

「一齣崑曲《遊園驚夢》，一齣京戲《審頭刺湯》。」

「在《審頭刺湯》裏你唱什麼角色？」天行問。

「湯勤。」阮雪冰回答。

「我知道您的青衣小生戲不賴，可沒有聽說您也會丑角兒？」古美雲有些驚奇。

「丑角戲是離開北京以後才開始研究的，尤其是在天津這段時間，我很下了一點兒功夫。」

「您這真是能者無所不能。」古美雲知道他聰明絕頂，什麼玩藝兒一學就會，何況是變換戲裏的角色？也不禁向他一笑。

「《刺湯》裏的湯勤是個書生，也會字畫，我會把他這個湯裱褙演得更好。」

「丑角兒沒有正人君子，湯勤更是個小人，您怎麼能把他演好？」天行笑問。

「唱戲嘛！演什麼就要像什麼。何況湯勤是讀書人，和蔣幹是一類角色。讀書人中的小丑很多，這兩個角色的嘴臉我看得也最多，我相信我能把握住。」阮雪冰玩世不恭地說。

「他的周瑜、王金龍唱得同樣好。蔣幹、湯勤真不賴。」白薇說。

「一經白老闆品題，自然身價百倍了。」古美雲笑說。

「二爺，您們兩位都是行家，要是我今兒晚上唱砸了，還請多多包涵。」白薇笑著站了起來：「我要先走一步，不能多陪，您們可以等上起解時再去。」

阮雪冰連忙扶著她送她出去。古美雲笑著對小鳳輕輕說：

「他這樣胡來，妳也不吃醋？」

「三爺，我要是吃醋，那該要打翻多少醋罈兒？」小鳳也笑著回答。

阮雪冰送走白薇回來，小鳳卻向他說：

「我可是要從嫖院看起，看白薇和王金龍是怎麼個唱法？」

古美雲和天行聽了一笑，阮雪冰也笑著說：

「可惜今天不是我去王金龍，不然會更有看頭呢！」阮雪冰搖頭晃腦用小生腔調回答。

古美雲和天行都笑了起來，小鳳又笑著白了他一眼。天行也笑著對他說：

「阮兄，您這樣享盡人間艷福，難怪您心裏沒有梁勉人了。」

「梁勉人算那根蔥？」他笑了起來。「如果我老子還在當皇帝，他不開口皇上閉口皇上才怪呢？」

天行暗自吃驚，他沒有告訴他梁勉人見那位倒楣的小皇帝的事，他居然料到了。因此他笑著拍拍他說：

「我相信您唱湯勤一定唱得很好。」

他們四人吃飽喝足之後，再去戲園子。阮雪冰的包廂可以坐六個人，坐位很舒服，他們一到，就有人奉上水果、好茶。嫖院剛上演，白薇人本來長得十分漂亮，一化粧更是一位絕色的古典美人。觀眾都是來看她的，真個是座無虛席，她的做工很細膩，關王廟那段偷情戲很逼真，阮雪冰看得笑了起來，小鳳白他一眼說：

「小心你有朝一日也變成關王廟裏的王金龍！」

「妳放心，我有那麼多徒子徒孫，他們會養我。」阮雪冰笑著回答。

上起解時，白薇在簾子裏一聲「苦呀……」響遏行雲，驚濤裂帛，人一出場就贏得一個滿堂彩。以後的大段西皮原板、二六、流水，真是唱作俱佳，掌聲不斷，尤其是三堂會審時唱「玉堂春好比花中蕊」的「蕊」字步步高，以及「郎呀花謝時怎不見蜜蜂兒行」的哀怨，和最後兩句「悲悲切切出察院，我看他把我怎樣施行」的餘音繞樑，彩聲最多。

「您的眼光不錯，白薇真是個角兒。」白薇嫋嫋婷婷走進後臺時，古美雲笑著對阮雪冰說。

「二爺，我就是歡喜她這個調調兒。」阮雪冰也得意地回答：「可惜今天不是我去王金龍。」

散場後，四人一起來到租界內的貴賓飯店。本來阮雪冰經常和白薇住在一塊兒，今天因為有古美雲、天行兩位貴客，所以小鳳就和他一起住。

「阮雪冰真是個才子，可惜生活太糜爛了！」古美雲進房時回頭輕輕對天行說。

「雲姑，我覺得他只糜爛自己，不影響別人，還保存了一分優美文化；這比梁勉人亂砸孔家店，主張全盤西化，比賀亢推銷的貨色可要好多了。」天行回答。

第五十七章　祖母信佛唯天理　長孫慧眼定終身

阮雪冰、小鳳陪他們兩人在天津玩了兩天，他們才又一道回到北京。

他們在天津帶了些禮物回來，有些是阮雪冰和小鳳送的，有些是他們自己買的。

老太太問他們天津的情形怎樣？古美雲說：

「現在和八國聯軍時不一樣，已經復原了。租界裏住了不少留著辮子的遺老，小皇帝也住進前清武昌第八鎮統制，被革命軍嚇得丟了大印逃跑的那位草包大帥的張園裏。」

「聽說阮國璋的兒子阮雪冰也住在天津，你去看了他沒有？」老太太問天行。

天行照實回答。老太太又問：

「他還是那樣風流浪蕩？」

「他還是詩酒流連。」天行笑著回答。

「他的辮子剪了沒有？」老太太問。

「乾娘，他父親在世時他就剪了，」古美雲說：「他可不是遺少。」

「那他算什麼呢？」老太太又問。

「他是阮雪冰，青幫的老頭子。」古美雲笑答。

「他怎麼會身入江湖？」老太太十分奇怪地問。

「他是個放蕩不羈的名士，手上有錢，什麼玩藝兒他不會來？這又何足為怪？」古美雲說。

「他要是走正路，倒是個人才。」老太太說：「比那些喝了洋水回來挖祖墳的青年人還好一些。」

「乾娘，您怎麼又誇獎起他來了？」古美雲笑問。

「我不是誇獎他，我只覺得他還是道地的中國讀書人，就是生活太糜爛了。」老太太一面說一面望望天行：「他老子這一代人把國家搞得一團糟，你們這一代人如果都像他這樣糜爛下去，那真要亡國了！」

「婆婆，阮雪冰這樣的人倒是不多，是自生自滅。另外兩種人倒很令人耽心。」

老太太問是那兩種人？天行便將梁勉人、賀元、佘震天他們這兩種人說了出來。老太太不大瞭解他們的情形，天行又說：

「梁勉人他們是喝了洋水兒的半吊子，矯枉過正，好的壞的一起丟進茅廁坑，砸孔家店，完全學洋人，要另起爐灶；賀元、佘震天他們更厲害，他們利用梁勉人那批喝了洋水兒的半吊子打前鋒、做幫手，再把我們所有的人都改頭換面，再戴上緊箍咒兒，只認識『貓該死』。」

「『貓該死』是誰？」老太太問：「從前怎麼沒有聽說過？」

「他是個德國猶太人。」天行說。

「他和耶穌怎樣？」老太太問。

「大不相同，他眼裏可沒有耶穌。」天行回答。

「賀元、佘震天他們信不信耶穌？」老太太又問。

「他們才不信耶穌，他們是無神論者，他們把『貓該死』當耶穌。」天行回答。

「那『貓該死』又是什麼神？」梅影插嘴。

「『貓該死』是個凶神。」天行說。

「那怎麼能信？」梅影說。

「我怎麼沒有聽說過有這樣的凶神？」老太太懷疑地說。

「婆婆，要是大家都談起這個凶神，那早已大禍臨頭，後悔也來不及了。」

「二少爺，您別嚇唬人好不好？」蝶仙笑說：「上次您的三個寶貝兒子出天花，都把我整慘了，要是再來個凶神，大家都不能活命了。」

「蝶仙姐，這個凶神可比天花厲害多了。」

「凶神是一下子就把人收走的，那有比這更厲害的？」蝶仙說。

「這個凶神不大一樣，它更會整人。」天行說。

「怎麼個整法？」蝶仙笑問。

「他會用二分法。」

「什麼二分法？我不懂。」

「比方說，妳是丫鬟，老太太是主人，先讓妳們對立起來。然後開始整老太太。」

「哎呀！二少爺，您說得太離譜了兒？天下那有這種事兒？」蝶仙皺眉一笑：「我怎麼會做出那種沒有良心的事兒來？」

「現在妳不會，凶神一來妳就會了。」天行望望她說。

「妳別胡說八道了！」老太太笑著罵天行：「那還有天理？」

「婆婆，凶神一來就沒有天理了。」天行笑說：「現在您說我胡說八道，將來就不會有人說我胡說八道了。」

「那還成個什麼世界？」老太太搖搖頭說。

「那是另外一個世界，不是我們現在這種世界。」

「我看你也是唸外國書唸多了！我們中國書上就沒有這些混帳事兒。」老太太說。

「婆婆，我們中國書上是沒有，那是外國傳進來的。」

「外國人也是人，我才不相信你的鬼話。」老太太睜大眼睛瞪著天行說。

天行笑了起來，隨後又說：

「婆婆，那您就當我放屁好了！」

「你現在也不年輕了，說話要使人相信，一定要合情合理，不合情理的事兒，誰也不會相信。」老太太心平氣和地說。何況舉頭三尺有神明，做壞事、好事都有因果報應。

「婆婆，我也相信因果報應，可是偏偏有人不相信。」

「那讓他自作自受好了。」老太太說。

「婆婆，那我就閉嘴了。」天行向老太太笑說。

「你哥哥現在的情形怎樣？」老太太忽然問天行。

「乾娘，聽說天放做的事兒倒是合情合理的。」古美雲插嘴說。

「是真的嗎？」老太太問天行。

天行點點頭，老太太又說：

「那你怎麼不跟我講？」

「婆婆，合情合理的事兒就不必說了，說了也不足為奇。哥哥在外面船頭上跑馬了這麼多年，您還不大諒解他，我空口說白話有什麼用？」

「那我不是冤枉他了？」老太太望著天行說。

「您雖然沒有冤枉他，可也沒有給他打過氣？」

「他像隻花腳貓兒，一會兒東，一會兒西，一年難得寫兩封信回來，我又不知道他幹些什麼？我怎麼個打氣法子？」老太太說：「你要是知道他現在什麼地方，你就給我寫封信去，鼓勵他一下好了。可也別忘記提醒他，他還是個大光棍呢！」

天行只知道南軍正在向北進攻，已經打到黃河邊了，卻不知道天放在什麼地方？

想不到南軍勢如破竹，過長江以後，只有兩個月就打到北京，從此北京也就改稱北平，連東北三省也不費一兵一卒統一了。

天放又突然回家了，不過這次是一身軍服，還有一個隨從，比上次好多了。

這次回家他第一個碰見的是劉聯軍，這孩子長得又高又大，八成兒像個洋人，他們彼此都一怔，天放心想家裏怎麼來了一個洋人？隨後才想起他是劉嬤嬤的兒子，一下子竟長得這麼高大了！劉聯軍記性好，他先叫了天放一聲大少爺，再向後面通報。

天放一回家，又給家裏帶來了生氣和喜氣。這次他要留下來督導北平、天津、保定三地的軍政善後工作，老太太聽說他要留下來，比誰都高興。

「你這個花腳貓兒在外面野了這麼多年，總算回來了！幸好我命根兒長，不然真見不到你了！」

「婆婆，現在總算統一了，我一時還不打算離開北平，想好好地孝敬您一番。」天放笑說。

「你先娶個媳婦兒再說，別把曾孫子也耽誤了。」老太太說。

「婆婆，這次回家我是打算結婚，不過我沒有時間談戀愛，我也沒有那麼大的耐性。」天放說。

「那更好辦，」老太太笑著說。「我就怕你像天行一樣死心眼兒。」

「婆婆，不過您可不能隨便塞給我一個。」天放笑著在她耳邊輕輕地說：「像天行的親事那樣？」

「你這孩子！」老太太白了天放一眼：「棋子兒還沒有擺開，你就先將我一軍了？」

「婆婆，」天放向老太太笑說：「我不是先將您的軍，我是怕您不聲不響地就給我訂了親，給我一悶棍，我可不像天行當時那麼年輕，我已經是打春的蘿蔔立秋的瓜了，我不能再為這種事兒傷腦筋。」

周素真不在場，大家都很同情天行，也贊成天放的話，老太太也笑著對天放說：

「你還說不是將我的軍？那你就是記我的過了？天行一次生了三個兒子，個個都聰明可愛，這還不是我的大功一件？」

「婆婆，生兒子很容易，貓兒、狗兒一次就生好幾隻，這算不了什麼功勞。」天放笑說。

「虧你長了這麼大，看樣子官兒也不小了？還講這種孩子話？」老太太笑著罵他。

「婆婆，在您面前我活一百歲也是個孩子，我還敢老氣橫秋說話？」

「那你就得聽我的！」老太太故意拉長臉說。

「婆婆，您總得讓我先瞄一眼，不能趕著鴨兒上架？」天放也苦著臉說。

大家聽了好笑，老太太對天放說：

「你放心，這次我不會趕著鴨兒上架，我會託人到處提親，你可也不能雞蛋裏挑骨頭。」

「只要能讓我看得上眼，心裏也喜歡就行。不然我還是打光桿兒，我可不要一個冤家對頭。」天放笑說。其實他自己心裏有數，只是不願意一下說出來，故意讓老太太託人作媒，好讓她高興，同不同意在他。

天行隨後問他南軍進展得怎麼這樣順利？天放卻說：

「其實也不怎麼順利，從前年自廣州北伐起，打了不少仗。在汀泗橋有一場惡戰，在南潯鐵路我們老家九江馬回嶺也打了一場硬仗，龍潭打得更兇，也打得北洋軍一蹶不振。」

「後來怎麼又停了下來？」

「一方面是賀元、佘震天那批人在內部搗鬼，一方面是日本派兵登陸青島，強佔膠濟鐵路，逼近濟南，援助北洋軍，阻撓北伐。」

「這次日本人也是同樣阻撓，你們怎麼成功了？」

「這次日本又出兵山東，還突擊濟南城外我們的兵營，打死了我們不少人，洗劫了很多商店，殺了我們的交涉員。我們打落門牙和血吞，只留一團人死守濟南，其餘的部隊繞道北伐，後來濟南雖然被日本人佔領了，我們總算打到了北京。」

「日本人真是狼子野心！」老太太說。

「我在士校時早就看了出來，他們現在更是照著《田中奏摺》一心要征服我們。目前我們雖然統一了，以後日本人在雞蛋裏挑骨頭的事兒會更多。」天放說。

「照你們兩兄弟的話看來，我們現在更是內憂外患一起來了？」老太太說。

「的確如此，」天放點點頭：「一般人還感覺不出來，可是我已經覺得不對勁，在北平能住多久？我也說不定？」

老太太聽他這樣說心裏又急起來，連忙吩咐兒子媳婦託人提親。

龍從容、文珍母女和香君聽說天放回來了，都趕來看他。老太太還打發人去把古美雲請了過來。

古美雲一見了天放就打趣地說：

「恭喜你衣錦還鄉，現在你是北平的要人了。」

「雲姑，我個人的事兒算不了什麼，」天放笑著回答：「但是飲水思源，當初我去日本，完全是您一手栽培，我能夠替國家做點事兒，應該先謝謝您。」

「您還謝她？」老太太笑罵：「您到現在還是個光桿兒，她把我的曾孫子都耽誤了，我正要找她算帳呢！」

「乾娘，您找我來就是為了算這筆舊帳呀？」古美雲笑問。

「可不是？」老太太笑著點點頭：「如果妳當初不把他送到日本士校，他就不會在外面打流這麼久，弄到現在還是孤家寡人，他要謝妳是他的事兒，我可要罰妳作個媒人。」

「乾娘，這很容易！」古美雲向老太太一笑：「如果您不罵我，不嫌門不當，戶不對，我手下的好姑娘就多的是，隨便天放精挑細選都行。」

「呸，呸，呸！妳少和我胡說八道！」老太笑著罵她：「金谷園的姑娘還能弄到我們家來？那成何體統？」

「乾娘，我就知道您要門當戶對的，」古美雲笑說：「可是現在時代變了，再從那兒去找翰林第的小姐呢？」

「即使沒有世家小姐，也要找個身家清白的讀書人家的小姐才是。你眼睛尖、耳朵長，天放又是一隻花腳貓兒，說不定那天他屁股一翹又走了，他已經老大不小了，光桿兒還能再打下去？」

古美雲望望天放，又對老太太說：

「乾娘，剛才我是說笑話兒，天放現在是水漲船高，這件事兒恐怕不能求急，定要細訪，總要配得上才是。」

「我就是這個意思，」老太太點點頭：「但是妳不能和我拖死狗，妳要給我趕快辦！」

「乾娘，我又不會變戲法兒？怎麼能說要就要？」古美雲向老太太笑笑，又指著天放說：

「也得他先開出個條件，我才好去找。」

古美雲隨即問天放有什麼條件？天放笑著向她說：

「雲姑，我已經老大不小了，還有什麼條件？婆婆要抱曾孫子，只要是個母的就行。」

天放說得梅影、蝶仙、文珍、香君都嗤的一笑，老太太白了天放一眼，笑著對古美雲說：

「妳別信他胡說八道，他是故意氣我，妳給我選一個配得上我這個家庭和他本人的千金就行了。」

「乾娘，北平這麼多人，您這不是叫我去大海裏撈針？」

「我看也只有妳才有這個本事，妳還非給我去撈不可。」老太太說。

老太太把這件事兒交給古美雲，古美雲也樂意作這個媒人，便有不少人把女兒的生八辰字託人送過來，周而福更自告奮勇地來作這個媒人。現在他的靠山全倒了，他也丟了紗帽，他知道天放的官兒不小，是當前的紅人，便拿了他朋友余喆的小女兒的八字來看老太太，恰巧天放也在家，他先向天放一疊連聲地恭喜，還翹起大拇指說：

「還是世兄有眼光、有志氣，才有今日的風光。」

「姻伯過獎，我能活著回來就不容易，還談什麼風光？」

「這也是三十年風水輪流轉。令祖父貴為尚書，令尊一直不曾出仕，現在世兄又重振家聲，算來自令祖父謝世到現在，恐怕有三十年了吧？老夫人，我有沒有記錯？」

「親家的記性真好，」老太太高興地說：「先夫過世已經三十多年了。」

「現在世兄已經接上了腳，看來府上又有幾十年的好風光了。」周而福恭維地說。

「親家，世事難料得很，會不會就這樣天下太平？誰也說不定，我們龍家家運的興衰也很難說。」

「看天放世兄的氣勢，正如日方昇，前程似錦。」周而福打量天放一眼說。

「但願託親家的福。」老太太客氣地說。

「聽說天放世兄這次回來要完成終身大事，我倒想討杯囍酒喝。」周而福打量老太太一眼說：「不知道老夫人選好了孫媳婦沒有？」

「一時還沒有合適的對象。」老太太回答：「親家翁知不知道有那一家的千金待字閨中？」

「老夫人不提我還不敢拿出來。」周而福向老夫人諂笑，立即從袖筒裏摸出一張紅紙、一幀照片，雙手遞給老太太：「這是我的好友余喆的小姐的生辰八字和照片，請老夫人和世兄看看，余兄是前清的四品京官，他這位小姐也是才貌出眾，品學兼優，要是您們中意，我這個媒人就做定了。」

老太太看了一會又遞給天放看，天放看後又還給老太太，周而福笑問天放：

「世兄意下如何？」

天放心裏並不喜歡，但嘴裏不好明說，便推給老太太：

「姻伯，照我們家的老規矩，婆婆要找人合了八字以後再談。」

「世兄是新派人物，怎麼也作興合八字？」周而福不禁好笑。

「這是我們老祖宗傳下來的大學問，不能不分青紅皂白的廢掉。」天放說。「這和女人的小腳放大不同。」

「也好，」周而福見風使舵：「不管我這個媒人做不做得成？反正這杯囍酒我是要喝的。」

「那是一定要請親家翁闔第光臨的。」老太太笑說。

「現在民國一統，世兄可要把握機會大展雄圖，我這個做親戚的也好禿子跟著月亮走。」周而福說。

「姻伯，現在國事如麻，日本人正想一口吃下我們這塊肥肉，我個人倒沒有什麼企圖，只希望大家同心一德，不要再是一盤散沙才好。」

「世兄說的有理，只怕有世兄這種想法的人不多。」

「姻伯，我不管別人怎樣想，我只是盡其在我。」

周而福覺得有些話不投機，不好再說下去，他識趣地告辭。隨後又對他們祖孫兩人說：

「余小姐的事兒不管成與不成，希望千萬不要張揚出去，不然醜了媒人也醜了小姐。」

「親家翁，請您放心，合了八字以後我一定會給您回信，先多謝您費心。」老太太說。

周而福走後，天放對老太太說。

「婆婆，我看不必再合什麼八字了。」

「你滿意了？」老太太笑問。

天放搖搖頭。老太太又說：

「不妨合合八字再看，說不定余小姐是個幫夫命呢？」

「婆婆，我說老實話，」天放說：「周家姻伯是個老官僚，當初您替天行訂這門親事我們兩兄弟都不在家，不然即使天行不反對我也會反對。」

「你還提這陳年爛帳幹嘛？」老太太白他一眼。

「現在輪到我了，我就不喜歡再和周家姻伯這種人牽藤絆葛。」

「你不要弄錯了，他是替余家小姐作媒，他自己再也沒有女兒了。」

「余家小姐我也看不順眼。」

「你現在已經不年輕了，余家小姐小你十歲，你還不滿意？」

「婆婆，這不是年齡問題，我一看照片就覺得和她無緣。」

「那我怎麼回覆他。」

「這很簡單，就說八字不合好了。」

「你這孩子，你這光桿兒要打到什麼時候為止？」老太太輕輕歎口氣。

「婆婆，您不要著急，」天放笑著向老太太說：「以前我完全沒有想到成家，現在有了這個念頭，您就不要愁我再打光桿兒了。不過我不想和天行那樣心裏老長個疙瘩。」

「你和他的情形不同，他有文珍、香君和美子牽腸掛肚，你無牽無掛，心裏怎麼會突然起個疙瘩？」

「要是這一次弄得牛頭不對馬嘴，那不是一個大疙瘩？」

老太太沒有作聲，天行的婚事她心裏多少有點兒不自在，現在雖然都已綠葉成蔭子滿枝，可是天行總像是失落了什麼似的，這點她看得出來。何況東京還有一個癡情的美子未嫁，龍子也不能歸宗，這都是大家怕碰到的問題。文珍、香君每次來時也是強作歡笑，心裏也一直悶悶不樂。天放又舊話重提，她也希望天放的婚姻不要再有差錯。

天放回家以後一直很忙，平、津、保三地跑來跑去，婚姻這件事兒好像不放在心裏，他父親託人介紹了三位小姐他也不滿意，連古美雲介紹的一位他也婉謝了。古美雲不知道是什麼原因？特別邀他去金谷園作了一次密談。

「我介紹的那位王小姐可是一位大學生，思想很新，人又漂亮，又年輕，家世也好，你看了怎麼還不滿意？」

「雲姑，年紀太輕的小姐對我並不合適，我沒有時間和耐性去侍候她，我不能把老婆像鳳凰蛋似的捧在手裏。而且現在頭腦新的女孩子也難免犯些幼稚病。」

「什麼幼稚病？」古美雲連忙問。

「現在頭腦愈新的女孩子愈不重視舊道德，也很容易走上岔路，掉進陷阱還不自知，還以為自己思想前進？我看王小姐是個有野心的女孩子，可不是位好妻子。」

「你現在的工作和地位，不正需要一位這樣的賢內助嗎？」古美雲說。

「雲姑，這樣的女人不是賢內助，是壞事的禍根。我不希望我家也出一個慈禧太后。」

古美雲被他說得一笑。隨後又說：

「乾娘為你的婚事急得很，你自己有沒有中意的女人？」

「雲姑，我在外面跑了這麼多年，見的女人也不少，我並不是一個土包子。不過看來看去，我覺得男人要娶太太，還是娶日本女人和我們三從四德的女人好。以天行來說，他不能娶文珍、香君和川端美子，我一直替他難過。」

「周素真倒也是三從四德的女人。」

「她可沒有文珍、香君、美子那種靈性，光是三從四德還是美中不足。」

古美雲望著他一笑說：

「真想不到！大家一向以為你對女人是漠不關心，大而化之，想不到你還有這種看法？不過這種女人那兒去找？」

「雲姑，說來好像遠在天邊，其實近在眼前。」

「我們這兒的姑娘別說你不會要，乾娘也絕對不會讓她進門，我真想不出那還有誰？」

「雲姑，您看蝶仙是不是很好？」

古美雲倒退兩步，怔怔地望著他。她做夢也沒有想到他會提到蝶仙！她定了定神說：

「你的眼光的確不錯！蝶仙是很好，可是她已經下定決心不嫁人了。」

「雲姑，您知道她為什麼不想嫁人嗎？」

「這我倒不大清楚，」古美雲搖搖頭：「她不是為了侍候乾娘嗎？」

「那也是一個原因，但我知道她是看了天行和文珍、香君、美子以及周素真的事兒，她才灰了心，決定不嫁人。連梅影也是一樣，她們不想痛苦一生。」

「如果她不改變主意呢？」

「我們從小一塊兒長大，彼此瞭解，她應該沒有什麼顧忌？」

「可是她年紀已經不小了？」

「她又沒有七老八十。」

「再說，她的身分合不合適？」

「我可沒有那種觀念，我看重的是人。」

「恐怕乾娘的觀念一下子改變不過來？」

「婆婆最疼她，婆婆並不太老古板，何況天行的事兒　她心裏也一直不舒坦，只是嘴裏說不出來。」

「當時妳怎麼不直接向乾娘提起，要兜這麼大的圈子？」

「我怕她不到黃河心不死，所以先讓她託人作媒，這也是尊重她的一種方式。」

「現在你怎麼又敢提？」

「婆婆勞師動眾的結果，我一個也沒有中意，她心裏正急，不會讓我再打光桿兒，這時提起，她比較容易接受。」

「你說得倒也有理。」古美雲點點頭。

「婆婆要是同意，她不但多了一個孫媳婦兒，也不會少了一個人服侍，這豈不是兩全其美？」

「你想得倒很周到，不過你娶蝶仙真不怕失了身分？」

「娶媳婦是我自己的事兒，可不是娶給別人看的。」天放笑著回答：「再說，蝶仙雖然是丫鬟身分，她可比周素真強多了，她沒有一點兒小家子氣。一旦婆婆百年之後，如果我要她撐撐場面，她一定撐得很好。」

「你不但思想開通，也真有眼光！」古美雲笑著拍拍他：「蝶仙本來是個很聰明能幹的姑娘，又經過乾娘這麼多年的調教，她不但上得了大臺面，將來還真能接上乾娘的腳呢！」

「蝶仙在我們家裏雖然是丫鬟身分，可是我兩兄弟和她一直像兄弟姐妹一樣，沒有分什麼主僕，只是我粗枝大葉兒，沒有天行那麼細心體貼。」天放說著不禁一笑。「何況人一生下來都是一樣的，死時也是一樣的，並沒有什麼差別。」

「不過我要提醒你一下，你娶蝶仙也不怕你姑爹笑話？」

「雲姑，這您放心，像姑爹那種勢利小人，他現在巴結我都怕來不及呢！還敢笑話我？」

「你到底是經過一番歷練的，」古美雲點點頭說：「要是你姑爹當初想到你會有今天他可能不會做得那麼絕？天行、文珍他們就不會是今天這種悲劇了。」

「天行真被姑爹整得太苦了！我真不想再提他。」

「好，我們不再提他，」古美雲點點頭：「我會向乾娘提蝶仙的事兒，看她的意思如何？」

「雲姑，這件事兒就拜託您了。向您說話比我當面向婆婆和蝶仙說話方便，我有事要立刻去保定一趟，三、五天後回來再聽您的消息。」

天放走後，古美雲就來看老太太，她乘蝶仙不在時，把天放的話告訴老太太，老太聽了又驚又喜地說：

「蝶仙是很不錯，不過不論怎麼說他總是個丫鬟，合不合適？」

「乾娘，當初您如果不是有這種顧慮，讓天行和香君先圓房，香君也不會嫁給石獃子，痛斷肝腸的。」古美雲說。

「我倒不是不同意天行和香君的事兒，我是覺得當時他們兩人都太年輕，等天行明媒正娶之後再讓香君陪房，想不到天行在日本遇到美子姑娘又不敢告訴我，香君的父親又貪圖石家的錢財，硬把香君嫁過去，事情就是這樣陰錯陽差，我心裏也一直不自在……」老太太說著不禁黯然欲淚。

「乾娘，現在天放既然選上了蝶仙，您應該答應才是?」

「可是蝶仙說過不嫁人的，她自己是否同意?我還不知道?」

「乾娘，我先前說了那是她看了天行、文珍他們不幸的事兒說的傷心話。現在情形不同，天放和她又是一塊兒長大的，我想她會答應。」

「要是她答應了，我自然會成全他們。」老太太擦擦眼淚說。「事到如今，他們兩人都不能再拖了。」

「那我去和蝶仙私自談談?」古美雲望著老大太說。

「慢著!」老太太忽然用手止住她：「我想替他們兩人合合八字再看?」

「乾娘，您知道蝶仙的八字嗎?」古美雲問。

老太太點點頭，隨即把蝶仙和天放出生的年、月、日、時辰告訴她，然後又交代她說：

「一物不煩二主，索性麻煩妳去找個好算命先生，替他們兩人合一下，看看他們的造化如何?」

「要是八字不合呢?」古美雲問。

「那我就不能同意。」老太太說。

古美雲望望老太太，馬上打退堂鼓：

「乾娘，我不能去。」

「為什麼？」

「我真怕萬一他們兩人的八字不合，我不是白跑了一趟？」

「那我要從雲去找人合好了。」老太太說。

「不必麻煩二哥，還是我去請白雲山人合一下好了。」古美雲笑著說。

「妳可不能和什麼白雲山人串通起來騙我？」老太太盯著她說。

古美雲望著老太太一笑，無可奈何地說：

「乾娘，您一點兒不老，還是和七十歲時一樣靈光。」

「我就相信妳這一次，妳快去快回。」老太太笑著向她揮揮手。

白雲山人是個很有名氣的算命先生，金谷園的姑娘們也常找他算命。這次古美雲突然輕車簡從光臨，使他受寵若驚。古美雲先向他說明來意，然後將兩人出生的年月日時告訴他，他迅速把兩人的四柱排好，一排完就說：

「恭喜！恭喜！坤造壬辰日主，乾造丁酉日主，干支都合，真是天作之合，再好也沒有了。」

「山人，你可要實話實說，不必恭維。」

「我鐵口直斷，一點也不恭維。」白雲山人放下筆說：「照兩造的八字看，男的正官透干，身坐貴人，是個貴格，現在的官兒就不算小；女的是聰明絕頂，月上正印坐文昌，很有文才，早運不佳，先賤後貴。兩造配合，相得益彰。」

「他們同年有沒有關係？」

「沒有關係，」白雲山人用力搖頭：「像這種天干地支都合的日主，就是年上逢沖也沒有關係。」

「為什麼有的算命先生說屬猴的不能配屬虎的，屬龍的不能配屬狗的，屬雞的不能配屬兔的呢？」

「那是皮相之見，合婚最要緊的是看雙方日主的刑沖合害，天干地支都合那是最好的。二爺，您放心好了，我怎麼敢騙您？」

「您可不可以在他們的八字上批幾個字兒？」

「當然可以。」白雲山人說著就在他們兩人的四柱後面寫了「天作之合」四個字。

古美雲把那張印了「白雲山人論命」六個紅字的白毛邊紙往皮包裏一塞，送了兩塊大洋給他，他連連道謝，一直弓著腰送她上車。

古美雲回到老太太這邊，把經過情形向老太太複述一遍，老太太自己雖不會算，因為她丈夫龍繼堯也精通命理，她耳染目濡，對那些命學術語也懂得不少。而古美雲不但口才好、記性也好，白雲山人的話她講的絲毫不差。

「這樣說來，妳沒有騙我了？」老太太望著她似笑非笑地說。

古美雲這才從皮包裏取出那張紙來遞給老太太，老太太看了「天作之合」四字自言自語：

「真想不到他們兩人倒是很好的一對兒？」

「乾娘，現在我該可以和蝶仙私自談談了？」

老太太笑著點點頭，古美雲便把蝶仙約到後花園的八角亭裏。時序已經進入初秋，有點兒涼意，天空一片蔚藍，花園裏的秋海棠正在開放。池裏的荷葉已老，結了很多蓮蓬，金魚、錦鯉已經長得很大，在荷葉底下優游。古美雲指著一對紅白相間的漂亮錦鯉對蝶仙說：

「妳看那兩條錦鯉多恩愛？」

「池裏的魚兒愈來愈多，再過兩年恐怕要找個地方放生了。」蝶仙說。

「蝶仙，我有一句私話兒想和妳講，不知道該不該講？」古美雲忽然把話題一轉。

蝶仙望望她，爽利地說：

「雲姑奶奶，您有什麼話直說好了，您對我還有什麼好忌諱的？」

「是這樣的，」古美雲向她一笑：「妳知道大少爺這次回來可以說是衣錦還鄉，提親的人不少，可是他一個也看不上。你們是青梅竹馬一塊兒長大的，他就只中意妳，不知道妳的意思如何？」

蝶仙聽了身子一震，似喜還驚，過了一會才說：

「雲姑奶奶，您該不是說笑話兒吧？」

「我怎麼會和妳說笑話兒呢？這是他親口對我講的！」古美雲說。

「我已經過了花朝了，大少爺還正當令，我怎麼配得上他？」蝶仙黯然地說：「再說，大少爺、二少爺雖然不曾把我當丫鬟看待，畢竟彼此身分地位不同，我也從來沒有想過要飛上梧桐樹做鳳凰的。」

「這都不是問題，」古美雲笑著搖搖頭：「只要妳點頭就行。」

「本來我和梅影都決心不嫁人，不然也不會拖到現在。」

「我知道妳們不想嫁人的原因。」古美雲望著她說：「但是此一時也，彼一時也。大少爺表面上對男女間的事兒好像是大而化之，其實他心裏明白得很，我真佩服他的眼力。」

蝶仙沈默了一會兒，又說：

「雲姑奶奶，不瞞您說，我看了二少爺的婚事實在寒心，我不敢相信人間會有美滿的婚姻？」

「妳要是答應嫁給大少爺那就不同了。」

「那有什麼不同？」

「你們兩人都是單絲單線的，沒有牽腸掛肚的事兒。」

「大少爺在外面這麼多年，未必沒有意中人？」

「一來大少爺不是拈花惹草的人，二來他也沒有那麼些功夫和女人磨菇，我看妳倒不必操這個心。」

「還不知道老夫人和老爺、太太的意思怎樣？」

「是老夫人要我來徵求妳的意見的，而且她還要我替你們兩人合過八字。」

「算命先生是怎麼說的？」

「白雲山人說是天作之合，再好也沒有了。」

蝶仙紅著臉一笑，隨後又說：

「我真怕我沒有這個造化！」

「白雲山人說妳聰明絕頂，很有文才，先賤後貴，這些他都看出來了。」

「我又不是美子姑娘和表小姐，那有什麼文才？」蝶仙含羞一笑。

「妳說話往往出口成章，這不就是文才？」古美雲說：「如果妳以後也像香君一樣用功讀兩年書，那可就文氣衝天了！香君的文筆已經很不錯，這妳是知道的。」

蝶仙心想她就是太忙，尤其是照顧天行三個孩子費心太多，更沒有時間讀書，如果她以後也能像香君趁天行在日本那三年時間日夜用功讀書，她相信不會比香君差的。想到這兒她暗自高興，便不作聲。古美雲笑著問她：

「那我該怎樣去回乾娘的話呢？」

「雲姑奶奶，我和香君不一樣，我是老夫人買來的，由老夫人作主好了。」

第五十八章 天放效鳳凰于飛 楊通請滿漢全席

天放和蝶仙的婚事，不但親戚朋友沒有料到，連家裏人都沒有想到。可是當他們在國民飯店舉行婚禮時，不請自來的客人卻很多，外埠禮到人未到的還不少，大人物們送的喜幛掛得滿滿的，場面和阮雪冰在八國飯店娶小鳳時不相上下，比彼得和文珍的婚禮場面大多了，平、津、保的達官貴人幾乎全到了。

周而福沒有作成媒人心裏雖然不大舒服，可是他還帶著太太親來道喜，並且送了一分厚禮，彷彿沒有作媒不成那回事兒。連楊通、楊仁父子也厚著臉皮隨著龍從容、文珍母女一道過來道賀。高管家和卜天鵬以及那位隨從招待客人，楊通見卜天鵬也笑嘻嘻，彷彿沒有挨揍那回事兒，高管家他們自然不好攆他們父子兩人出去。楊通送了五百大洋的重禮，他賺的錢實在太多了，這不過是九牛一毛。他又想來押天放這一寶。

他們父子兩人突然出現在這種場合，倒使老太太和龍從雲夫婦、天行大為驚異，天放卻彷彿預料到似的，沒有感到意外。他們父子兩人厚著臉皮向老太太請安，和大家打招呼，父子兩人的嘴彷彿抹了蜜，都甜得很。老太太一肚子氣在這種場合也發不出來，龍從雲夫婦也拉不下臉。天行望望文珍，文珍立刻低下頭來。香君卻氣得滿臉通紅，故意提高聲音對天行說：

「二少爺，我還像是剛從紫竹菴回來的，你怎麼就忘了？」

天行臉上一陣慘白，楊通回頭望了香君一眼，悄悄溜進人堆。別人都聽不懂香君這兩句話的意思，也沒有注意這件事兒。

香君看到蝶仙和天放結婚心裏固然高興，可是一看到楊通父子就很痛恨，不然她和文珍就不是這樣的了。

天行看蝶仙化粧後年輕了許多，彷彿還是豆蔻年華，也使她想起美子，當年在東京時天放就說美子有些像蝶仙，今天看來，更有幾分相似，這些年來蝶仙替周素真照顧三個孩子，比周素真細心周到，孩子們和她的感情也特別好，口口聲聲「姑姑」，圍著她團團轉。他心情不好時她也百般勸慰。他正暗自擔心，一旦祖母去世之後她的歸宿問題，想不到這次天放回來，悄悄和他談起蝶仙，問蝶仙會不會是個好妻子？他告訴天放蝶仙照顧他三個孩子的情形，說她是位難得的賢妻良母，娶了她就可以正式成為龍家的人，不必為她以後的歸宿耽心了。天放對蝶仙的印象一直很好、認為她灑脫能幹，不像梅影那麼文弱。天行說她是一位難得的賢妻良母，更增加了他的信心，他不願意受妻室之累，像蝸牛揹著殼一樣揹著家到處跑，娶了蝶仙就沒有這個顧慮，可以把她留在家裏，自己到處跑都無後顧之憂。因此他才決定娶蝶仙。天行也認為他這個決定很明智、很開通，天行認為蝶仙是他們家最聰明最能幹的人。在家裏她是個賢內助，在外面應酬她也是個能應付各種情況的人，那次她陪他去金谷園住了幾天，連金大娘和小玉都很佩服她，她和她們也處得很好，都認為她的能耐不在古美雲之下，他覺得哥哥正需要蝶仙這樣一位能輕能重的好妻子，不是茶來伸手，飯來張口的嬌滴滴的蘇州少奶奶。同時對他三個孩子的教導也很有幫助。周素真粗心大意，還有些小家子氣，更不懂怎樣教導孩子。

龍從雲夫婦對蝶仙也很欣賞，龍太太還認為蝶仙將來是龍家的第二個老太太，一旦老太太百年之後，她會把家務事都交給蝶仙處理，她認為周素真是泥巴菩薩過江，撐不起這個家來。

天放、蝶仙兩人的婚禮是新式的，不過宴完賓客之後，回家來又正式拜過祖宗天地，才進入洞房。

龍從容、文珍母女和香君、古美雲都陪老太太回來，老太太十分高興，她的心願已了，再也沒有什麼牽掛。

「文珍，妳爹和哥哥今天是怎麼來吃喜酒的，妳知不知道？」老太太問。

「外婆，這還用問？」文珍苦笑：「今天的大表哥不是十年前的大表哥了，爹還不見風轉舵？」

「他們選的這個時機很不錯，使我這張老臉皮也拉不下來。」老太太自嘲地說：「他們吃過喜酒以後怎麼就走了？」

「娘，他們既然放了線，您還愁他們不來？」龍從容也笑著說。

「我實在太老了，愈老愈糊塗！尤其是這個記性兒更差得很，今天幾杯酒一喝下肚，很多陳年爛帳都忘光了。」老太太自言自語起來。

大家知道她是故意裝糊塗，在給他們父子兩人開個方便之門，不禁好笑。古美雲笑著對她說：

「乾娘，我還真沒有見過您這樣糊塗的老太太？天天唸著給天放娶媳婦、抱曾孫子。我要是到了您這個年紀，連自己姓什麼都記不得，那還曉得要去喝孫子的喜酒？」

古美雲說得大家都笑了起來，老太太也笑著說：

「我吃了幾十年齋，口裏都淡出水來，嘴一饞，就顧不得葷的、素的一起吃下去了。要是錯過了這一村，那有下一店呢？」

老太太也說得大家好笑。古美雲又湊趣地說：

「乾娘，明兒我就辦一桌滿漢全席請您吃，您可要賞光呀？」

「罪過，罪過！」老太太雙手合十：「我吃這一頓喜酒，是名正言順，還得懺悔十天半個月。要是吃了妳的名不正言不順的滿漢全席，我這一輩子也懺悔不完了。」

大家說說笑笑，談到很晚才睡。文珍和香君很久沒有同榻而眠，互訴衷曲，因此她們兩人又睡一個房間。

「還是蝶仙姐的造化好，順順當當地和大少爺成了親，沒有牽腸掛肚。」香君說。

「也真沒有想到，大表哥在外面闖蕩江湖那麼多年，居然沒有一個紅粉知己，還是回到家裏和蝶仙姐成親。」文珍說。

「蝶仙姐要不是看到我們的遭遇寒了心，也不會拖到今天才嫁。」

「這些年來我一直為她和梅影姐耽心，要是外婆一旦過世，不知道她們兩人是怎樣的結局？」

「現在蝶仙姐有了最好的歸宿，既不像我們兩人窩囊痛苦一輩子，也不像梅影姐一樣吊在半天雲裏晃晃蕩蕩。」

「還有一個人和梅影姐一樣吊在空中。」

「誰？」

「美子。」

「她還沒有嫁人？」

文珍搖搖頭。香君問她：

「妳怎麼知道？」

「最近她還和我通信，說她在帝大教書，生活很平靜，龍子也用功讀書，成績很好，很像父親。加藤夫人已經去世，加藤先生身體也不好，需要她照顧。」

「這大概就是她不嫁人的原因？」

「她能自立，不必靠男人。從她對加藤先生和二表哥的態度看來，真是有情有義。」

「想不到日本也有這樣有情有義一馬不配二鞍的女人？」

「日本女人也很多情，她受漢學影響又深，也沒有人壓迫她嫁人，所以她能善始善終。」

「她一天不嫁人，二少爺就一天不能安心。」

「我看他結婚這麼多年，和二表嫂還沒有感情。」

「這還不是和我們一樣？」香君望著文珍苦笑。

「男女間的感情這件事兒真是勉強不來的，」文珍輕輕一歎：「氣味兒不相投，即使天天同床共被，還是陌路；如果心有靈犀一點通，那就天涯若比鄰，千山萬水也隔不住。」

「妳這話真是一針見血。」

「像二表嫂結婚這麼些年，還是那麼粗心大意，好像長不大似的，她到現在還不瞭解二表哥是怎樣的人。」

「今天看到大少爺不費吹灰之力，不傷一點腦筋，就和蝶仙姐成了親，我更覺得二少爺不幸。」

「我們都是同樣的苦命，這有什麼法子？」

「大概我們前世都得罪了月下老人？這次他就給我們亂點鴛鴦了。」

兩人談來談去，不免一陣欷歔，淚眼相對。

隨後她們又談到自己的孩子。文珍說她兩個孩子自小就由彼得灌輸崇洋思想，而且請司徒威洋行裏的英國人做家庭教師，平日講話也用英語，甚至一舉一動都學英國人。兒子亨利心眼兒倒不少，可是不是讀書的料。女兒瑪琍比較好些，但是不愛寫毛筆字，不愛讀四書，完全洋腔洋調，眼睛裏也沒有中國人。」

「妳不該給他們取個洋名字。」香君說：「將來長大了她就更不會承認自己是中國人了。」

「是彼得和司徒威給他們取的，我怎麼作得了主？」文珍無可奈何地說。「其實他們早已入了英國籍。」

「我倒不耽心我的孩子會變成洋人，子女管教全由我作主，我家裏又沒有一點羊騷味兒。只可惜兒子家麟像他老子，也有些癡癡獃獃，女兒杏芳倒很聰明伶俐。」

「這倒巧！」文珍向香君一笑：「兒子像他老子，女兒像妳，妳倒比我好。」

「二少爺的三胞胎兒子都很不錯，不大像娘，這真奇怪？」

「老天爺就是這樣捉摸不透，我們真被他戲弄得好苦！」文珍歎口氣說。

「人生真像一場夢？」香君也歎口氣說：「我們這場夢不知道什麼時候完？又是怎樣的結局？」

「開頭就顛顛倒倒，我看結局也不會好？」

突然一陣喔喔喔的雞啼，兩人怵然一驚。文珍黯然一笑說：

「我看今兒晚上我們兩人又睡不成了？」

「您還記不記得二少爺去日本的當天晚上我們兩人也沒有睡成？」香君笑問。

文珍點點頭，隨後又說：

「我還記得他那天夜裏作的那首詩。」

「對!我也想起來了,」香君笑著點頭:「開頭兩句是:『辭京辭廟渡重洋,不為封侯不病狂。』」

「僕本有心學張敞,卿原無意作王嬙。」文珍接著背了這兩句,又歎了一口氣說:「結果他沒有作成張敞,我倒作了王嬙。」

「還有一位『哭到櫻花零落盡,相思深處夜遲遲』的人呢!」香君又背出美子那首詩的最後兩句。

「多情自苦空餘恨,我們和美子、二表哥都是癡人!」文珍苦笑地說。

「還是大少爺和蝶仙姐好,他們不兒女情長,了了當當,我看他們會平安過一生?」香君說。

「但願如此!」文珍說:「像我們這樣,會少活十年。」

「我真願意早投胎,重新來過。」香君說。

雞又喔喔地叫了,她們只好睡下。香君和衣躺在床沿,文珍怕她著涼,要她脫下衣服睡,她說:

「反正睡不著,我只是躺著休息一會兒,不會著涼的。」

香君真是一夜未曾闔眼,天一亮就悄悄起床。文珍也跟著起來,其實她也未曾睡著,只是閉著眼睛裝睡。

天放、蝶仙也起得很早,他們是不好意思睡。蝶仙看見她們有些害羞的樣子,但掩飾不住內心的喜悅。文珍、香君跟著他們兩人去向龍從雲夫婦和老太太請安。

天放公忙，沒有時間度蜜月，他提議趁著大家都在一塊兒，一道去故宮博物院參觀。這個故宮博物院就是明清兩朝的皇圈圈、紫禁城，皇宮，有一萬多間雄偉、壯麗的建築，有宮殿、樓臺、亭閣、花園、水榭、廟堂、戲樓、白玉欄杆、金水橋……從南門午門到北門神武門，分東中西三路參觀，也夠瞧三天的。以前大家都沒有參觀過。老太太和古美雲是進過宮的，可不許到處參觀。自從二馬將軍的國民軍佔領北京，軟禁花錢買來的總統、解散豬仔國會、繳了紫禁城內守衛的械，把小皇帝趕出宮之後，這個明清兩朝的皇宮就改成博物院，開放任人參觀。

大家聽了天放的提議都很贊成，都想看看皇宮是什麼樣子？只是老太太年紀太大，她不能去。梅影說要服侍老太太，不肯去。老太太體諒她，尤其是蝶仙成親之後，怕她心裏難過，特別慫恿她去。

早飯後，天放吩咐隨從先去買門票和中午的點心，要他在午門等候。他準備快馬加鞭，以一天的時間遊完故宮。別人多半是午飯後進去，晚飯前出來，因為故宮裏面沒有飯館。

他們一行十一人，包括龍從雲夫婦、龍從容、文珍、天放、蝶仙、梅影、天行、香君、周素真、古美雲等來到午門時，天放的侍從早在那兒等候。

故宮的四週是朱紅的宮牆，這便是有名的紫禁城。紫禁成的正門叫午門，城牆上那座有名的城樓叫五鳳樓。中外馳名的天安門就在五鳳樓的前面。紫禁城建造到現在有五百多年的歷史。

他們從午門進去，以中路為主要參觀路線，首先看到一大片廣闊的院落，橫貫一條金水河，河上有五座白玉石砌成的金水橋，河的西岸還有形似玉帶、雕工精細、曲折多姿的玉石欄杆，看來十分高雅美觀。

文珍、香君、蝶仙、梅影她們撫摸著玉石欄杆，俯視著澄清的河水，和水中的游魚，不忍離去。古美雲、周素真也湊過去看，他們七人站在一塊，倒像一副七美圖。古美雲年紀雖然大些，但她保養得好，依然風姿綽約，器度更佳。

由金水橋往北走，便是宮殿的大門太和門，太和門內也是一大片廣闊的院落，方塊地磚平坦如鏡。

太和殿是明清兩朝皇帝登極，慶祝皇帝生日、新年、冬至、宣佈政令的地方，也就是一般人說的金鑾殿。

太和殿是三大殿中的第一殿，白玉石階，建築雄偉，油漆彩畫，金碧輝煌，當年皇帝南面而坐，兩旁站著文武百官，聲聲萬歲，那種君臨天下的氣勢，真的令人不敢仰視。

他們來到殿中，不免引起許多感觸，古美雲笑著對天放說：

「要不是你們推翻了滿清，廢除了帝制，今天我們怎麼能站在這兒？」

事實上不止他們十一人，還有許多參觀的人也在交頭接耳，議論紛紛。

「希望今後不要再有人騎在老百姓頭上，在這兒作威作福。」天放說：「我們犧牲了不少人的性命，才把愛新覺羅的家天下變成民國。」

中和殿在太和殿與保和殿之間，遊客很多，他們匆匆看過之後就到保和殿。保和殿是皇帝大宴群臣、和科舉殿試的地方，這兒不知道出過多少狀元、進士？

「當年許狀元和你們的祖父都是在這個殿裏考出來的。」古美雲對天放、天行說：「可就是不讓我們女人考。」

「現在男女都是一樣，不分彼此了。」天放說。

「這也是你們的功勞，得來不易。」古美雲說：「可惜我的年齡大了，不然倒想弄張大學文憑，替我們女人爭口氣。」

「雲姑，現在女人大學畢業不算稀奇，師大每年都有不少女生畢業。」天行說。

「那下一輩子我就搶個先，去國外留學好了。」古美雲笑道。

「到那時女人出國留學也不稀奇了。」龍太太說。

「三嫂，要是前清准許我們女人參加科舉考試，也少不了妳個把舉人、進士。」古美雲笑著對鄧淑卿說。

「太平天國還有個女狀元呢！」龍從雲說。

保和殿是外廷的最後部分，再向北走就是內廷了。他們從後左門轉到左邊來參觀箭所、九龍壁、南三所、御茶膳房、上駟院、文淵閣、文華殿、傳心殿，再轉到右面的武英殿、內務府、造辦處，然後到慈寧花園休息，這匆匆一轉就去了一上午時間，他們在花園裏一面吃點心一面欣賞花木。慈寧花園比內廷的御花園、乾隆花園面積還大。古美雲這時突然想起小貴兒，她說：

「事先我不知道今天要遊故宮，不然把小貴兒叫來，要他帶我們逛內廷宮殿，那他就如數家珍了。」

「雲姑，您不提起小貴兒我幾乎把他忘了。」天放說：「我也是臨時起意的，要是有小貴兒一道，他一定可以講不少趣事兒給我們聽。」

「可不是？」古美雲笑道：「也不知道是那一朝的缺德鬼，想出這個絕法兒，要把一個好好的男人閹掉？這樣一直閹下來，閹到小貴兒這一代，恐怕太監比舉人、進士還多呢！」

古美雲說得大家都笑了起來。天行接著說：

「據小貴兒說，和他同時當太監的就有四、五千人。我看到一份資料上記載宣統十六年（編案：民國十三年十月二十三日，溥儀被逐出紫禁城）正月行二月分小建津貼口分單上的統計還有一千一百三十七名。滿清兩百多年，那該有多少太監？舉人、進士怎麼能比？」

「小貴兒也告訴過我，他說總管太監，貴賊王侯，富埒天子。他的頂頭上司二總管，一到冬季，一天換一件皮袍子，什麼貂翎眼、貂爪仁、貂脖子，沒有穿過重樣兒的，過年那天他穿的一件反毛的全海龍皮襖，就夠一個小京官吃上一輩子。」

「這真是駭人聽聞。」龍太太說。

「不但如此，」古美雲又說：「小貴兒還說他那位二總管還有小廚房、小太監侍候，還有外宅家眷、老媽子、丫頭，樣樣都全。」

「太監還有家眷，那他一定是個假的了？」天放開玩笑的說。

梅影、文珍、香君他們聽了臉一紅，蝶仙笑著白了他一眼。

「其實一點兒不假，」古美雲笑說：「小貴兒說他們兩人完全一樣，不過二總管要耍男人的威風而已。」

「像小貴兒那就可憐了。」梅影說。

「小貴兒還不算太可憐，比他可憐的更多。他說最低的只有月銀二兩，制錢六百，米一斤半，一年到頭吃苦捱打，如果犯了錯兒就攆出去，只有討飯餓死一條路了。」

「小貴兒在您那兒算是進了天堂了。」龍太太說。

「二嫂，要不是您們收容他，他也不會有今天。」古美雲說：「我待他是不薄，每月三十塊大洋，管吃管住，連重話兒也沒有說過他一句，所以他也死心塌地跟著我。」

「就憑太監這一個大不人道的制度，皇帝也非推翻不可。」天放說。

「據說明朝的太監比清朝還多。」龍從雲說：

「那有多少？」古美雲問。

「有十萬人。」

「這真是作孽！」龍太太說。

「這也是明朝亡國的一大原因。」龍從雲說。

他們吃完點心之後又趕著參觀內廷宮殿，內廷更是三步一宮，五步一殿，只能走馬觀花地看看太極殿、體元殿、長春宮、永春宮、翊坤宮、體和宮、儲秀宮、麗景軒，他們在乾清宮、交泰殿、坤寧宮，停留得較久，又去御花園轉了一下，再到鐘粹宮、承乾宮、景仁宮、景陽宮、永和宮、廷禧宮、瀏覽了一番。

龍從雲年輕時就聽父親說內廷乾清宮、毓慶宮字畫古籍最多，所以他也對這些宮殿特別留意，可是他一直看到毓慶宮，都沒有發現王羲之、王獻之父子的曹娥碑、二謝帖、鍾繇、懷素、歐陽詢、宋徽宗、宋高宗、閻立本、米芾、趙孟頫、董其昌等人的真蹟，司馬光的《資治通鑑》原稿，王維的人物。馬遠、夏珪、馬麟等人合畫的《長江萬里圖》、張擇端的《清明上河圖》、乾清宮西昭仁殿的全部宋版明版書的珍本。原來這些寶貝都被小皇帝和他弟弟偷運出宮移到天津去賣了不少，他們兩兄弟總共運出一千多件手卷字畫，兩百多種掛軸和冊頁，兩百種上下的宋版書。

龍從雲參觀內廷宮殿之後很失望地說：

「內廷那些好字畫古籍怎麼不見了？」

「爹，我看到善後委員會清查毓慶宮的一分文件說，小皇帝賞他弟弟的清單上的東西皆屬琳瑯秘籍，縹緗精品、天祿書目所載，寶籍三編所收的菁華，統統運走了。再加上八國聯軍的打劫，二馬將軍部屬的偷盜，金山銀山也挖空了，現在我們參觀的自然是個空殼子。」天放說。

「聽說內務府的大臣們和小皇帝的師傅們也偷了不少？」古美雲對龍從雲說。「他們和你一樣開古玩店，你買的字畫古玩未嘗沒有內廷的精品？」

龍從雲這才恍然大悟。不禁失笑：「那今天我是白來一趟了。」

「幸好這些宮殿沒有搬走，也算不虛此行。」龍太太說。「平日我大門不出，二門不邁，今天也算是開了眼界，不然住在京裏幾十年，連紫禁成都沒有進過，人家也會笑話。」

「妳說得不錯。」龍從雲向太太笑道：「我們老家九江的人，沒有上過牯嶺的人太多太多，說起來是有些好笑。」

「今天我也像劉姥姥進大觀園，變成個土包子了。」龍太太自嘲地說。

「我們家裏雖然不算寒傖，但怎麼能和宮裏相比？」龍從雲說。

他們邊說邊往回頭路走，走到午門就費了好半天時間。

古美雲請大家上館子吃晚飯。天放回家後她還沒有正式請過他，今天是一舉兩得。

龍從雲夫婦參觀了一天，有些疲倦。龍從容、古美雲和梅影、文珍、香君、周素真她們也說累。倒是天放、蝶仙、天行三人一如平日。古美雲打量了天放、蝶仙一眼，卻笑著對天行說：

「你們三位真是金剛不壞之身，逛了一天還是面不改色。」

「雲姑，我和天行從小練拳，打好了底子。」天放搶著說：「我在外面多年，又是馬不停蹄，沒有做過一天大少爺，您自然不能比。」

「蝶仙可是風不吹，雨不打的，沒有想到她比我們還經得起熬？」古美雲說。

「我雖是黃連命，幸好不是豆芽菜。」蝶仙笑說：「這麼一天半天我還撐得下來。」

龍從雲夫婦看他們三人身體很好，暗自高興。

飯後，龍從容、文珍母女逕自回去。古美雲叫車子送香君回去，龍太太怕她一人夜行不安全，叫天行護送她回去，周素真則跟龍從雲夫婦、天放、蝶仙他們一道回家。

「我真做夢也沒有想到大少爺會和蝶仙姐成親？」香君對天行說。

「妳是妒嫉還是羨慕？」天行故意問她。

「我怎麼會妒嫉蝶仙姐？」香君一笑：「我只有羨慕、祝福。老天爺總算沒有折磨他們。」

「其實我在日本時就知道哥哥對蝶仙姐有好感。只是他志在四方，不在兒女私情，所以一直沒有提過。這次他回來才和我談起蝶仙姐。」

「上次回來他怎麼不提？」

「那時天下未定，他還年輕，而且也很不得意，他怎麼敢冒大不韙和蝶仙姐成親？」

「大少爺也真沈得住氣。」

「他是比我有出息，不像我放不開。」

「您們兩人的志氣不一樣，走的路子也不同，不是您沒有出息。」

「他算是給我們爭了一口氣，沒有讓姑爹看扁。」

「昨天我一看見姑老爺就生氣，真恨不得咬他一口。」香君猶有餘恨地說：「他是個禍根，我至死都不會原諒他的。」

「生米已經煮成熟飯，恨他又有什麼用處？」

「我相信總有一天他會有報應。」

「他現在不是更有錢了，又有司徒威做後臺，誰能把他翻過來？」

「善惡到頭終有報，只爭來早與來遲。我不相信他會這樣一篷順風走打到底。」

天行不作聲，他心裏那個疙瘩到現在也沒有消掉，他知道自己會痛苦一輩子，但他從來沒有想到報復，也沒有想到楊通會遭到報應，香君看他不作聲，又問：

「美子小姐最近有沒有信給您？」

他點點頭，香君歎口氣說：

「這真是城門失火，殃及池魚！」

「我欠她的太多，這一輩子也還不清。」

「您不想辦法去看看她？」

「現在日本人這麼囂張，根本不把我們當人，我怎麼能去？」天行無奈地說：「何況那一位和她父親也不會放心讓我去。」

香君輕輕歎口氣。

車子來到香君的店鋪門口，店鋪已經打烊。香君下車之後突然回轉身來對天行說：

「但願時光倒流，我們都不曾長大。」

說完隨即低著頭急走幾步，用手推開虛掩的店門，側著身子閃了進去。

天行坐著原車回家，往事歷歷，不斷浮現，香君昨天對他說她像是剛從紫竹菴回來的，他又何嘗不是一樣？

他回到家裏，看見天放、蝶仙、梅影還在陪老太太聊天，也湊了過去，蝶仙看他臉色不大好，笑著問他：

「香君到家了？」

天行點點頭。隨後又說：

「她昨天在婚禮上看到姑爹，很不高興。」

「我知道她心裏也有一個疙瘩。」老太太說。

「她到現在還不原諒姑爹。」天行說。

「她比文珍還死心眼兒。」老太太輕輕歎口氣。

「這也難怪，」梅影說：「尤其是她看見蝶仙和大少爺成親，她心裏那個疙瘩自然更大了。」

老太太沒有作聲，過了一會她對天放、蝶仙和天行說：

「我要念經了，你們休息吧？」

他們各自散去，走到門外，蝶仙對天行說：

「抱歉，我不能照顧紹天他們睡覺，以後辛苦您了。小心他們半夜踢被子，著涼。」

天行的三個孩子從小由蝶仙照顧。餵他們吃飯，帶他們睡覺，她比周素真細心，也比她辛苦，天行心裏一直感激她，現在又聽她這樣說，不禁眼圈一紅說：

「蝶仙姐，他們已經不小了，可以照顧自己，您總不能照顧他們一輩子？」

「我倒希望能夠照顧他們一輩子。」蝶仙笑說：「我已經把他們帶親了。他們倒像是我的孩子。」

天行含著淚走開，回到自己的書房，前思後想，不禁黯然落淚，他又從抽屜裏拿出美子最近的來信看看，信上說：

加藤老師年紀大了，身體愈來愈差，他很想念你，他心裏有很多話要和您當面講；龍子也常問起父親，他也想見見你。可是戶口管制很嚴，尤其是快要成年的男子，更不能自由行動……

看了美子的信，他心裏更像一團亂麻，難以自解。

天放、蝶仙婚後第三天，周而福和楊通一道過來，他們帶來了一張共同署名的請柬，請天放、蝶仙夫婦和龍家全家到八國飯店吃飯。有周而福一道，卜天鵬就不好不讓楊通進門，他們那張請柬，老太太也很難當面退回。

「姻伯，不要再破費，我們心領就是。」天放說，他故意不提楊通。

「世兄，這是我和姑老爺兩人的微意，這次您雙囍臨門，我們做親戚的也與有榮焉，怎麼能怠慢呢？」周而福說。

「親家翁，您已經破費很多了，天放是晚輩，怎麼敢當？」老太太說。

「娘，您老人家可是長輩呀！」楊通厚著臉皮說：「一桌酒席怎麼能算是破費？」

「你還有我這個長輩？」老太太望著楊通似笑非笑地說。

周而福連忙笑著打圓場：

「老夫人，姑老爺一再和我談到您的寬洪大量，他一直想孝敬您，探望您，就是怕您不肯賞臉。我們兩人加起來有一百多歲，就請您和世兄賞我們兩人一個薄面好不好？」

老太太沈吟了一會兒說：

「我老了，又吃長齋，我看還是免了吧！」

「娘，我特別為您準備了一份素菜，您去坐一會兒，我們臉上也有光彩。」

「可是我這張老臉早就丟光了！」老太太說。

周而福又笑著對老太太說：

「老夫人，這次是我們三家至親團聚，除了古二爺沒有一個外人。大家都是您的晚輩，您老人家愛怎麼教訓就怎麼教訓，連我在內，絕對不敢哼個不字兒。」

「是呀！娘。」楊通連忙哈腰說：「您就是賞我兩耳光，我也不敢哼一聲。」

老太太望望他那圓滾滾的光頭，胖嘟嘟的身體，又好氣又好笑，輕哼一聲說：

「你滾吧！看您這副德性我就作嘔，別害得我明兒也吃不下飯。」

楊通聽老太太的口氣是應允了，便滿臉堆笑地站開，老太太又對周而福說：

「親家翁，今天完全是看在您的金面上，不然他就是用皇上的鑾駕來請，我也是不會去的。」

「多謝老夫人賞光，明兒我再來接，」周而福說。

「姻伯，不必了！」天放說：「明天我會陪婆婆一道去。」

「世兄，我知道您公忙，只有這幾天有空，平時又不肯應酬，不然應該遲幾天再請才好？。」

天放說了幾句應酬話，就把他送走了。

第二天，老太太、龍從雲夫婦、天放夫婦、天行夫婦七人，準時到達八國飯店，楊通、楊仁、龍從容、文珍和周而福夫婦已經先到，古美雲也隨後到達。本來楊通想要彼得來，文珍對他說：

「爹，您不要以為外婆賞了臉，您就得寸進尺，讓二表哥和彼得烏龜眼看綠豆。要是大表哥、二表哥一翻臉，您和彼得就吃不了兜著走！」

楊通聽了文珍的話，差點兒冒出一身冷汗來。他知道他們兩兄弟都是練過武的，他挨過卜天鵬的揍，他知道那是什麼滋味？楊仁當年也被天放揍得鼻青臉腫，何況他現在有權有勢，身上還有槍，楊仁更怕。所以才不敢讓彼得來。

這桌酒席其實是楊通請的，周而福不過是受楊通之託掛個名兒。既然不出錢，他也樂得作個順水人情。

楊通訂的是最寬敞豪華的貴賓室，他招待大家在沙發上坐下之後，就從口袋裏摸出一份燙了金邊的紅紙菜單，雙手遞給老太太看，老太太不看，順手交給古美雲，古美雲一看，上面工工整整地寫了一大篇：

燕窩雞絲湯、海參燴豬筋、鮮蟶蘿蔔絲羹、海帶豬肚絲羹、鮑魚燴珍珠菜、淡菜蝦子湯、魚翅螃蟹湯、蘑菇煨雞、轆轤魚肚、煨火腿、鯊魚皮雞汁羹、血粉湯、鯽魚舌燴熊掌、米糟猩唇豬腦、豹胎蒸駝峰、梨片伴蒸果子狸、蒸鹿尾、野雞片湯、風豬片子、風羊片子、兔脯房、豬肚江瑤舌羹、雞筍粥、豬羹、芙蓉蛋、鵝肫掌羹、糟蒸時魚、斑魚肝、西施孔、文思豆腐羹、甲魚肉片子湯、璽兒羹、哈爾巴小豬子、油炸豬羊肉、掛爐走油雞、鵝鴨鴿燴豬雜、什羊雜、什燎毛豬羊肉、白豬羊肉、白蒸小豬子、小羊子、雞鴨白麵餑餑、卷子、十錦火燒、梅花包子。此外還有洋碟二十件、熱吃勸酒菜二十碟、小乾果、鮮果十樣。

古美雲看完之後望著楊通笑說：

「姑老爺，您的手筆不小，這是一桌滿漢全席嘛！」

大家聽了微微一怔，在座的只有老太太、古美雲、周而福、龍從雲四人吃過滿漢全席。老太太不知道是楊通一人請的，便對周而福說：

「親家翁，我們不是外人，何必這麼破費？」

周而福支支吾吾，楊通卻輕鬆地說：

「娘，您春秋高了，難得請得動您；天放又衣錦榮歸，光宗耀祖，一桌滿漢全席，真不成敬意，也算不了什麼。」

「我知道你賺的錢太多了，沒有地方使。你何妨賙濟賙濟窮人，做幾件好事兒，也積積陰德？」老太太說。

「娘，他不會雪中送炭，只會錦上添花。」龍從容說。

楊通望了她一眼，連忙滿臉堆笑地向老太太說：

「娘，您別信她的話。您要是蓋廟，我一定捐一筆。」

「妳信的是耶穌教，怎麼會捐錢給我蓋廟？」

「娘，因為我是您的半子，我用無名氏的名義捐錢那有什麼關係？」

「我倒不想蓋廟，不過有大批水災難民需要救濟，我的力量不夠，你能不能伸出一隻援手？」老太太突然想起長江、黃河的水災，有很多難民正嗷嗷待哺，便想趁這個機會，要他拿筆錢出來賑災。

楊通馬上使出金蟬脫殼之計來：

「娘，今天我身上不便，改天再要從容送給您轉交好不好？」

「你打算捐多少？」

「我會盡力而為，盡力而為。」他滿臉堆笑地說。同時雙手扶起老太太，請她入席。

十四個人圍著一隻大圓桌坐著，上菜的茶房就有四位，筷子是象牙的，其他餐具全是銀的，菜是怎樣也吃不完，白白蹧踏了一大半。

散席後，龍太太在回家的路上悄悄對丈夫說：

「我看這桌滿漢全席又是黃鼠狼向雞拜年，要不是娘答應了我真不會來，娘想他救災，那可是在鐵公雞身上拔毛！」

第五十九章 加藤絕筆空餘恨 龍子歸宗格外難

天放、蝶仙的囍事之後，龍家又有一次大慶，那就是老太太的百歲大壽。這比以前的七十大壽和天放的婚禮都熱鬧。要人們送的「福如東海」、「壽比南山」之類的壽屏不計其數，賀客川流不息，遠在九江老家的大兒子從風，小兒子從雨也趕來拜壽。楊通更會湊熱鬧，還先在八國飯店訂了十桌酒席為老太太暖壽。除了龍家上下之外，請的都是和他在商場上關係密切的人物，他不但沒有賠本，在禮金上還賺了一大筆，那桌滿漢全席自然不在話下。他自己的身份也水漲船高，因為他巧妙地利用了天放這張王牌。

劉嬤嬤的兒子劉聯軍也很羨慕天放，他高中畢業後就想當軍人，要母親請求天放給他安插一個工作。天放看他長得高高大大，又從卜天鵬學過武功，倒是當軍人的上駟之材，如果在軍中當個閒雜佐屬，十分可惜，不如接受正規軍事教育，當個正式軍官好。

天放把這個意思告訴他們母子，同時說他九江老家的伯父龍從風有個孫子龍紹武，也是由他介紹去南京投考軍校的，問劉聯軍願不願意進軍校？劉聯軍十分高興，劉嬤嬤卻有些猶豫，她只想替兒子找個工作，不想他跑那麼遠，同時她又只有這麼一個兒子，怕他遭遇危險。劉聯軍卻對她說：

「娘，死生有命，您何必操這個心？您看，大少爺不知打過多少仗？還不是好好的？他的老家姪兒不也去考軍校了？我還怕什麼？」

劉嬤嬤想想兒子的話也有道理。人在家中坐，禍從天上來的事兒多的是，黃嬤嬤的丈夫不是軍人，還是個吃教飯的，上帝也沒有保住他，還不是死在義和團手裏？他自己的丈夫也不是軍人，還不是死在八國聯軍手裏？兒子要是進了軍校，只要命大，說不定會和天放一樣有個起發，當個大官兒，那她不就是老太太了？可是她一想到兒子不像中國人，她又冷了半截，她遲疑地對天放說：

「大少爺，您看他這樣子考軍校成嗎？」

「只要他的學科及格，絕無問題。」天放向她笑道：「我敢擔保，妳不必操這個心。」

劉嬤嬤這才像吃了顆定心丸，讓兒子去考軍校。天放替他寫了兩封信，一封信向軍校推薦，一封信是介紹他和姪兒子龍紹武認識，要他們彼此有個關照。

劉聯軍離開龍家南下時，卜天鵬以師徒身分送他到車站，劉嬤嬤躲在房內暗自落淚。黃嬤嬤卻說：

「妳當初沒有把他打掉，又把他拉拔得這麼大，還讓他去進軍校，日後一旦發達起來，妳就是老太太了，妳應該高興才是。」

「這都是東家老老少少的恩典，不然他那有今天？」劉嬤嬤抹抹眼淚說：「我是泥巴菩薩過江，自身難保，當年我是真想把他打掉，現在我把他養到這麼大，母子連心，一旦分手，我自然難過，以後就要看他自己的造化了。」

「人是說不定的，」黃嬤嬤又說：「我們誰也沒有想到，蝶仙那個丫頭居然做了夫人，不到一年又生了一個兒子；香君那丫頭癡心妄想，想給二少爺做偏房，卻落得個肝腸寸斷；連文珍表小姐這隻煮熟的鴨子都飛了，嫁了個心不甘、情不願的二毛子；二少爺卻娶了個沒見過面又不喜歡的少奶奶，還留了一個相好的懸在日本，暗自牽腸掛肚。這不都是命？」

「蝶仙姑娘看來倒是像個少奶奶，也難怪大少爺會娶她。」劉嬤嬤說。

「看太太的意思，將來還會把家務交給她管呢？我真有些耽心。」黃嬤嬤說。

「妳耽個什麼心？」劉嬤嬤笑道。

「蝶仙姑娘是個精明人，只怕我們有些不便？」

「她固然精明，但不刻薄，那有什麼不便。」

「妳是個老實人，我不說也罷！」黃嬤嬤也向劉嬤嬤笑道。「幸好香君那個丫頭的希望落了空，要是她給二少爺做了偏房，她就高我們一等，那我的日子就不好過了！」

「其實香君姑娘人也很好，只是受不得委屈，妳還記那筆陳年老帳？」

「劉嬤嬤，防人之心不可無，她要是真的飛上枝頭作鳳凰，我可幹不成了！」

「不會的，」劉嬷嬷搖搖頭說：「不過，她嫁了個有錢人家，也不算壞。」

「哎喲！」黃嬷嬷拍著手說：「妳不知道香君那丫頭心高氣傲，還歡喜舞文弄墨，她想過的是和二少爺那種才子佳人的生活，嫁了個石獃子，她怎麼甘心？我看她比表小姐還痛苦，只是啞子吃黃連，說不出來，這真是活報應！誰教她那麼尖嘴利舌？」

「黃嬷嬷，那件雞毛蒜皮的事兒過了這麼多年，妳還記恨她？」

「她那張尖嘴利舌，我一輩子也不會忘記。」

「二少爺可沒有得罪妳，妳該不會恨他吧？」

「二少爺當然沒有跟我耍過主子的威風，怎麼他也弄得這麼尷尬？我倒不明白？」

「也許這就是妳說的命吧？」

「命到底是怎麼回事兒？我也不明白。」黃嬷嬷搖搖頭苦笑。

「妳要是明白那學問可大了！」劉嬷嬷也笑著說：「據說以前常來的柳神仙是真明白。」

「可是他神龍見首不見尾，不知道跑到什麼地方去了？」

「說不定他是不願意看見二少爺他們這種痛苦情形才躲起來的？」

「說不定以後還有大劫？他不忍心再見？」

「唉！我們都是毛毛蟲，怎麼知道老天的這些奧祕？」劉嬷嬷歎口氣苦笑，「但願以後再也沒有什麼大劫大難才好？要是再遇上八國聯軍那種事兒，我真不要活了！」

「要是再有大劫，不但我們活不成，我看連東家也難保？」

「現在東洋鬼子對我們最不存好心！成天耀武揚威，得寸進尺。」

「我眞不明白，二少爺怎麼對那個東洋婆子那麼癡心？」黃嬤嬤忽然提高聲音說。

「我也有些奇怪？」劉嬤嬤輕輕地對黃嬤嬤說：「可是又不敢問。」

她們兩人談來談去可就談不出一個結論，而這時美子卻給天行來了一封快信，信上說：

加藤老師病重，天天念著想見你一面，有很多話想當面對你講。希望你及時來東京一行。龍子也已成年，也想見見生身父親。

信後還有加藤的簽名，字已歪歪倒倒。

天行看到這封信百感交集。他和美子、加藤雖然音信不絕，彼此都很諒解，但是一直沒有見到他們。現在加藤又已病重，看他的筆蹟，顯然手已發抖，精力不繼。天放不在家，他把信悄悄給蝶仙看，她看過之後說：

「我看您該去見加藤先生一面，龍子又是親骨肉，他出生到現在都沒有見過您，他心裏一定不好受。」

「蝶仙姐，」他一直稱她為姐，沒有改口，孩子也仍然叫她姑姑。「現在中日關係愈來愈壞，我去東京恐怕有很多不便？」

「我想加藤先生要見您一面，恐怕也和時局有關？」蝶仙說。「你們兩兄弟都是留日的，他又很愛中國，再加上美子、龍子的關係，他自然有話和您講。」

「現在日本軍人專橫，警察管得也很厲害，他一定有難言之隱。」天行說。

「如果您能趁這個機會把美子、龍子接回來，那也是一樁好事兒。」

「蝶仙姐，這問題更複雜！我能不能去？還很難說。」

「您是不是怕她不同意？」蝶仙指指周素真的房間輕輕說。

「還有她父親。」天行說。

「您可以和您哥哥商量商量，我們會支持您。」蝶仙說：「我想老夫人和爹娘，也不會反對？事隔這麼多年，還有什麼好顧忌的？」

「蝶仙姐，她要是像您這樣開通明理，我又何至於悶了這麼多年？」天行向她苦笑：「說來說去還有一塊老天牌，我總怕老人家為我的事兒弄得不愉快。」

「這我明白！」蝶仙說：「您就是因為一片孝心，自己才受了這麼多折磨。」

天放回家後，蝶仙就將這件事告訴他，他贊同蝶仙的看法，他向天行把信要過來，先和父親講好，再和老太太說明白，老太太也說：

「加藤先生和我們兩三代的交情，論情論理都應該去一下。至於美子、龍子的事兒，如果能接回來，我自然高興，親家翁和素真方面，還得費些口舌，最好不要弄得大家不愉快。」

「婆婆，中日關係已經到了人為刀俎我為魚肉的地步，加藤先生一旦去世，美子、龍子母子的處境就更難了，只要辦得到，我主張天行把他們母子接回來，姻伯和素真那方面，由我和蝶仙負責。」天放說。

龍從雲夫婦也贊成天放的意見，天行便決心去東京，立刻打了一個電報通知美子。

可是由於日本領事館的刁難，手續辦得並不順利。天行趕到東京時，已經是半個月以後了。加藤的房屋還是老樣子，只是更加陳舊。人說近鄉情怯，東京雖不是他的故鄉，可是他這次來到加藤的門口，心裏更怯。他一步一步走近玄關，輕輕喚了一聲「美子」，美子彷彿有預感似的，立刻碎步跑了出來。兩人一見，喜極而泣，美子忘記遞給他拖鞋，他也忘記脫掉皮鞋，兩人就在玄關擁著哭了起來，一句話也沒講。美子愈哭愈傷心，彷彿要把別後這麼多年的刻骨相思一下子哭出來。過了很久，天行才慢慢抬起頭來問她：

「加藤老師怎樣了？」

「過世十多天了！」美子又哭了起來。

天行這才注意到客廳裏掛著一張加藤的放大照片。他立刻脫下皮鞋，走過去向加藤照片磕頭，美子也陪他一道磕頭。天行十分遺憾地說：

「可惜我來遲了！沒有見到老師最後一面。」

「他臨終時還叫您的名字，您要是早點動身，也許能趕得上見他一面？」美子說。

「日本領事館刁難，使我多耽誤了好幾天。」天行說：「老師有沒有遺言？」

「他怕您趕不及，先寫在一張紙上。」美子說：「他生病時和我講了很多話，我會慢慢告訴您。」

隨後她帶他走進加藤的書房，從一本唐詩裏抽出那張遺書：

我國軍人跋扈，侵華野心日亟，深以為憂。中國文化惠我實多，我國人不知反哺，相煎更急。秦漢以還，中國血緣繁衍扶桑者，不知幾許？然姓氏淹沒，乃至數典忘祖。明清以降，反噬之事，屢見不鮮，而今尤烈，殊為可悲。中日兩國，和衷共濟則祥，相煎相噬則凶。我軍人無知，效蛇吞象，必將兩敗俱傷，禍延子孫，後果何堪設想？望賢昆仲速籌兩全之策，以弭大禍於無形。信中不敢明言，恐遭殺身之禍。故盼汝來日一行。如我命難久待，可與美子詳談。

又美子如我親生，我辭世之後，伊處境堪憐。如何善後？望汝與伊好自為之。

閱後付之丙丁，以免後患。

加藤絕筆

天行看完這張字體歪歪倒倒的遺言，已泣不成聲。美子又抱著他痛哭起來。天行問她：

「老師的遺體是火葬還是土葬？」

「老師要我照中國習俗土葬。他說生命來自泥土，仍然應該歸還泥土。」美子說。

「請妳帶我上墳祭拜。」天行說。

「明天再去，今天來不及了。」

天行又想起從未見過面的親生骨肉龍子，他沒有看見兒子，問龍子在什麼地方？

「他去學校參加軍訓了，」美子回答。

天行聽了心頭一寒。過了一會才淒涼地說：

「他該不會把我當作敵人吧？」

「他心裏不會，要是日後軍部要他入伍，他就不能不服從命令了。」

天行隨即向美子要了火柴，把加藤的遺言在他的遺像前面焚化。

「你記得老師的遺言？」美子問他。

「今生今世不會忘記。」天行回答。

美子隨即帶他到龍子的書房，這就是當年他住的那個房間，他一眼就看到放在小桌上龍子的全身像，他完全像個大人了，生得十分英挺俊秀，顯然比日本人高大，可是他身上那套制服，看起來又像日本皇軍。他把照片拿在手上，仔細端詳，心中又喜又悲。

「你看他像不像你？」美子含著眼淚笑問。

「他比我英俊。」天行說。

「我看他和你當年來江戶時是一模一樣。」美子笑說。

「妳還記得我當年的模樣？」

「我記得的就是您當年的樣子，」美子微笑點頭：「要不是您陸續寄了照片來，今天我就不敢大膽相認！」

「歲月催人老，我已經不再年輕了。」

「我更是殘花敗柳了！」她輕輕歎口氣說。

天行雙手捧著她的臉仔細端詳，輪廓依舊，只是皮膚不像當年那麼潤澤，不禁傷心地在她臉上輕輕一吻說：「王寶釧苦守寒窯十八年，可是妳沒有名分，妳為我受了太多的煎熬，我永遠無法補償。」

「今天能見到你我就心滿意足了。」她含淚微笑說。

他緊緊擁著她，淚如泉湧。他想到他和周素真雖有夫妻之名，卻無夫妻情感，而且她一點也不瞭解他，兩顆心如隔著萬重山。美子雖然遠隔重洋，卻心有靈犀一點通，沒有半點隔閡，和文珍、香君一樣。但他和文珍是青梅竹馬再加上兄妹之情，有婚約而無男女之私；和香君的愛是高山流水再加上主僕之情，像廬山黃龍寺的泉水沏的雲霧茶一樣香醇。文珍、香君的愛固然使他刻骨銘心，但沒有夫妻之實。美子的愛是高山流水，再加上異國恩情和夫妻之實，遺憾的是沒有夫妻名分，使他更難自解。他希望這次能把他們母子接回去，才不虛此行。當他把這個意思告訴她時，她卻搖頭悽然一笑說：

「我也希望和您一道回去，可是現在更不可能了。」

他雖然也知道困難重重，但他還是說：

「我知道現在更困難，但是把你們母子留在東京我更不安心。」

「我們個人的力量太小，突不破國家的鐵門。」

「加藤老師過世後，再也沒有瞭解妳的人，妳會更孤獨、冷清。」
「幸好金日昇老師也瞭解我，只是沒有父女之情。」
「妳父母哥哥對妳諒不諒解？」
「他們起初當然希望我再嫁，但也沒有太勉強我。」
「難得他們這樣開通。」
「這也有幾個原因。」
「什麼原因？」
「一是他們見過你，對你的印象很好，認為我沒有選錯人；二是我有職業，又有加藤老師照顧，和你的接濟，生活不必他們耽心；三是他們非常疼愛龍子，怕我再嫁後會給他帶來不幸。」
「我想等你們母子兩人的事有了結果之後，再去京都看看他們。」
「他們也很關心你。」
「他們不會怪我？」
「他們知道你身不由己，有不得已的苦衷，也就原諒你了。」
「難得他們寬洪大量。」
「因為這不是你的錯，他們先原諒了我這個寶貝女兒。」她破涕為笑地說。
直到傍晚，龍子才吹著口哨回來，人未到聲音先到，他在玄關喊了一聲「媽」，美子笑著把天行往外一拉，又笑著用中國話對龍子說：

「龍子，你看誰來了？」

龍子抬頭一看，發現美子和天行並肩立著，他有些羞怯地望著天行，美子又笑著用中國話對他說：

「你老是念著父親，現在父親來了，你還不快叫？」

他卻用日本話叫了一聲父親。天行衝上前去雙手抱著他，他又用中國話叫了一聲「爸爸」，天行淚如泉湧，雙手拍拍他說：

「孩子，看見你我好高興。」

他長得比天行還高，美子過來拉著他們父子兩人的手笑著說：

「看看你們父子兩人是不是一模一樣？」

他們父子兩人相視一笑。美子一手挽著兒子，一手挽著天行，望望他們兩人含淚笑說：

「皇天不負苦心人，我終於等到了今天！」

龍子走進自己的房間，天行笑著對美子說：

「我真沒想到，他長得比我還高？」

「我讓他吃得好、睡得好，他又歡喜柔道、空手道，所以長得快，竄得高。」美子笑吟吟地說：「就是你那柄寶劍，他不知道怎麼練？」

「我會教他。」天行興奮地說。

美子要他和龍子談談，她好準備飯菜。天行要請他們母子去館子吃，美子說館子沒什麼好口味，還是在家裏吃好。天行也知道館子裏的菜還不如美子弄的合自己的口味，也就隨她去弄。

天行探問龍子的功課情形，知道他學的是電機，不過對文學也有興趣，這是受美子的影響。美子除了教他說中國話外，也教他讀中國書，現在剛剛開始教他唐詩。此外還教他古箏。天行暗自高興，兒子雖然是日本人，美子沒有讓他忘記自己這個中國父親，而且教他認識了中國文化。

龍子為了使父親高興，特別彈了一曲〈漁舟唱晚〉給他聽。他聽了高興得眼淚都流了出來。美子聽見琴聲，也趕了過來。天行笑著對她說：

「他彈得很好，真虧了妳教導！」

「他是你的兒子，我希望他能和你一樣。」她說著一笑，又轉身去作飯菜。

龍子彈完琴，天行本來想同他談談接他回國的事，但考慮了一下，還是讓美子先和他談談比較好。

美子弄好飯菜之後要他們出來吃飯，龍子十分孝順，幫美子端菜擺盌筷，不像一般日本男人那麼大模大樣。

他們仍然是席地而坐，圍著一個矮小方桌，有五樣菜，分量也不多，每人一盌味噌湯。平時他們母子兩人只有三樣菜，今天為天行加了兩樣菜。天行想起楊通那桌滿漢全席，真夠他們母子兩人吃好幾個月。

「你在家裏吃慣了，恐怕又不習慣我弄的飯菜？」美子笑著對天行說。

「妳弄的口味很好。」天行故意誇她。

「我最喜歡吃媽弄的菜。」龍子說。

「你沒有吃過道地的中國菜，」美子對龍子說：「加藤爺爺說你父親家裏的菜色香味俱全，每餐都是滿滿的一大桌，比日本酒席還豐盛。」

龍子望望天行一笑，他不知道說什麼好？美子又問他：

「你想不想跟你父親回中國？」

「媽，您去不去？」龍子問。

「要去當然是我們一道過去。」美子說。

「恐怕很難！」龍子說：「政府不會讓我們改變國籍做中國人，而且現在正需要壯丁。」

天行、美子相互望了一眼，天行想起加藤的遺言，心頭一寒，脊骨一陣冰涼，他接他們母子回去的希望真太渺茫了。

美子和天行都不敢再談這個問題，過了一會美子才對兒子說：

「你不是很喜歡你父親的那把劍嗎？我已經和你父親說過，他願意教你。」

龍子聽了很高興，天行說：

「可惜這個場地小了些，我在家裏練拳的大廳，比這整座房屋還大。」

「我們可以去武道場練。」龍子說。

「那倒不必，」天行搖搖頭。「我只教你劍式，比劃、比劃，不教你真正的功夫。」

「為什麼？」龍子問。

「因為在中國練劍必先練拳，而且要學打坐，練習吐納功夫，不然只能練練招式，練不出真正功夫。」天行說：「我沒有那麼多時間教你。」

「中國東西怎麼這麼難學？」龍子皺皺眉說。

「不是難學，」天行搖搖頭說：「不過需要時間和耐性，不能速成。一旦學成了，就有大用。」

「聽說中國有不少高手是不是？」

「真正出神入化的高手也不算多。」

「你伯父當年在士校就把一位空手道冠軍松下打敗了。」美子說。

「哥哥還不能算是高手。」天行說。

「那怎樣才能算是高手？」龍子追問。

「我們家的卜師傅，可以算是一位高手，但真正的高手是柳老師。」天行說著便將他們兩人的情形講給龍子聽。

龍子很想去向卜天鵬學武，但是他一想到當前的情形又洩了氣。

這天晚上天行練了一趟太極劍給龍子看，龍子很留心觀察，他發覺父親的身子很柔軟很輕靈，沒有用一點蠻力，不免有些奇怪，也暗暗佩服父親的身子比他還柔軟靈活。天行練完之後把劍遞給兒子說：

「這把劍是我的心愛之物，當年我留給你母親作紀念，現在我正式交給你作為傳家之寶。」

龍子雙腳一跪，雙手接劍。他學過柔道空手道，很懂規距。他知道父親是位能詩能文的文人，卻沒有想到他的武道也別具一格。天行答應他一招一式教會後才走。

第二天上午，美子、龍子陪天行去東京郊外加藤墓地祭拜。加藤墓上刻了這樣的漢文：

漢學家加藤中人先生之墓

義女川端美子

率子川端龍子　敬立

加藤的墓地和墳墓自然不能和德川光圀家在太田鄉的瑞龍山陵園內的朱舜水墓相比，但在盛行火葬的日本，有這麼一小塊墓地和中國式墳墓已經很不容易了。

新墳上覆蓋的黃土還沒有長草，週圍除了原有的一些灌木之外，也沒有種樹。天行主張在墳墓週圍種些松柏。他和美子談起參觀朱舜水墓的往事，希望她把朱墓作為參考。修墓的錢由他出，以表示他的一點心意。

從墓地回來之後，龍子上學，美子陪天行去看金日昇。金日昇看到天行十分高興，他年紀雖然大了，可是豪情未減，他知道天行去過加藤墓地之後感慨地說：

「加藤去世之後，我這個搞漢學的就更人孤勢單了，連找個談話的對手都很難。」

「美子不是可以和您談談嗎？」天行說。

「她有她的事兒，我講話又口沒遮攔，沒有和加藤談話那麼方便。」金日昇爽直地說。

「您這樣說來，漢學在日本不是要快成絕響了？」天行望著金日昇說。

「雖然現在還沒有到那種地步，但崇拜西洋的人比學漢學的人多得多，日本漢學正像你們說的王小二過年，一年不如一年，以後要找加藤那樣的漢學家我看是不可能了！」

「漢學在日本式微，和我們的國運有關。」天行說：「中國從來沒有現在這麼弱過。」

「你這話很有道理！」金日昇說：「得食的貓兒強似虎，敗翎的鸚鵡不如雞。中國到了這種地步，黃金也變成糞土了。」

「連您這位大漢學家也不吃香了。」天行笑著說。

「可不是？」金日昇爽朗地笑道：「真是城門失火，殃及池魚。你這次來日本是不是想接美子母子回去？」

「我是有這個意思。」天行點點頭：「不過聽說很難。」

「不錯。」金日昇也點點頭：「尤其是龍子，他已經成年，軍部正需要壯丁，怎麼會讓他跟您歸宗？」

「這樣說來，我不是白來一趟了？」

「以我們的私人關係來說，我是希望美子、龍子能跟您回去，而我們的政府可不講私人關係，軍部更是司馬昭之心……」

「如果這次我不能帶美子母子回去，以後他們母子兩人還請您多多關照。」

「美子也是我的學生，我義不容辭。」金日昇爽快地說：「不過您知道現在皇軍氣燄萬丈，我們文人不受重視，尤其是我這個倒楣的漢學家。幸好美子的工作生活都沒有問題。」

金日昇隨後又問起天行回國後的情形，天行照實告訴他。金日昇又說：

「你們現在統一了，應該慢慢強起來，慢慢恢復往日的光輝才是？」

「恐怕不是三、五十年間可以辦到的？」天行說。

「只要你們自己人爭氣，不打內戰，應該可以辦到。」金日昇說：「我看世界各國，要算你們得天獨厚。」

「可是你們皇軍在我們東北虎視眈眈，在山東進進出出，連北平外圍也有皇軍，他們隨時在找麻煩，不讓我們喘息，我們現在正在山雨欲來風滿樓的時刻。」

「我和加藤的看法一樣，我也認為日本人和中國人應該和兄弟一樣相處，這樣彼此都有好處。日本現在固然強了起來，但是沒有遠見，田中要想滅亡中國，這是不可能的事，他就不知道瘦死的駱駝比馬大！」

「大概他的祖先不是中國人吧？」天行說。

「那也未必？」金日昇搖搖頭說：「可惜我手邊沒有他們的家族史料，不敢肯定而已。」

「我們中國有一句話說：『人心不足蛇吞象。』人類就是太愚蠢、自私、貪得無饜，所以才製造許多悲劇，自己毀滅自己，恐怕田中不但會害了中國，也會害了日本？」

「我和加藤也是這樣耽心！」金日昇點點頭說：「不過他現在已經長眠地下，不必耽這個心了。」

天行和金日昇這一番談話，使他的心情更加沈重。他告辭時金日昇特別囑咐他：

「今天我們的談話不足為外人道，你在東京的言行要特別小心，警察耳目眾多，他們像狼犬一樣嗅覺靈敏，尤其是對付中國人。」

天行一再謝謝他，他又對美子說：

「妳以後要是有什麼問題，可以隨時和我商量，不必客氣。」

美子連連說是，雙手撫膝，向他行了九十度的鞠躬禮。

他們回家之後，商量要不要向管區警察申請和天行一道回去？遲遲不能決定，兩人最後抱著碰碰運氣的心情去找戶籍警察。

戶籍警察山口是一位四十多歲蓄著仁丹鬍子的中年人，有一對鷹眼，一副冷冰冰的面孔，天行一看就知道是個冷酷精明的傢伙，已經冷了半截。美子十分謙恭地向他介紹天行，說明來意，他盯了天行一眼，然後冷冰冰粗聲大氣地對美子說：

「妳的情形我很清楚，妳和他沒有夫妻名分，妳的兒子是日本人，現在妳想跟他去支那，別說我不會轉報，就是轉報上去也不會批准。」

隨後他又指著天行說：

「你也別想賴在東京，我限你十天之內離境！」

天行還想說話，美子輕輕拉拉他的袖子，狼狽離開。

兩人垂頭喪氣回來，天行望著美子無奈地說：

「妳看這該怎麼辦？」

「你也不必太難過，」美子握著他的手說：「這麼多年我都熬了過來，現在龍子大了，以後我更會守下去，說不定會化干戈為玉帛，我們終有團圓的一天？」

「縱然有那麼一天，我們也都老了！」天行悽然苦笑。

「老了又有什麼關係？」她微笑說：「松柏不是愈老愈青嗎？」

天行擁抱著她半天說不出來，兩行清淚卻悄悄滑落。

他們決定帶著龍子去京都看看她的家人，再去山中湖、蘆之湖小住兩天。

美子每年要帶龍子回娘家一兩次，她父母家人對她的這種身分雖然不無遺憾，但看到龍子一天天長大，現在已是一表人才，比她哥哥的兒子都出眾，卻十分高興。突然看到他們三人一起到來，更是格外驚喜。美子的父母年紀雖然大了，還很健康，龍子一直叫他們祖父母，他們一看到龍子就眉開眼笑，因此對天行也更好。當他們知道美子、龍子不能跟天行去中國時，他們反而高興，因為他們實在不願意失去美子、龍子，美子的母親笑著對天行說：

「那你就留在日本好了！我們也願意你們不再分開。」

美子告訴她說警察限天行十天之內離開日本，她的臉色馬上陰暗下來，喃喃自語：

「他住在日本又有什麼關係？為什麼要他離開？……」

美子不想向她解釋，她並不瞭解國家大事，美子的父親哥哥也只是一知半解，甚至相信軍部的歪曲宣傳，他們雖喜歡天行，但他們更愛國，一解釋起來，恐怕還會引起不快。

美子的母親只重視親情。中國人說：『丈母娘看女婿，愈看愈有趣。』美子的母親看天行也是愈看愈喜愛。她看看龍子就想起當年天行來她家的情形。她認為女兒很有眼光，想不到會有這麼大的波折？

他們在美子娘家住了一天，又一道離開，龍子因為學校有課，直接回東京，天行、美子則去重遊舊地。

湖山依舊，山中湖水仍然澄清，湖中還有富士山的倒影。他們還是住在同一家旅館，美子還特別選擇了那同一個房間，好在不是假日，旅館生意冷清。旅館早已易主，沒有人認識他們，他們正沈浸在往日的回憶裏，服務生卻好意送來一份東京的報紙，在第一版上就登著大字標題：

南滿鐵路發生爆炸

關東軍攻佔瀋陽

支那軍不敢抵抗

天行看到這個標題如焦雷轟頂，怔了半天。他想到在國內看報時，常有關東軍在南滿鐵路演習，地雷爆炸情事，故意製造事端，找藉口攻擊北大營的東北軍，現在果真攻佔瀋陽了。瀋陽一丟，東北三省也就完了。

美子看他如癡如獃，也不知道如何是好？過了一會他才歎口氣說：

「是福不是禍，是禍躲不過。要發生的事情終於發生了！」

「你先看看新聞內容再說。」美子把報紙送到他眼前。

「我在國內看得太多了！」他把報紙給她：「妳自己看吧！」

美子匆匆看過新聞內容，和天行想的一樣，只是新聞的語氣不同，把爆炸的責任推給北大營東北軍。美子放下報紙說：

「想不到你這次來日本會遇到這種不愉快的事情？」

「以後會有更不愉快的事情發生。」天行說：「我耽心龍子也會捲進去。」

她聽了身子一震，握著他的手黯然地說：

「我們不談這種鬼事好不好？我們安靜地在山中湖、蘆之湖住兩天，天塌下來也不要管。」

他瞭解她的心意，他不好再談。她便強作歡笑，陪他去湖邊散步。他本來想立刻回東京，收拾行囊回國，但無法啟齒。

他望望那座上小下大饅頭形的富士山，是那麼單調，既缺少森林蒼鬱之美，又無丘壑之勝，也沒有在老家九江望廬山那種穆穆蒼蒼雍容端莊之美，這次重來更有這種感覺。那火山口噴出來的血紅的溶漿，會毀滅週圍的一切生物，造成巨大的災難。不知道它什麼時候又會給人類帶來一場大災難？他看美子強作歡笑，不忍心把這種感覺告訴她。

他陪美子在山中湖、蘆之湖住了四天，讓美子重溫舊夢。他心裏有一種十分淒涼的感覺！這一次生離，可能就是死別。美子也有同感，只是兩人都不肯講出來。她把握著每一分鐘，和他寸步不離，尤其是在蘆之湖，盡量陪他欣賞湖山之美。

「不論人類發生怎樣的悲劇？青山依舊，綠水長流。」他們並肩坐在窗口，她指指面前的青山綠水說。「你是這一座青山，我是這一湖綠水。我們應該為自私、殘忍、愚蠢的人類，留下一片和諧、美好、真愛的記憶。」

「人類是健忘的動物，我們不過是滄海一粟，小不點兒？」他悽然一笑。

「我不洩氣，」她偎著他說：「我雖然不是什麼大人物，不能改變世界，也不能改變日本，但我敢愛，我不怕任何犧牲，我不像我們的武士、將軍那樣狂妄愚蠢。」

他想到她當初對自己一往情深，沒有猶疑；回國以後，她又沒有怨恨、沒有嫉妒，真的沒有傷害任何人，反而一手把龍子撫養成人，到現在還妾身未明，不禁泫然落淚。

他們一回到東京家裏，戶警山口便跟蹤而至，問天行那一天回國？天行回答他：

「山口先生，你不必耽心，我一定會在你的限期之內離開。」

「你要知道，你現在是不受歡迎的支那人。」

「山口先生，我比你更清楚。」天行向他似笑非笑地說。

山口瞄了他一眼，又對美子說：

「他要是在限期之內不走，我就唯妳是問。」

說完之後他就趾高氣揚而去。

天行知道日本警察的厲害，他們可以隨時抓人、關人、虐待，因此決定明天就走。美子知道不能挽留，只有淚眼相向。

龍子回來，美子告訴他這種情形，他望望天行不知如何是好？天行拍拍他說：

「龍子，我知道你很尷尬，我也可以預料到軍部會要你當兵，要你去打中國。但不論你在什麼地方踏上中國土地，你要記住你父親是中國人。」

龍子又望望母親，美子對他說：

「我是真愛你父親。你雖然是日本人，但你身上流著你父親的血。你父親的話不是危言聳聽，要是這個大悲劇一旦發生，你千萬不要像別的士兵那樣殘忍，我不希望我的兒子殺人。」

龍子想到他練習劈刺的情形。那是練習怎樣殺人？刺刀怎樣才能一下把人體刺穿？皇軍槍尖上的刺刀又長，一下就可以把人刺死，他望望母親，知道她是一位最有愛心的女人；望望父親，他覺得父親是一位善良正直的文人，絕不是敵人、仇人。

「我真不懂，為什麼要打仗？為什麼要我去支那殺人？……」他喃喃自語地跑開。

這天晚上，他們三人特別到寫真館拍了一張快照，回來又談了很久。天行把他的家族分佈在北京、九江兩地的情形詳細告訴龍子，龍子細心傾聽，聽得十分入神，統統筆記下來。天行還寫下譜系交給他保存。他看了不大明白，還問了一句：

「我是什麼輩分？」

「你是紹字輩。」天行回答：「現在我給你取個中國名字紹仁。日後你要是到了中國，不論在北京、九江，你都可以找到自己的根。」

第六十章 山雨欲來心戚戚
老人歸去憾幽幽

天行懷著十分悲愴的心情和美子、龍子母子分手。他想到這次分離可能就是永訣，便不禁悲從中來，不能自已。龍子也不禁落淚。美子反而強作歡笑，把他們父子兩人摟在一塊，望著他們兩人說：

「這次你們父子兩人能夠會面，我死也瞑目。不管今後天翻地覆，我還是我，不會改變。」

天行聽了她的話，更加感動，他緊緊地摟著他們母子兩人，先對美子說：

「我心裏只有妳這一個妻子，沒有第二個。」

隨後又對龍子說：

「儘管你是日本人，但你是我的第一個兒子，誰也不能改變這個事實。我永遠記得你這個兒子。我們龍家人人都知道我有你這個兒子。」

說完他就提起箱子上船。他們母子兩人望著船離開，一臉的無奈。天行一回頭便看見美子倒在兒子懷中哭泣。他向他們揮手，他們沒有看見。

在艙中，他一直想著美子在蘆之湖說的話：

「你是這座青山，我是這一湖綠水。我們應該為自私、殘忍、愚蠢的人類，留下一片和諧、美好、真愛的記憶。」

他們真能留下嗎？他想只要一場戰爭，他們就會化為烏有了！

他也想起龍子的喃喃自語：

「我真不懂，為什麼要打仗？為什麼要我去支那殺人？」

他想他不懂，因為他太年輕、太天真。他想到自己留在日本的這個骨肉，有一天會變成自己的敵人、變成日本侵略中國的殺手，或是砲灰？心裏就更加難過。

他想起日本戶警山口的那種傲慢、敵意的態度，他更覺得一場大災難就要來臨。中國人將面臨更悲慘的命運。

他一踏上自己的土地，首先就在上海碰上幾萬男女學生的大遊行。他們持著標語，喊著口號，要求日軍退出東北，國聯主持正義，自己的同胞團結抗日。在南京、濟南、天津，也遇著學生遊行。在天津他還碰到阮雪冰，談起「九一八」，阮雪冰也有些氣憤。談起賀元、佘震天在江西搞蘇維埃，他只淡淡地說：

「江西離我們遠得很，倒是瀋陽、錦州離我們很近，日本人隨時可以兵臨城下。賀元、佘震天是秀才造反，三年不成，不必耽心。」

他懷著隱憂，神情頹喪地回到家中。家人都很詫異，原先以為他會把美子、龍子接回來，連房間都替他們母子兩人準備好了，想不到他一個人去還是一個人回來？

他將經過情形說明之後，大家都心一沈，誰也沒有作聲。只有周素真暗自高興。她悄悄地把蝶仙叫出來，對蝶仙說：

「他沒有把那個日本女人和私生子接回來，就這麼失魂落魄，他和我成親這麼多年，心裏就從來沒有我這個人，老天爺也會不平！」

「妳不要這樣說他，」蝶仙向她笑道：「妳不知道他心裏的痛苦，他打落門牙和血吞，他受盡了折磨，他是我們家裏最不幸的人。」

「他還會不幸？」周素真嘴角一撇：「他先有表妹和丫頭卿卿我我，後來又有那個日本女人像捧鳳凰蛋似地捧著他，他還會不幸？」

蝶仙被他說得嗤的一笑。周素真又接著說：

「我才是這個家裏最不幸的人！名分上是少奶奶，一進門就打入冷宮。人人都同情他，卻沒有一個人同情我，我像個活死人！」說著說著她竟流下淚來。

「我以前就說過：羊可憐狼亦可憐。」蝶仙拍拍她說：「不過妳只看到一個表面，你不瞭解其中的底細。他是一個捱一棍子也不哼一聲的人，他把一切痛苦都埋在心底，而且不止是他一個人的。」

「你們是從小一塊兒長大的，妳自然向著他，替他說話。」周素真嘟著嘴說。

「我不是向著他，也不是替他說話。」蝶仙笑著回答：「不過我知道他的為人，妳說的那些事兒都不能怪他，我是最好的見證人。」

「妳倒替他推得乾乾淨淨？」周素真望著她說：「我不怪他怪誰？」

「妳要知道他並不是一個喜愛拈花惹草的人，何況那都是你們成親以前的事兒？」

「事隔這麼多年，他也不該還是那麼死心眼兒？」

「這正是他有情有義的地方，正可以證明，他不是一個過河拆橋、把我們女人當爛草鞋一樣扔掉的人。」

「他有情有義，這可苦了我啦！」周素真淚眼婆娑地跑進自己房裏。

蝶仙搖搖頭，歎口氣，她不好再跟進去向她解釋，她知道這種事兒她是幫不上忙的，不像替她帶孩子那樣。

他又回到老太太身邊。

老太太看天行獨自回來，神情頹喪，心裏十分同情。周素真不在場時她才安慰他說：

「你也不要太難過，只怪我當初錯了一步棋。」

「婆婆，我不會怪您，現在已經不是我和美子母子兩人私人之間的事了。」天行說。

老太太很關心美子母子的生活，問他們現在的情形怎樣？天行告訴她加藤已有遺囑把東京的房子送給美子，他也把帶去準備接他們來的錢統統留給她，美子又有工作，生活不成問題，隨後他又把那張合照遞給老太太看，老太太看到龍子十分高興地說：

「真是祖上有德，在日本居然有一個這麼好的曾孫子。」

「可是他不是中國人。」天行說。

「就算他是日本人，總是我們龍家的一條根。」老太太一面說一面把照片遞給媳婦鄧淑卿：「妳也看看，在日本妳有這麼一個好孫子和未過門的媳婦兒。」

龍太太平日不苟言笑，她看了照片也忍不住笑說：

「看了這個媳婦、孫子我就從心底喜歡，可惜這次天行沒有把他們接回來！」

「希望觀音大士保佑，有朝一日，他們母子能夠歸宗。」老太太雙手合十說。

「現在這種時局，我看是沒有希望了。」天行說。

「不要灰心。」老太太望著天行說：「觀音菩薩救苦救難，化災解劫，我會求他。」

天行不好潑老太太的冷水，不再作聲。

龍太太把照片收了起來，笑著對天行說：

「等你爹晚上回來，我要拿給他看看，然後我再當面交給你，免得節外生枝。」

「妳想的很周到。」老太太贊揚媳婦一句，又感慨地說：「囝大爺難做，現在我們婆媳兩人，都有點兒左右為難了。」

天行回到自己的書房，蝶仙帶著兒子跟了過來。天行問天放在不在北平？他說「九一八」事變之後他就奉召到南京開會去了。隨後又悄悄地把周素真那番話告訴他，他無奈地說：

「蝶仙姐，我是啞子吃黃連，她還有什麼好埋怨的？」

「狼可憐，羊亦可憐，你能不能和她好一點兒？」蝶仙笑著說。

「蝶仙姐，妳是明眼人，我的事兒妳最清楚。」他指指周素真的房間說：「我雖然和她住在一個屋簷下，可是我們像隔著萬重山，兩顆心怎樣也碰不到一塊，我們怎麼好得起來？」

蝶仙望著他同情地笑笑，他又接著說：

「像文珍、香君，她們都已嫁人，我們也沒有三天兩頭見面；美子雖然沒有嫁人，可是遠隔重洋，這麼多年才見一面。可是她們和我始終沒有半點隔閡，我們的心總是連在一塊。」

蝶仙聽了又不禁會心地一笑。他又繼續說：

「我和她們三人不單是男女之愛，還是知心的朋友。妳該知道我和文珍、香君沒有半點非禮的行為？」

蝶仙點點頭，又笑著說：

「當時我和梅影姐都暗自奇怪，以為你是一隻不吃魚腥的貓咪？香君是侍候你的丫頭，近水樓臺，你們居然那麼清清白白！」

「我可不是賈寶玉，愛和丫頭幹那些苟且事兒。如果我們不清不白，我也不會落到這個地步，那會輪到她來填這個空缺？」他又指指周素真的房間說。

「當年你在日本，香君出嫁時曾經含著眼淚對我訴說：二少爺太君子了！」蝶仙輕輕對他說。

「妳和哥哥成親，她心裏也感慨最多。」

「這我看得出來。」

「蝶仙姐，這麼多年來，我心裏一直受著煎熬，這些我都認了！她還要怨我，妳看我還有什麼話好說？」

蝶仙幽幽地歎了一口氣，隨後又向他一笑說：

「你們兩兄弟在這方面完全不同，你哥哥還是一張白紙，而你那張白紙上卻早已寫滿了密密麻麻的紅豆詩詞。」

「其實都是朱淑真的斷腸詩詞。」

「您也算沒有白來這世界一趟。」蝶仙又向他一笑。

「可是我活得好痛苦！」

「不經過十磨九難到不了西天，或許您將來能成正果？」蝶仙笑著安慰他。

「我不敢期望成仙成佛，我只希望下一輩子做人不要這麼痛苦。」

「或許您和他們三人能結來生緣？」

「那太渺茫了！」

龍從雲從外面回來，看過天行和美子母子的照片之後，打發丫頭把天行叫了過去，蝶仙帶著孩子和他一道去，龍從雲細問美子母子的情形，天行又重述了一遍，龍從雲指著照片上的龍子說：

「他長得太像你了！算來他應該是我的長孫，不能歸宗，實在太遺憾了！」

「他長得比我還高。」天行說：「我和美子沒有夫妻名份，他是日本人，所以不能歸宗，不過我把我們家族的情形都告訴他了，希望他不要忘本。」

「天長地久那就靠不住了。」龍太太說。

「現在不少日本人就不知道他們的祖先是中國人。」天行說。

「現在時局這麼壞，一旦日本軍閥大發瘋，我真耽心他會被徵來中國打我們？」龍從雲說。

「我也有這個顧慮，」天行說：「但這是沒有辦法阻止的。美子希望他將來不要殺人，這也是不可能的。」

「戰爭是人在發瘋，人在戰場上更會失去人性。當年八國聯軍進京，冤枉殺了多少人？」龍從雲說：「那次就是日本人打頭陣，先攻下東直門、朝陽門，他們也是首先進宮的。現在東北丟了，他們正在臥榻之旁，說不定駐豐臺的日軍那天又會突然打進北京？」

「這是意料中的事，只是時間遲早而已。」天行說。

「娘的年紀大了，我真希望不要再發生八國聯軍那種事情。」龍太太憂慮地說。

「現在全國人心悲憤，青年學生又熱血沸騰，誰也不願做亡國奴，我看這一打起來就更不可收拾了！」龍從雲說。

「青年學生會不會像義和團一樣？」龍太太問。

「愛國心不會有什麼分別，不過他們都是知識份子，不會那樣亂來。」龍從雲說。

「日後龍子要是真的征來打我們，那真是一個悲劇。」龍太太說。

龍從雲把照片交給天行，望著太太說。

「但願這只是我們的過慮，我希望這種悲劇不會發生。」

可是大家都在暗自耽心，因為他們知道日本人口沒有中國多，打仗又需要青年人，不發生戰爭則已，一發生戰爭，龍子就很難逃過當兵。

天放從南京開會回來，知道天行沒有把美子母子接回來和山口對他的態度之後，他更有一種不祥的預感。龍從雲和天行問他開會的情形，他不正面回答，只是說：

「日本人看準了我們的弱點，希望早日滅亡我們，我們也忍無可忍，但是我們的力量太弱，而且賀元、佘震天他們那批人正懷著鬼胎，在江西鬧得雞飛狗跳，我們那有力量對付日本人？」

「賀元、佘震天他們真的成了氣候了嗎？」龍從雲問。

「江西已經被他們弄得百孔千瘡了。」天放說。

天行立刻想起他們在學校的情形，梁勉人那些人都被他們玩弄於股掌之上，他不禁暗自耽心。因此他問天放：

「南京方面有沒有人真懂他們那一套花招？」

「恐怕不多？」天放說。

「如果不能知己知彼，以後的麻煩會愈來愈大，恐怕還會掉進他們的圈套？」天行說。

「現在他們正拿日本人作文章，高喊抗日。」

「這就是一著高招。」天行說。

「他們正想把水搞渾。」天放說。

「只有渾水才好摸魚，」龍從雲說：「你們有沒有辦法應付？」

「現在是裏外受敵，左右為難了。」天放說。

「在牆壁上畫個白圈圈的那種唬狼的玩藝兒可唬不住賀元、佘震天他們。」天行說。

「我看你們光靠耍槍桿兒玩不過他們。」

「我們是沒有諸葛亮、劉伯溫，也不知道去那兒去找高人？」天放無可奈何地苦笑。

「有伯樂才有千里馬，如果錯把梁勉人當成諸葛亮、劉伯溫，那就更糟了。」天行說。

「梁勉人正在高談闊論，縱橫捭闔，卻以清流自居，影響很大。」天放說：「如果這時候真照他的意思由德先生管事，恐怕梁勉人自己就成了泥巴菩薩過江，自身難保了。」

「那賀元、佘震天他們就會摸到大魚。」天行說：「恐怕梁勉人連不講話的自由都沒有了。」

「別人有沒有你們這種看法？」龍從雲望著他們兩兄弟說。

「很少很少。」天放慨歎地說。「早知今日，當年我就不該進士校，應該好好地讀書。現在我才知道學問更有用處。」

「賀元、佘震天那批人，和老佛爺、阮國璋不同，而你們的大老闆似乎只會耍槍桿兒是不是？」天行說。

「他只把賀元、佘震天他們當做黃巢、張獻忠看待。」天放回答。

「你們那位靠耍槍桿兒起家的大老闆，讀書太少。黃巢、張獻忠怎麼能比賀元、佘震天他們？」天行先搖搖頭，又問天放。

天放沒有作聲，龍從雲又問天行：

「那賀元、佘震天他們比八國聯軍如何？」

「爹，八國聯軍是帝國主義大聯合，是侵略者，民族主義可以對付。賀元、佘震天是自己人，是內部矛盾。」天行一面回答父親，一面對天放說：「現在內部問題很多，就看你們能不能先解決吃飯問題？能不能多照顧農民和窮人？能不能好好地領導青年學生？這才是釜底抽薪。」

「這是一個大難題，麻煩得很！」天放兩眉皺了起來。

「但千萬不要靠梁勉人那種買辦學閥和買辦財閥，以及土豪、劣紳來解決內部矛盾，那會火上加油的。」天行叮囑天放。

「你能不能和我一道去南京一趟？」天放突然問天行。

「我去南京幹嘛？」天行向天放一笑。

「獻獻妙策呀！」天放亦莊亦諧地說。

「我又不是諸葛亮、劉伯溫！」天行向天放一笑：「我更不想謀一官半職。因為你是親哥哥，我才說幾句直言。你盡忠，我盡孝。這是我們早在東京時就約好了的。我不會中途變卦。」

「幸好賀元、佘震天他們還在江西，比日本人離我們遠。」龍太太解嘲地說。「不過離我們老家倒是很近。」

「娘，思想可不分遠近，我們學校就是發源地。」天行說。

「真是一波未平，一波又起，這是什麼國運？」龍太太歎著氣說。

天放這時才說出他要調到南京去。龍從雲夫婦連忙問是什麼事？蝶仙聽了一征，但不好作聲。

沒有幾天工夫，天放就帶著那名隨從走了。龍從雲夫婦也曾勸他把蝶仙和孩子帶去，他說自己回來比拖著他們母子方便，他們在外面沒有在家裏舒服。龍從雲夫婦很喜歡這個小孫子，也就不勉強了。老太太有了這個曾孫子也放心多了，也沒有阻止他去。倒是楊通有些失望，他還沒有得到天放什麼實際好處。他和周而福送行之後，兩人曾竊竊私語，周而福說：

「從前是三年清知府，十萬雪花銀，他的官兒可比知府大，在平、津、保是軍政一把抓，卻連個公館都沒有。要不是他家的房子大，底子厚，我看他比賈政當那個學差還苦。」

「我從來不做賠本的生意，我看這次也是偷雞不著蝕把米了。」楊通自嘲地說。

「你是放長線釣大魚，說不定將來你還能用得上他？」

「他要是個不倒翁，那還有點兒希望；不過像他這樣有公無私，直來直往，只怕官運不長？」

周而福聽了會心地一笑。

天行到學校上課，發現學生心情不穩定，他們似乎聽到很多流言，對於那位年輕的將軍更為不滿，以為他只會跳舞、抱女人，不敢抵抗關東軍，還當堂向他唸出一首一位名士寫的諷刺詩：

「趙四風流朱五狂、翩翩蝴蝶正當行……」詩倒是一首好詩，只是天行當時在日本，回來之後還沒有完全明白事實真象，他不便表示意見，但他看見了學生不滿的心理。學生知道他是留日的，又剛從日本回來，不免向他探問日本的情形。他據實告訴他們，學生聽了都很氣憤。下課後他碰到黃湅梅拉他到一家大茶館兒聊天。他們平時很少到這種地方，黃湅梅一時興起，要嚐嚐這種地方的點心、茶水。他們選了一個雅座兒，和那些跑臺兒的、拉縴兒的、寫契兒的、提鳥籠兒的，河水不犯井水，倒也鬧中取靜。

黃湅梅先問他去日本的情形？天行坦白告訴他。他笑著說：

「你去的不是時候，又碰上了九一八！聽說日本人正在東北借種，他們怎麼會放走您那個早借到了手的龍子？」

黃湅梅很少開玩笑，今天卻說起笑話來了。

「我和美子例外，龍子也和借種無關。」天行也笑著說。

「這我知道。」黃湅梅笑著點點頭：「不過日本人處處用心，借種的事兒也不是無稽之談，東北的山東大個兒是比日本人高大得多。」

「說也奇怪，龍子長得也比我高。」

「在優生學上來講，混血兒是比近親優秀。」黃湅梅說。「今天的日本人，有不少炎黃後裔血統，對他們的改良人種也不無關係。」

「他們在文化上確是採取了我們的長處。」

「他們今天反咬我們，又充分表現了島國小民的本性。」

「他們也不是沒有有識之士，可惜一個巴掌拍不響。」

「你看九一八事變會不會到此為止？」

「不會，」天行用力搖頭：「日本人得寸進尺，何況征服我們是他們早就定了的國策。」

「現在賀元、佘震天他們鬧得很兇，那我們怎麼能對付日本人？」

「自己家裏鬧鬼，那就更難。」

「想不到星星之火，居然燎原？」

「我們學校是賀元、佘震天他們的溫床，當時誰也沒有料到會有今天的問題。」

「你是早就看到了，可惜誰也不理會你。」黃凍梅說：「連梁勉人也要你拿出證據來。」

「現在梁勉人還在唱高調。」

「壞事兒的就是這種只會唱高調，卻小麥、韭菜不分的人。」

「說真格的，要是賀元、佘震天君臨天下，不但梁勉人沒有戲唱，我們這種人更會一鍋兒爛，連那些提鳥籠兒的、跑臺兒的、拉縴兒的，誰也別想在這兒泡了！」

忽然遠處掛著的許多鳥籠裏，傳來一陣畫眉、百靈、雲雀的清越、嘹喨、悅耳的叫聲，給他們帶來一陣愉快，他們的心情立刻輕鬆起來。

他們要了四大枚八百一包的上好茶葉，沏出來的茶十分清香，茶房送來的盤盤碟碟的糕點，正當令的糖炒良鄉板栗，十分可口。他們吃喝得正高興時，茶房又問他們要不要吃螃蟹？他們沒

有想到這兒也有螃蟹賣?茶房說:

「我們這兒不是小茶館,酒席都辦,什麼時鮮的東西都有,兩位要的話我馬上送兩對來。」

「好,外加半斤燙好的白乾。」黃凍梅高興地說。

茶房一聲「是」,一個轉身,就送來兩個三寸碟兒大小的一塊小木砧,兩支四寸長的小木槌子,兩碟薑醋,兩對熱騰騰的肥蟹,一壺燙好的白乾。這些顯然都是事先準備好了的,他在兩人面前各放一份。

糖炒良鄉板栗上市時也正是秋高蟹肥的季節。他們覺得味道真不錯,蟹黃多,薑醋美,燙好的白乾又洋溢著一種撲鼻的香味,黃凍梅問天行在日本有沒有吃過這種口味?天行搖搖頭說:

「日本人怎麼懂得我們這種吃法?清酒就是他們的名酒,淡淡的沒有一點兒酒香,在吃的藝術和境界方面,日本人還是差我們一大截。」

「這次他們佔了東北,就有了最好的白乾原料高粱了。」黃凍梅說。

「他們不懂做白乾的方法,還是做不出好白乾來。」

「我們的東西要是都給他們學去了,那他們就更不可一世。」

「我們是捧著金飯著討飯,日本人卻能把我們的東西變成他們的金字招牌。」

「你這話不錯,像圍棋、空手道,都是從我們這兒學去的。」

「朱舜水的務實精神,更啟發了他們的維新思想,才有徒弟打師父這種事兒。」

「我們這個師父已經吃了大苦頭了!」

「要命的殺手還在後頭。」

兩人談來談去自然又談到日本人頭上來。黃凍梅怕掃了興，及時煞住，喝了一口酒再敲大螯，剝出肉來，蘸著薑醋吃，吃得津津有味。

兩人吃飽喝足，帶著微醺各自回家。天行很少這樣盡興過。

一回到家中，他就碰見古美雲和蝶仙閒聊。他從東京回來還沒有見過古美雲，連忙上前問候。她們兩人第一次看見他獨自在外喝酒，以為他是借酒燒愁？拐著彎兒問他，他向她們說出原委，古美雲聽了一笑說：

「你們兩位雅人，要喝茶該到『來今雨軒』去，那才是騷人墨客去的地方。」

「黃凍梅怕遇見騷人，話不投機又談個不休，所以他才拉我去大茶館兒，那兒都是生面孔，聊天反而方便。」天行說。

「改天我請你們上『來今雨軒』喝茶。」古美雲說：「那兒也是飯館，喝酒吃螃蟹都行。你知道公園的景物很美，那才是你去的地方。」

「我一個人去也沒有什麼意思，所以我很少逛中山公園。」

「你應該去散散心，乾脆，我們明兒上午就去。」古美雲說：「我約文珍、香君一道，明兒上午九點在公園門口見，你看如何？」

「也好，」天行點點頭：「大好河山不趁現在逛逛，不知道那一天忽然豺狼遍地，想逛也逛不成了。」

「別人照樣胡天胡地，你總有這麼多心事？」古美雲望著他兩眉微微一皺。

「但願我是杞人憂天。」天行也向她苦笑。

「對了，我想起來了，」古美雲突如其來地說：「前天我和你岳父姑爹參加一個宴會，他們向我介紹一位很漂亮的小姐，叫什麼王蘭英的，以前我沒有見過，我看來看去，覺得她有點兒像日本人？」

「北平的日本人很多，那也不是為奇？」蝶仙說。

「我奇的是她會不會是日本人化名臥底？」

「這很難說，日本人很會耍這一套。」天行說：「她和姑爹、岳父一道，也不無道理。」

蝶仙問是什麼道理？他不說，只說：「等著瞧好了。」

古美雲已經看過老太太，和他們確定了明天去中山公園的時間之後她就走了。

第二天上午，只有天行和蝶仙帶著孩子去，老太太年紀大，不能去，她不去梅影也不去，龍太太不想去，周素真去了娘家，她在娘家的時間多，三個孩子都在上學，有他們自己的世界，蝶仙的孩子紹文最小，所以她常帶在身邊。

他們到達時，古美雲、文珍、香君都在公園門口等候，她們兩人的孩子也在上學，香君的女兒杏芳和天行的大兒子紹天還是同學。

中山公園在長安路上，天安門的左邊是太廟，右邊是中山公園。

他們進大門向前直走，松林夾道，枝葉蔽天，綠陰遍地，秋高氣爽，這是北平最舒適的日子。一進公園更覺得身心舒暢。在一條橫路上還有十來棵千年古柏，盤根錯節，蒼翠欲滴，樹幹很粗，他們幾人圍著合抱還沒有抱攏。

社稷壇是明清兩代帝王祭土地五穀之神的祭壇，是漢白玉石築成的三層方臺，上面鋪的是五色土，週圍的矮牆用四種不同顏色的琉璃磚瓦砌成。壇的南門蹲著一對雄駿的石獅子，據說是從大名府一座古廟廢墟裏掘出來的。北面是露天的拜殿，這座殿是明朝初年建的，已有五百多年的歷史了。

隨後他們去西邊參觀金魚場，裏面有最名貴的金魚，比天行家裏的金魚種類數量都多。假山也很不錯，山前有荷池、涼亭、小橋、水榭和春明館露天茶座。四宜軒、迎暉亭也在西邊。折向東走還有一棟燕翅形的玻璃溫室唐花塢，裏面有佛手、蘭花、香橼……許多名貴花木，還有一座太湖石山子，長年養在水裏，頗富丘壑之美。

最後他們才到公園東邊的「來今雨軒」。東邊本來幽美，今天不是假日，遊客少，更覺幽靜。

這正是菊花盛開時節，「來今雨軒」門口左右兩邊，擺了幾十盆菊花，都是從養菊名家旗人隆顯堂那兒搬來的，依高低次序和顏色排列，低的在前，高的在後，低的只及膝蓋，高的達一人高，顏色有金黃、綠、墨綠、雞血紅、硃砂紅、西洋紅，花朵普通的有盌口大，大的比向日葵花還大，直徑盈尺，花瓣有的細於髮絲，有的大過荷花。其中以「墨菊」最為名貴。

香君一看到這些菊花就驚喜得叫了起來，他們駐足觀賞，讚不絕口。古美雲雖然見多識廣，也沒有看到這麼好的菊花。她問天行在日本有沒有見到過？天行搖搖頭。她說她在歐洲也沒有見過。不知道「菊花隆」是怎麼培植出來的？

「來今雨軒」的茶房看他們一行來到，早站在門口迎候，看他們一心賞花，也不驚動他們。這兒的茶房似乎也沾染了一點兒騷人墨客的文氣，比別處的茶房斯文多了。他們一看完，他就把他們迎到最好的雅座上去，既可以欣賞這兒的菊花，也可以欣賞園中景色。他問他們吃什麼？古美雲反問他：

「你們這兒有沒有好的團臍？」

「有，請問您要多少隻？」茶房問。

古美雲問大家，蝶仙說：

「螃蟹帶寒，不能多吃。」

「我們有好薑好醋，如果再燙壺好白乾，就不怕它寒了。」

「我們不喝酒。」文珍說。

「這位大爺可要燙一壺助助興兒？」茶房問天行。

天行一人不好意思獨飲，古美雲卻說：

「你不必在意我們，你儘管喝好了。」

他便要茶房燙四兩白乾。古美雲要茶房先來十隻大蟹。

文珍這時才問天行怎麼沒有把美子、龍子接回來？天行說明原委，她十分惋惜地說：

「我真想見見她。」

「妳們真是文字交，惺惺相惜。」古美雲說。

「雲姨，人與人之間，全看趣味兒相不相投？要是趣味兒相投，自成莫逆，不然老死也難往來。」文珍說：「我和美子雖然遠隔重洋，她彷彿就在我身邊？」

「今天要是妳們都聚在這兒，持螯賞菊，飲酒賦詩，那更是詩情畫意了。」古美雲說。

「可惜我們都沒有這種福氣。」香君說。

「今天我們能在一起，也就很難得了。」蝶仙笑說。

「蝶仙姐，我好像有個預感？」香君望著蝶仙說。

「什麼預感？」蝶仙問。

「只怕好景不常？」香君輕輕地說。

「妳別掃興，」蝶仙輕輕白她一眼：「現在還沒有打仗。」

「我好像又聞到八國聯軍時的那種火藥味道？」香君說。她還記得她陪文珍悄悄逃到楊家避難的情形。

「妳又不是劉伯溫，妳還能知道過去、未來？」蝶仙想沖散大家心中的陰影。

「我雖然不是劉伯溫，但是二少爺這次沒有把美子、龍子兩人接回來，不是證明其中有鬼？」香君冷冷靜靜地說。「何況我們城裏城外都有日本兵，他們愈來愈霸道。妳說說看，我們這種日子還能過多久？」

蝶仙沒有想到香君會說這種話？真的一下被她問住了，不禁失笑，只好自我解嘲地說：

「我又不是劉伯溫，我怎麼知道？」

茶房送來一碟碟薑醋，吃蟹的木槌木砧，和一籠熱氣騰騰的大蟹，古美雲笑著對她們說：

「別抬槓，快趁熱的吃。我看我們也該喝點兒酒助助興才好？」

「白乾太衝。」文珍說。

「喝陳年花彫好不好？那味道可要清醇得多。」古美雲笑問她們。

文珍、香君、蝶仙都不作聲，古美雲便對茶房說：

「偏勞您再給我們一壺熱花彫，我們只是湊湊興兒，不在酒多少？」

「我們有燙好的熱花彫，我一起拿來。」茶房高興地回答，一轉身他就提了兩壺酒來，一壺放在天行面前，一壺放在古美雲面前，又從白圍裙口袋裏掏出幾隻細瓷酒盅，分別放在大家面前。

天行自斟了一杯白乾，酒一出壺嘴就衝出一股撲鼻的香味，天行聞了一下說：

「還是白乾夠味兒。」

「你好像酒仙似的？」古美雲看了一笑。

他們一面吃蟹飲酒，一面賞菊，酒一下肚，就一身舒暢，彷彿每一根毛孔都張開起來，人也輕鬆多了，文珍、香君、蝶仙她們向來滴酒不沾，喝了不到半杯就滿臉通紅，酡顏可掬，古美雲應酬多，酒量不錯，臉也酡紅，加上駐顏有術，看來還相當年輕。

文珍淺飲了一口花彫，忽然笑對天行說：

「我已湊成了四句詩，要不要我唸給您聽聽？」

天行連連點頭。她隨口唸了出來：

一啄一飲是前因，秋水無痕花有神；
來今雨軒初試酒，天涯猶有未歸人。

「難得您還想到美子小姐！」香君向文珍笑道。

「今天如果有她在，豈不更好！」文珍說。

「那你們就可以在這兒詩酒流連了。」古美雲笑說。

「美子的才氣高，她的詩比我好。」文珍說。

「您就是太自謙了！」香君望著文珍笑道。「我本來胡謅了一首，您這樣一說，我就不敢獻醜了。」

「妳快唸給我聽聽？」文珍聽說她也成了一首，欣喜莫名，連忙催她唸。

「您們兩位可不能笑我？」香君望望文珍天行說。

「我高興都來不及，怎麼會笑妳？」天行鼓勵她唸。

香君說了一聲獻醜，隨即念了出來：

鵝黃雞血有精神，秋水長天也是春；
今日偷閒成小酌，願君常保百年身。

「香君，妳真是青出於藍！」文珍笑說：「妳這首詩的意思很好，看來是壽徵。」
「我今天能在大家面前獻醜，還不都是您們調教的？」香君也笑著對她說，同時看看天行。
「香君是真不賴，不像我不成材。」蝶仙也高興地說。
「妳們都是天生麗質，又經過乾娘這麼多年的薰陶，個個都好。」古美雲說。
「可是我就不會作詩。」蝶仙笑道。
「我也不會。」古美雲笑說：「她們作，我們欣賞，那不更好？」
「雲姑，您倒想得開。」蝶仙婚後漸漸改了口，跟著天放、天行叫她「雲姑」。
「她們兩位都作了一首，你可不能辜負來今雨軒的美景秋光呀！」古美雲望著天行說。
「向來女人獨得天地靈秀之氣，有李易安、朱淑真在前，恐怕我是狗尾續貂？」天行望望文珍、香君兩人說。
「您不要水仙花兒不開，在我們面前裝蒜？」香君笑著催他。「您還是快些唸吧？」
天行也唸了出來：

花有精神人有情，一聲一句見天真；
平湖秋水明如鏡，不怕風沙不染塵。

「好一個平湖秋水明如鏡，不怕風沙不染塵！」文珍脫口而出，笑著贊賞。

「還是您這一首好，」香君笑對天行說：「您把我們一網打盡了。」

「你們是三種口氣，一樣的心情。」古美雲笑說：「好在都為別人著想。」

「要是美子在座，那她準會是另一種吐屬了？」文珍說。

「雖然美子不在座，我這個小東作的也很值得。」古美雲說：「我真沒有想到會引出這三首詩來？」

「只有我是白吃，辜負了一片秋光。」蝶仙笑說。

「妳要是經過一番寒徹骨，自然也會成為李易安、朱淑真一流人物了，」古美雲向蝶仙一笑：「看來人要想成為詩人、詞人，是不能太幸福的，尤其是感情這檔事兒，更不能太美滿，太沒有波折。」

「我情願不做詩人、詞人，只做個渾人，我最怕那種痛斷肝腸的事兒。」蝶仙笑著說。

文珍低頭無語，香君卻悄悄白了她一眼。

古美雲看文珍、香君有些酒意，便親自送他們兩人回去。蝶仙帶著孩子跟著天行一道回家。

他們一進門，就碰著卜天鵬送一位大夫出來，他們不知道是怎麼一回事兒？天鵬悄悄地告訴他們說老太太不舒服，他們連忙進來看老太太。老太太閉著眼睛躺在床上，好像很疲倦的樣子。他們不敢驚擾她，只悄悄地問梅影，梅影告訴他們說，老太太覺得有些不舒服，但不發燒，也沒有其他異狀，大夫說是年紀太大了，脈很弱，開了一帖培元補氣的藥，交給卜師傅去抓。

大家都知道老太太年紀太大了，心裏並不怎麼驚慌。老太太六十歲時就已經準備好了柳州楠木壽材，停在佛堂旁邊的房間裏，年年三伏天都要漆一遍，已經四十一年了。可是老太太一直活得硬朗，這大概和她長年茹素，生活規律有關係？或者和她母親的遺傳也有關係？她母親活了九十九歲，也是人瑞。

一連兩天都沒有什麼變化，她安靜地躺在床上，服過藥後精神好些，還是和梅影、蝶仙、天行他們聊聊天，天行這兩天一直守在她床邊照顧她，陪她聊天。他父親要照顧景德瓷莊和萬寶齋兩處生意，母親要處理家務，哥哥天放不在家裏，只有他既在身邊，又比較清閒，從小老太太又最疼他，他知道老太太來日不多，他要盡盡孝心，讓她安靜又不寂寞地離去。

老太太心裏好像藏著一句話，始終沒有說出來？她又不要驚動別人，甚至不要叫天放回來。可是大家又猜不透她到底有什麼心事？直到她說出她想見見文珍、香君和古美雲，天行才要卜天鵬去請他們。

古美雲先來，老太太十分高興，要她坐在床邊，隨後憐愛地對她說：

「妳風光一世，寂寞一生，笑在臉上，苦在心裏，我很清楚。……」

「乾娘，您養養神吧？別多說話。我心裏也很清楚，您很疼我。」古美雲笑著拍拍她。

「我收了妳這個乾女兒，總算沒有白活。我嘴裏雖然常常貶妳，心裏可是另一回事兒。八國聯軍時妳不但救了我們一家，也救了不少百姓。我看日本人始終不存好心，不久我們又會有大難……」

「您老人家別想得那麼多，好好地養養神。」古美雲低下頭去湊近老太太的耳邊說。「不要操那麼多心。」

「我是入土為安，不會再遇上這場大難了！」老太太輕輕歎口氣說：「我是耽心你們。」

「是福不是禍，是禍躲不過。您老人家不必替我們耽心。」古美雲又說。

文珍、香君一前一後來到。她們兩人一到就跪在榻板上，跪在天行身邊，握著老太太的手，沒有講一句話，眼淚默默地流下來。老太太看到她們，眼角也滲出兩顆淚珠。她握住天行的手，又把她們兩人的手合上去，疊在一塊，遺憾地說：

「我這一輩子本來沒有一件遺憾的事兒，唯獨在妳們的婚姻上，我為了面子沒有當機立斷，讓妳們三人痛苦一輩子，我心裏一直不安，嘴裏還不好講。現在我愈想愈窩囊……」

文珍、香君哭了起來，天行含著淚說：

「婆婆，過去的事兒就不必再提了，我們還不是和兄妹一樣？」

「你是我的乖孫子？」老太太拍拍天行的手說：「我知道你受苦最多，但願你們來生……」

老太太哽咽著說不下去，眼角兩顆晶瑩的淚珠滾了下來。

文珍、香君埋頭飲泣。

老太太閉著眼睛像睡著了似的沒有再講話。過了好一會兒還沒有聲息，古美雲伏下頭去湊近她的鼻尖傾聽，臉色突然大變，梅影首先哭了出來，文珍、香君立刻抬起頭來，伸到老太太面前看看，老太太彷彿還魂似的微微睜開眼睛，望望文珍，幽幽細細地吐出兩個字：「妳爹……」然後兩眼慢慢合攏，再也沒有睜開來。

文珍、香君、天行伏在老太太胸前大聲哭了出來，梅影、蝶仙站在床邊望著老太太乾瘦的臉哀哀地哭泣。古美雲坐在床沿淚眼婆娑地望著老太太，輕輕地把手放在她額上，淚珠兒一顆顆滴落下來。……

第六十一章 神仙弔喪留詩偈
長子傷心動大刑

老太太的去世雖在預料之中，但對龍家仍然造成了重大的震撼。因為她活著時是龍家的靈魂，直到去世之前她還耳聰目明，頭腦十分清醒，不像一般老糊塗。她雖不管事，但家中重大事情龍從雲夫婦自然會向她報告、請示，龍太太本來是一位很有決斷的人，但她向不擅自作主，定會尊重老太太，因此婆媳之間從無齟齬。龍從雲對老太太更是孝順，把母親當作一家之主。

老太太早就對兒子說過，她死後要葉落歸根，葬在九江老家的祖墳山上，葬在丈夫身邊。她歡喜那座祖墳山的風水。

老太太一去世龍從雲就打了電報給南京的兒子天放，和九江老家的兄弟。弟弟龍從雨和兒子天放都先後趕來，龍從雨還帶了梁忠來，準備迎接老太太的靈柩回九江。

老太太的靈堂設在前面大廳，以便親友祭弔。老太太的放大照片和靈牌放在靈堂正中間，靈位前有一對大白蠟燭，一個大香爐，白蠟燭中間點著一盞長明燈，香爐裏的三炷大香和檀香嬝嬝上升，日夜不斷。

親友送的藍輓聯、藍輓幛掛得滿滿的，一直掛到後進，周而福的輓聯是：

狀元女才德兼備

翰林妻福壽全歸

老太太的遺像是一百歲生日時照的，雖然顯得比七十歲時更清瘦，仍然神采奕奕。滿頭銀絲，兩隻大耳朵，看來就是個壽星，但看不出一百歲。遺像兩邊依序掛著龍從雲等人的輓聯。楊通送的輓聯不倫不類，老太太臨終對這位女婿還有未盡之言，似有隱憂，因此龍從雲決定不掛。

龍從雲的輓聯後面加署了哥哥弟弟的名字，上下聯是：

一生教我詩書禮義

百年淑世道德文章

古美雲的輓聯是：

螟蛉有幸托鴻鵠
孤女無家哭杜鵑

天放的輓聯是：

念念不忘戒作軍閥
時時自忖重振家邦

天行的輓聯是：

愛如皓月恩尤重
愁似春山淚更多

文珍的輓聯：

生無遺憾獨憐我
死有猶疑尚掛心

香君的輓聯是：

早有愛心全弱小
終無良策去貪頑

龍從雲、從雨兩兄弟輪流守靈、答禮。天放因為公忙，看了老太太大殮之後就趕回南京去了。天行、梅影、蝶仙三人守靈的時候最多，文珍母女、古美雲、香君，多半是白天來晚上回去，偶爾也住在這兒。

一天上燈時分，柳敬中突然出現在老太太靈前，服飾容貌和以前差不多，只是道袍顯得更舊。

大家先是一驚，隨即轉驚為喜。天行、文珍、香君、蝶仙、梅影連忙圍著他問長問短，他深深望了他們一眼，沒有回答，逕自上香，向老太太遺像深深一揖說：

「老夫人，恕貧道來遲一步。您到底是有福之人，走得正是時候。」

大家又圍攏他，他這才向大家和善地一笑，謝謝大家的關心。隨即要天行陪他去看看龍從雲夫婦。文珍、香君她們也跟了過來。

龍從雲夫婦看他突然到來更是驚喜交集，問他這些年來究竟在什麼地方？他淡然一笑說：

「野鶴閒雲，居無定所，隨遇而安。」

「老前輩，這次要不要在京裏再留些日子？」龍從雲問。

「貧道這次是專程來弔老夫人的喪的，探望了賢伉儷之後立刻就走。」

「老前輩何必這樣行色匆匆？」龍從雲驚問：「家慈雖然過世，我們父子也應該替您洗洗塵才是？」

「您們熱孝在身，不必客氣。我一身風塵，洗也洗不淨的。只要心無塵垢，也就不用洗了。」柳敬中笑著回答。

龍從雲連連稱是，柳敬中再和他們閒話了幾句，好像他什麼事兒都知道似的。他還特別同情地望了天行、文珍、香君一眼，只是沒有作聲。梅影想說什麼，人多又不敢啟齒。隨後他向龍從雲夫婦告辭，天行連忙對他說：

「老師，人生如夢，世事無常，我想請老師指點迷津？」

柳敬中望望他又望望大家，重重歎口氣說：

「紅塵滾滾，浩劫連連。依山而居，入土為安。避秦福地，海上仙山。」

說完便向龍從雲夫婦深深一揖，飄然而去。

大家一陣錯愕，一陣悵惘，默默無語。

天行逕自回到前面大廳守靈，文珍，香君她們竊竊私語。天行暗自思忖柳敬中對祖母遺像上香行禮和臨行時說的那幾句話，深藏玄機，不易猜透，心情更加沈重，更加迷惘。

「可惜柳老師來去匆匆，不然我真要好好地請教他一番。」文珍歎口氣說。

「我也想請教他，為什麼天地不仁，以萬物為芻狗？」香君說。

「妳還發什麼癡？」蝶仙向香君笑道：「別說他不會洩漏天機，就算他說了，我們這些俗物，也未必能解？」

「我覺得我們渾渾噩噩，活得好沒有意思！」香君說。

「妳要是什麼都知道、都清楚，活得會更痛苦。」蝶仙說：「我覺得還是稀裏糊塗好。」

大家聽蝶仙這麼說，便不再作聲。

老太太的法事是由紫竹菴的尼師月印、了空師徒們承擔，因為老太太在生時一直很喜歡了空，所以她去世後龍從雲也決定請她們師徒來作法事。月印本來是不作法事的，因為她很仰慕老太太的為人，她才親自主持法事。

老太太的法事要作七七四十九天，每天早晚念經兩次。她們念經時天行、蝶仙、梅影、文珍、香君她們也在旁邊陪跪。

月印年紀雖然大了，精神還是很好。她見到文珍、天行他們，自然想起當年發生在紫竹菴的那件傷心的往事，但她絕口不提，彷佛完全沒有那回事兒似的。應素蘭和文珍、梅影、蝶仙她們的情感最好，她沒有辦法像月印那樣把俗人俗事撇開，只作法事。因為梅影和她談到出家的事，希望月印收她為徒，她要在老太太七七之後正式剃度紫竹菴，皈依佛祖。這件事兒使應素蘭相當為難，一方面是月印不肯隨便收徒，當年文珍請她剃度她就斷然拒絕了。

另一方面她雖知道梅影是老太太的丫鬟，但一直風不吹、雨不打，養尊處優，怕她過不慣菴裏那種苦修生活，中途後悔。還有一點是怕龍太太不同意她出家，會為她擇人而嫁。可是梅影天天纏著她談這件事兒，因此不得不十分認真地問她：

「妳和文珍當年的情形完全不同，也和我不一樣，妳沒有什麼傷心事兒，為什麼吵著要出家？」

「我是看透了！」梅影回答：「表小姐和二少爺的事兒當時就給了我很大的刺激，後來再加上香君和二少爺兩人不幸的婚事，更使我下定了出家的決心，只是因為老夫人健在，我不便啟齒，才一拖再拖，一直拖了這麼多年。現在老夫人歸天了，我無牽無掛。如果妳不來作法事，我還要去紫竹菴找妳呢！」

「出家的事兒可不是兒戲，妳知道出家人有多苦嗎？」

「不管有多苦？我都能忍受。」

「妳為什麼要放棄這種風不吹、雨不打的生活？說不定妳還會和蝶仙一樣有個好歸宿呢？妳要出家到底是為了什麼？」

「我沒有蝶仙那麼好的造化，要嫁我早就嫁了，不會等到今天。我不想人間的榮華富貴，我希望能修到西方極樂世界，不再輪迴。」

「那談何容易？」了空輕輕歎口氣。

「妳出家了這麼多年，怎麼還沒有信心？」

「因為我出家久了，所以我才知道艱難。」

「一世修不成，再修二世，總有一天能修成功的。」

「問題是一入輪迴，就不知道前世的事兒了。」

「為什麼有人說某人有慧根，那慧根不就是前世修來的嗎？」

「有慧根的人也不一定要出家？」了空說：「比方說，二少爺、文珍，甚至香君、蝶仙，在我看來他們都是有慧根的人，他們還不是在人世間打滾？老夫人更是個有慧根的人，她富貴壽考，在人世間打滾夠了，還不是再入輪迴？」

「妳替老夫人作法事，不是要給她超度嗎？」

「我是很誠心念經，老夫人也一生行善，但是能不能超度？我並不清楚。」

「那是因為妳沒有修成六通，所以妳不清楚。」

「我要是修成了六通，那不成佛了？」了空忽然一笑，隨後又有些黯然地說：「不過這又談何容易？」

「也許月印法師有神通呢？」

「可是師父從來不談神通，」了空搖搖頭說：「不過我知道，只要修成了宿命通，就能知道六道眾生的前生、今生、來生的事兒。要是修成了漏盡通就更了不得了。」

「怎樣了不得？」梅影問。

「那就是諸漏斷盡，不生不滅，不垢不淨，不增不減，遠離顛倒夢想，究竟涅槃。也能像觀音菩薩一樣應物隨行，普度眾生。」

「我就是要發宏願，修到那種地步。」梅影堅定地說。「無論如何，請您先向月印法師求情，讓我皈依。」

「師父已經十幾年沒有收徒了，恐怕不會答應。當年她就沒有答應文珍。」

「我和表小姐的情形不同，她是一時傷心過度，我是多年心願。」

了空經不起梅影再三糾纏，便把她要出家的事兒先和天行、文珍、蝶仙三人商量，探詢他們的意見。蝶仙說：

「她不打算出嫁的決心是早就下定了的，這我知道。不過她要出家的事兒倒沒有對我說過。」

「我很怕她一時衝動，剃度以後又吃不了出家人的苦，中途還俗，那就罪過！」了空說。

「看樣子梅影姐倒不是那種人，只是身子文弱些，幹不了粗活兒。」天行說。

「我耽心的倒不在這上面，我怕的是她六根難淨，那就是自尋苦惱了！」了空說。

「素蘭姐，這妳倒可以放心，」蝶仙說：「梅影姐本來六根比我清淨，她又不像香君有那麼重的心事，我看她在我們這些人中，是最能長伴古佛青燈的。」

「太太會不會答應她出家也是一個問題？」了空說。

「娘不會勉強她出嫁，如果她誠心出家，我想娘會成全她。」天行說：「只是我覺得梅影姐走這條路，總令人有些難過。」

「若是歸根究柢，還不是因為你們兩人和香君的事兒引起的？」蝶仙說。

「梅影也和我這樣說過，」了空說：「她看破紅塵就是這個原因。」

「這真是城門失火，殃及池魚。」天行說。

「你的事兒使我們大家心裏好像塞了一塊石頭，」蝶仙說：「只是老夫人在世時誰也不便提起。現在老夫人過世了，梅影姐自然要出家了。」

天行頓時感到心灰意冷，想起柳敬中的那幾句偈語，更是苦惱憂心。但他已經愈陷愈深，反而沒有梅影這樣灑脫，也不像古美雲那樣自由自在，日後一了百了。

天行把梅影要出家的決心告訴母親，龍太太一怔，把梅影叫到跟前詢問，梅影又向她表明決心，龍太太歎口氣說：

「論情論理，我都不忍心讓妳出家。老太太雖然過世了，我們家裏也不多妳一個人。」

「我知道太太不會攆我，不過我確實看破了紅塵。」梅影說。

「妳既然看破紅塵，一心向佛，我又不能不成全妳的心願。只是紫竹菴的清修生活和我們家裏不同，妳不妨等老太太七七之後，先去那兒帶髮修行一段日子，看看情形再做決定？行呢，妳就剃度；不行，妳再回來，這樣就不算犯戒，我會像老夫人一樣待妳。」

龍太太的話使梅影深深感動，但她還是決定等老夫人七七之後，靈柩運走，她就去紫竹菴正式剃度，皈依三寶。

了空知道這些情形之後，就不能不向月印提起梅影出家的事兒。想不到她一提出，月印竟滿口答應。了空也意外驚喜地說：

「師父，您十幾年也沒有收徒，原先我真怕您不答應，所以我一直不敢開口，怎麼現在我一提起，您就滿口答應了？」

「了空，佛度有緣人。這些日子我仔細觀察過梅影，覺得她不是富貴中人，又沒有感情糾葛，她既然有心皈依三寶，我怎麼能不成全她？」

「師父慈悲為懷，弟子先代她謝謝。」了空合十說。

「妳先告訴她，等老夫人七七之後，她隨時可以去紫竹菴。」月印說。

了空把月印的話轉告梅影，梅影十分驚喜，立刻來叩謝月印。

從這天起，她就更虔誠專心地陪著月印、了空她們跪著念經。她會念《金剛般若波羅密經》、〈大悲咒〉。她自幼就很佩服柳敬中，他很多年不知去向，這次老太太一過世他又突然來祭弔，這不是很有神通？他走的時候對天行說的那幾句偈語又好像有先見之明，可惜她猜不透話裏的玄機？他說來就來，說去就去，了無罣礙，這不是神仙怎麼辦得到？了空說佛家的神通一樣了不起，她也希望能夠修到那種地步，就可以免得六道輪迴了。

老太太滿了七七，龍從雲、天行父子就帶著卜天鵬和他的幾個助手同龍從雨、梁忠一道護送老太太的靈柩回老家九江。天行請了黃涷梅代課，加上寒假，他就可以從容來回了。

他們一路上又是車又是船，換來換去很費一番折騰。到了浦口他們沒有空去看天放，包了一條大帆船溯江而上。幸好冬天都是東北風，走得倒很順當，萬一無風，他們就上岸拉縴，船上人手不足，天行也上岸幫著拉，一方面是鼓勵下人，一方面是活動筋骨。

他們沿著北岸前進，北岸都是平地、沙灘，比較好走，今年夏天長江大水災之後，沙灘更廣，不像南岸多山，有些地方只能用篙，不能拉縴。北岸沙灘向為鴻雁棲息之所，有時他們會驚動一群群正在沙灘上棲息的鴻雁，牠們頓時滿天飛，咯——咯——之聲十分熱鬧，陣容壯觀。晚上他們把船靠在江邊過夜，但總有一隻孤雁在天空盤旋巡邏警戒，不讓人接近。

船行七、八天才到九江。

龍從風天天派人到江邊探望，船一靠岸他就率領了姪兒們披麻戴孝跪在江邊迎接。一批碼頭腳伕不由分說，搶先上船抬老太太的靈柩，卜天鵬、梁忠他們反而使不上力氣。卜天鵬看碼頭腳伕如此囂張，蠻不講理，想要教訓他們一頓，梁忠以目示意阻止，卜天鵬才忍住了。隨後梁忠輕輕對卜天鵬說：

「他們靠山吃山，靠水吃水，不必和他們計較。」

龍從風兄弟們更不願為了這件小事驚擾了老太太在天之靈，便由他們去抬。他們當中有個頭子認識龍從雨、梁忠兩人，一搶到這個差使，便抱拳向龍從雨說：

「三老爺，恕我們失禮，請賞口飯吃。」

「你們可要小心，千萬不能碰撞！」龍從雨正色地對他們說：「否則也休怪我們孝子的哭喪棒兒不認人！」

九江風俗很尊重喪家、孝子。如果腳伕抬靈柩不小心，發生碰撞，震動了遺體，孝子可以用手中的哭喪棒打人，不能還手。那些腳伕聽龍從雨這樣說便更加小心翼翼，他們知道龍家不是普通喪家，又知道梁忠是位高手，就更不敢大意了。

老太太的靈柩運回老家的大廳停放，靈堂早已佈置妥當，龍從風、從雨兩兄弟要在老家開弔之後，才送老太太的靈柩上臥龍山的祖墳安葬。

能仁寺的和尚們也請來作法事，由住持悟明親自主持。這位又高又胖的和尚很會逢迎，是吃大戶的高手，他現在已經富甲一方。以前老太太在能仁寺吃過素齋，留給他的印象還很深，他知道這場法事下來，龍家會有厚賞的。

龍家在本地的親友很多，老太太又以一百零一歲的高齡去世，更受重視。開弔的場面很熱鬧，子孫晚輩披麻戴孝的一大群，大廳裏跪得滿滿的，本地官府中人也來湊熱鬧，縣長巫仁親自率領縣府科室以上主管致祭，因為龍從風、從雨兩兄弟是本地的聞人，天放又是中央大員，每年夏天他都要同要人上牯嶺開會，在山上有兩三個月的時間，順便也回老家看看，巫仁在碼頭上迎送過他幾次，還親自請他去縣府視察，歡宴過一次。他知道天放一句話就會影響他的前途。巫仁完全是做給人看的。九江是江西的大門，首府首縣，牯嶺又是夏都，商賈雲集，交通四通八達，以前別的縣長從來沒有幹過三年，他已經幹了五年，還穩如泰山。他不但逢迎上司有獨到之處，連能仁寺的和尚悟明都籠絡得很好。

老太太開弔的這天是黃道吉日，午時起靈，申時初刻下葬，這都是地理先生事先選好的時間。

龍家的祖墳離市區有十幾華里，要走一兩個時辰，送葬的家屬和至親男男女女一大群，像一條長蛇陣。天行和七、八位堂兄弟走在龍從風、從雲、從雨三兄弟的後面。龍從風的小兒子龍天祿是個大菸缸子，走不了幾里路就呵欠連連，眼淚鼻涕直流。天行扶著他走，他很不好意思，悄悄從口袋裏摸出一個小錫紙包，那裏面放了兩粒黑黃豆般大小的菸泡，他取出一粒來送進嘴吞了下去。他是一個很聰明的人，書讀得很好，詩、詞、歌、賦、琴、棋、書、畫都行，就是抽上了大菸，遊手好閒，還愛泡戲子，凡是從上海、漢口兩地跑碼頭來到九江的坤角兒，他都有瓜葛，因為他是鬚生名票，又是公子哥兒，每年他還要專程去上海看幾次名角兒的好戲，現在他還養著一位坤角兒做外室。

這些情形老太太在世時一點兒也不知道，天行也不清楚。因為龍從風一直瞞著老太太，梁忠在北平時也絕口不提。他比天行大一歲，天行看到這位堂兄的這種情形他自然想起阮雪冰，他還沒有看見阮雪冰眼淚鼻涕直流。但他們兩人有不少相同之處：人都很聰明。阮雪冰會的他也幾乎都會；阮雪冰的毛病他也幾乎都有。只是兩人的身分不同，他是嫡子，不是庶出，他也沒有當上青幫的老頭子，但他和本地的青幫人物也有往來。天行暗自惋惜，怎麼走上抽大菸這條墮落的道路的都是聰明人？要是祖母知道她有這樣一位孫子她真會氣死！天行看龍天祿吞過菸泡之後精神好了一些，忍不住對他說：

「鴉片菸是英國人坑我們的害人精，你能不能戒掉？」

「太難，太難！」龍天祿搖頭苦笑，又不自禁地打了一個呵欠。

「天下無難事，只怕有心人。」天行說：「只要你有決心，自然可以戒掉。」

「我不抽大菸就全身無力，連眼睛也睜不開，那怎麼成？」

「那是因為你中毒太深，一戒掉了就會慢慢恢復元氣，精神飽滿。只要你再跟梁師傅練練拳，身體就會更強健。」

「我不能跟你比，」龍天祿望望天行苦笑：「你從小練武，又沒有我這個嗜好，雖然你是個書生，可是不像我一樣風一吹就倒，我看一兩個莊稼漢還不是你的對手。」

「我不像你一樣把自己當作公子哥兒，肩不挑，手不提。」天行也望望他說：「這次我送婆婆的靈柩回來，我和下人、船伕一樣拉縴，我覺得並不失格，對身體反而更好。」

「九江這些兄弟輩，都不能和你們兩兄弟比，別說我了。」

「我看他們都很不錯，只有你被大菸害了，不然你更了不起。」

「我知道我這一輩子是完了，但是我戒不掉。」他又搖搖頭說。

「要是婆婆知道你是這個樣子，連大爹都會捱罵的。」

「爹什麼事兒都沒有瞞過婆婆，就是我抽大菸這件事兒，他一直不敢講。」

「大爹也沒有阻止過你？」

「起先我是瞞著爹抽的，後來上了癮，他也沒有辦法了。」

「你是怎麼抽上大菸的？」

「抽大菸的人多得很，我是個夜貓子，歡喜票戲，梨園的名角兒多有這個嗜好，我的朋友又都是吃黑飯的人，我自然就抽上了。」

「你可知道婆婆最忌的就是這件事兒？」天行望著他說。他的臉色和阮雪冰一樣發青。

「其實沒有一位長輩不忌這件事兒，我也知道我是龍家的不肖子孫，但是一切都太遲了。」

天行看他說話倒很坦白，他又是堂兄，也就不好再說什麼。

「幸好你沒有走上這條路，人一抽上大菸，就沒有血性了，當初我也沒有想到我會變成現在這個樣子？」

他們不知不覺走到了臥龍山。

臥龍山是廬山的餘脈，是一個丘陵地帶，形似臥龍，當地人便稱它臥龍山。

龍家的墓園是在龍的腹部，坐北朝南，龍頭龍尾前後拱衛，墓園前面有一片松林，一湖清水，透過松林正好看到那與藍天一般顏色的湖水。龍頭正朝著湖水，彷彿吸飲一般。而湖水終年不涸，是「水火既濟」之象。天行記得他和美子去瑞龍山德川家墓園瞻仰朱舜水墓園的事。瑞龍山比臥龍山高，氣勢雄壯，但墓的下方只有一座人工小池塘，不像臥龍山前面有個天然湖，湖水澄清，自然托出山明水秀之氣，不懂地理風水的人也看得出來。

龍家墓園是龍繼堯高祖時買下的，他高祖安葬之後，家運一直興隆，人財兩旺，到了龍繼堯更是闈場連戰皆捷，欽點翰林，貴為尚書。

老太太的墓穴早已挖好，在她丈夫龍繼堯的左邊，墓穴土呈五色，和北平中山公園社稷壇方臺上鋪的五色土顏色相似，地理師說這是難得的吉穴。他手持羅盤，定好方位，等申時初刻一到，就吩咐工人把老太太的靈柩放下墓穴，他又用羅盤仔細校正方位，才准覆土。家屬都跪在墓穴前叩別，跪了好幾排，一時鞭砲霹靂啪啪響了起來，紙錢化作飛灰，香燭素菜供在墓前，這是老太太入土之時的一次饗宴。

龍從雲、天行父子和老太太朝夕相處，感情最深，看見泥土覆蓋棺木發出咚咚的聲音，從此陰陽異路，人天永隔，不禁悲從中來，淚流滿面。

大家跪著看泥土覆完，碑石豎好，墳墓成形之後，才一一站起來，龍天祿跪在他父親龍從風身後，龍從風雖然年紀大了，不用人攙扶就親自站了起來，回頭看看身後的兒子卻軟綿綿地伏在地上爬不起來，他提起兒子的後領一看，只見他面如死灰，眼淚鼻涕直流，他一氣把兒子往地上一摔，踢了一腳，又指著兒子破口大罵：

「你這個畜生！這麼一陣工夫你都熬不過來？居然丟人現眼！當初我怕老娘知道出了你這個敗家子，氣壞了身體，所以我一直瞞著她老人家。現在老娘已經歸天，我也不顧這張老臉，我要當眾在娘的墳前好好地教訓你一頓！」

說著就隨手撿起一根竹扁擔，在兒子屁股上重重地打了幾下，當他還要打時扁擔卻被天行抓住，從雲、從雨兩兄弟又在一旁勸解，龍從風還氣吁吁地說：

「我身為長房，教子無方，真愧對爹娘……」說著說著竟大哭起來。

大家都跟著落淚，龍天祿捱了幾扁擔更癱在地上爬不起來。龍從風看看已近黃昏，擦擦眼淚對大家說：

「大家跟我一起回去，讓這個畜牲一個人死在老太太墳前，明天我再來挖個坑把他埋掉！」晚輩都不敢吭聲，只有從雲、從雨兩兄弟相勸，讓他一起回去，龍從風不准。他們兩兄弟便悄悄吩咐梁忠和卜天鵬留在這兒照顧，稍遲再扶他回家。

大家走了之後，龍天祿有氣無力地說自己口袋裏還有菸泡，要梁忠拿出來餵他，用祭老太太的酒服下。菸泡用酒服下效力更快，他慢慢振奮起來。但他平時已弱不禁風，屁股上又捱了幾扁擔，走路更是艱難，梁忠、卜天鵬兩人只好挾著他走，好在他「身輕如燕」，他們兩人並不怎麼費力地把他挾拖進城，藏在他的小公館裏，不讓龍從風看到。

老太太安葬之後，龍從風、從雨兩兄弟還留龍從雲、天行父子一行人多住了三天，他們兄弟們有不少事兒商量。龍從雨又要從雲、天行父子去紗廠參觀，他經營得不錯，因為江北各地出產棉花，原料價格便宜，但沒有辦法和日本、英國這些訂了不平等條約的國家的洋貨競爭。因為他們享受關稅特權，設備技術又好，老百姓歡喜價廉物美的洋貨，所以每次抵制日貨運動只是喊喊口號而已，實際上沒有效果。因此龍家紗廠也很難一下子爬起來。始終是一百多臺的機器，四、五百個女工。但龍從雨很有眼光，他希望第三代有人去英國學紡織，使這個家族工業壯大起來。龍從雲、天行父子贊同他的意見，天行知道英國紡織工業是世界第一，日本正在急起直追，他們的家族紡織工業要想發展，必須在技術、品質方面趕上他們。而今年夏天的長江大水災，又使湖北、江西、安徽、江蘇幾省的沿江數十縣損失重大，棉花減產更多，紗廠自然也受到影響。但是九江市面仍然熱鬧，人口更多，因為江西蘇維埃赤區有不少難民逃來，流落街頭告地狀的就不少。天行看到其中有一個跪在街沿告地狀的，圍了不少人觀看，天行也湊近去看了一下，原來是一位四肢五官健全，卻面黃肌瘦的中年人，雙膝跪在一塊十分骯髒的白布面前，白布上寫了這樣的字。

受難人李有財，為赤區雩都布商，身遭割舌酷刑，家產充公，掃地出門，雖留一命，但身無分文，一路乞討度日。懇祈
仁人君子施捨，拯救殘生。

圍觀的人議論紛紛，有的不知道「赤區」是什麼意思？有的不相信會有這種事兒？怕他是以苦肉計行騙？因為夏天江北各地大水災，有很多難民湧來，良莠不齊，行騙的不少。現在又有一批南方來的新難民，到處告地狀，比水災難民狼狽得多，因此有人對那人說：

「我們不知道是真是假？你張開嘴來給我們看看？」

那人只好把嘴巴大大地張開，裏面空空洞洞，只有一點點舌根留在喉嚨邊上。這才有人丟下幾枚銅板，那人不會說話。就在水泥地上磕頭叩謝。天行看見這人就想起正在雩都、瑞金那些地方搞蘇埃的賀元和佘震天來。他看看這人是個布商，便想要叔父龍從雨收容，或許能派上一點用場？他要卜天鵬守在這兒，他先回去商量一下再來。

天行把他的意思告訴龍從雨，龍從雨雖然同情，但他也有顧慮。他對天行說：

「最近從江西裏面逃來的這一類的難民很多，割鼻子、割耳朵、挖眼睛的我都看過，他們能這樣逃出來已屬萬幸，我都是暗中派人送點錢救濟他們。收容到紗廠的例子還沒有，因為善門難開。」

天行一再說情，他才同意收容。天行高興，便打算自己去把那人帶來。龍從雨笑著搖搖手說：

「你樹大招風。他一個人來不打緊，要是跟來了一大群，我的紗廠就要垮了。」

天行沒有想到這一點，不禁失笑。龍從雨隨即吩咐一個穿著平常，看來毫不起眼的親信去把那人先帶到另外一個地方換洗一番，吃一頓飯，再拐個彎兒帶到紗廠。天行聽了好笑，龍從雨等他的親信走後才笑著對天行說：

「你別笑，我這不是使詐。你是讀書人，如果我像你一樣直來直往，那我的紗廠早變成難民收容所了。」

「三叔，我不是笑您使詐，我是佩服您處事老練周到。」天行說：「收容難民是政府的事兒，巫縣長有沒有什麼辦法？」

「巫縣長是個做官的高手，他兩隻眼睛看上不看下。像這種事兒他能推就推，實在不能推，他就找商會。出錢出力的都是我們，功勞簿上卻少不了他。」龍從雨說到這兒又向天行笑道：「你是讀書人，又是教書先生，不瞭解這一道。」

天行笑著點頭，他又搶著說：

「我們九江是個水陸碼頭，一到夏天又是個冠蓋雲集的地方，有強龍，也有地頭蛇。我們龍家是托祖上的餘蔭，才能撐住這個場面。我和你爹這一輩人年紀大了，以後要看你們天字輩和紹字輩的了。」

「這次我要不是護送婆婆的靈柩回來，真想不到天祿哥變成這個樣子？」天行說。

「他是聰明自誤，也怪我們做長輩的沒有好好管教。」龍從雨說。「大哥也一直覺得對不起爹娘，所以那天他才發那麼大的脾氣。幸好天祿的兒子紹武很有志氣，進了軍校。」

天行知道這件事兒，那次劉聯軍在南京考軍校時他聽天放說過。

天行臨走前夕，特別去天祿的公館看他。這幾天不見他的人影兒，龍從風也在悶悶不樂，不知道那幾扁擔的後果如何？

龍天祿的小公館就在甘棠湖邊，面對煙水亭和廬山，雖然沒有祖居那種氣派，倒也窗明几淨，憑窗可以垂釣，抬頭可見與長天一色的廬山，真是怡情養性的好地方。

天行來時龍天祿剛好過足菸癮，精神很好，和那天在路上拖死狗的情形完全不同。他沒有想到天行會來看他？他看到天行格外高興，站起來歡迎。天行本來耽心他的傷勢，但那天梁忠送他回來時就替他推拿了一番，又貼了膏藥，喝了活血藥酒，所以好得快，行動已經沒有妨礙。天行沒有見過他的外室，因為老太太的葬禮不許她露面。天祿特別向他介紹一番。

她本名郝桂枝，藝名薔華，是梅派青衣，剛出道時也曾紅過一陣子，跑碼頭到九江唱戲時遇上了龍天祿這位知音的公子哥兒，大力捧她，她又喜歡九江這個地方，兩人便結了露水姻緣，成為他的外室。她只有三十左右，雖不是絕代佳人，但風韻不差，舉止輕盈，顯示出她是科班出身，幼工底子不錯。掛在牆壁上的戲裝照片有《貴妃醉酒》的臥魚姿勢，《起解》的蘇三、《四郎探母》的鐵鏡公主、《生死恨》的韓玉娘、全身披掛的樊梨花等等。她知道天行的身分，又生長在北京，對他的突然來訪更是驚喜萬分，忙著沏茶，奉上酥糖、雲片糕、芝麻片兒、茶餅這些九江有名的點心，天行十分喜歡老家的甜食，尤其是茶餅酥而不膩。

天行本來是想勸勸他這位堂兄，可是當著她的面又不便啟齒。看她那麼熱忱，又是一口的京片子，對她更有幾分憐惜，她要是像小鳳一樣遇著阮雪冰那樣的公子，那就風光多了。

龍天祿不明天行來意，一時興起，要她和他合唱《四郎探母》回令中的最好聽的那幾句對唱的西皮散板給天行聽，天行本來想說祖母剛剛下葬，熱孝在身，不應該唱戲，但看堂兄那股熱忱，那麼好的興致，話到嘴邊又嚥了回去。郝桂枝起先還客氣地說：

「二爺是北平來的，見多識廣，我怎麼敢在孔夫子面前賣文章？」

「我這位二弟不是假道學，他在京裏雖然聽的名角兒多，難得他還看得起我這個沒有出息的堂哥，我們兩人就唱幾句兒請他指教也是好的。」龍天祿說。

她也不願掃他的興，又感激天行的光臨，隨即說了一句：「那就獻醜了！」龍天祿咳嗽兩聲，清清喉嚨，先唱了起來：

「我哭，哭一聲老太后……」

這一句鬚生的西皮散板唱得中氣十足，尾音也拖得恰得好處，大出天行的意外，他心中暗自叫好，嘴裏卻不敢叫出來，龍天祿的「后」字尾字音一落，她就接著唱：

「我叫，叫叫，叫一聲老娘親……」

她這一句也唱得梅味十足，旗鼓相當。

他們兩人又接著對唱：

「當初被擒就該斬……」

「不該與兒配為婚……」

這兩句唱得哀怨而有韻味，底下兩句：

「斬了孩兒不打緊。」

「兒的終身靠何人？」

唱得既哀怨又有點兒要挾的味道。底下的「老太后哇……」、「老娘親……」兩句是節節高，又充滿了委婉求情的意味。沒有胡琴襯托，他們居然唱得這麼好，比北平的那些名角兒毫不遜色，真使天行大感意外，這大概就是這位堂兄抽大菸，泡坤角兒的一大成就吧？他除了讚賞之外，不忍再澆冷水。

「兄弟，爹那天對我的責罰，我認了。」龍天祿忽然含著眼淚對天行說：「我承認我是龍家的敗子，不過如果不是我這種托祖上餘蔭的子弟票戲，誰能票得好這玩藝兒？」

天行不好再說什麼，只囑咐他好好保重身體。他又接著說。

「可惜我不住在北平，不然我會成為當今第一名票；更可惜的是我們兩兄弟沒有在一塊兒長大，不然你會更瞭解我。」

「我瞭解你。」天行說。剛才聽了他幾句戲和這幾句話，天行是更加瞭解他了。如果他們一同生長在祖母的監護下，或者他們有自己那樣嚴厲的母親，也許他只票戲不抽大菸，那他還不失為一個雋才。可惜現在一切都太晚了！

第二天天行就和父親他們一道離開九江老家回北平。龍天祿偷偷地趕來送行，他怕被父親看見，一個人先偷偷地躲在船上，等天行上船之後才來見面，開船的汽笛響過之後他才悄悄下船，從人叢中溜走。龍從雲也不禁搖頭歎息。

他們一行人到天津之前，天行在火車上看到報紙，有一篇社會新聞報導阮雪冰出殯的事兒。天行起先一征，不相信自己的眼睛，仔細看過內容之後，才不得不承認這是一個千真萬確的事實。新聞中寫他的喪事都是由徒弟料理，給他披麻戴孝的徒子徒孫有四、五千人，送殯的除了天津的妓女、和尚、尼姑、道士以外，連北平雍和宮的喇嘛也趕了過來，沿徒還有各行各業的祭棚，分別上香祭拜，比他父親死得還風光，這真是個異數。他是怎麼死的？新聞中卻語焉不詳。火車一到天津，天行就托辭下車，趕住阮雪冰家中，一方面探望小鳳，一方面祭拜阮雪冰。

他想不到一進阮雪冰的大門，就碰見古美雲。原來她也是從北平趕來參加喪禮的。古美雲先問老太太送回原籍安葬的情形，天行大致說了一遍，隨即問阮雪冰是怎麼死的？古美雲不便講，小鳳歎了一口氣說：

「本來是肺炎，好了沒有幾天，他又荒唐起來，在飯店裏叫了一個叫杏花兒的妓女胡鬧了兩天，回家以後又發起燒來，不到兩天就走了。」

天行歎了一陣，再在他靈位前上香祭拜一番，便和古美雲一道辭別小鳳，同車回北平。

「可惜阮雪冰毀在鴉片和女色上，不然倒真是個有用之才。」古美雲感慨地說。

天行隨即把龍天祿的事情告訴她，她十分詫異地說：

「怎麼你們龍家也出了這樣的子弟？」

「幸好婆婆已經過世，不然她老人家真會氣壞。」天行說：「也真想不到，聰明人怎麼都會走上這條路？」

「幸好你們兩兄弟不一樣；幸好阮雪冰還有個肯上進的好兒子。」

「天祿哥也有一個進軍校的有志氣的好兒子。」

「說不定國家要到他們手裏才能翻身？」

「但願如此，不過現在還難說得很。」天行想起柳敬中的話又暗自憂心。

他們一同回到天行的家裏，往日第一件事是看老太太，現在卻只見老太太的遺像、靈位，連梅影也出家了，不見人影，格外顯得冷冷清清，他們彷彿一下子跌進了冰窖，往日古美雲一進門就有說有笑，現在她也黯然無語，天行一想到梅影出家，心裏就更難過。